国家社科基金
GUOJIA SHEKE JIJIN HOUQI ZIZHU XIANGMU
后期资助项目

经济新常态下结构性财政政策调控效能与政策转型研究

Research on the Regulation Efficiency and Transformation of Structural Fiscal Policy under the Economic New Normal

尹 雷 等著

中国财经出版传媒集团
经济科学出版社
Economic Science Press

图书在版编目（CIP）数据

经济新常态下结构性财政政策调控效能与政策转型研究/尹雷等著.—北京：经济科学出版社，2020.6

国家社科基金后期资助项目

ISBN 978 - 7 - 5141 - 4240 - 2

Ⅰ.①经…　Ⅱ.①尹…　Ⅲ.①财政政策 – 研究 – 中国

Ⅳ.①F812.0

中国版本图书馆 CIP 数据核字（2020）第 074636 号

责任编辑：杨　洋
责任校对：郑淑艳
责任印制：李　鹏　范　艳

经济新常态下结构性财政政策调控效能与政策转型研究

尹　雷　杨源源　林　春　等著

经济科学出版社出版、发行　新华书店经销

社址：北京市海淀区阜成路甲 28 号　邮编：100142

总编部电话：010 - 88191217　发行部电话：010 - 88191522

网址：www. esp. com. cn

电子邮箱：esp@ esp. com. cn

天猫网店：经济科学出版社旗舰店

网址：http：//jjkxcbs. tmall. com

北京季蜂印刷有限公司印装

710×1000　16 开　13.75 印张　250000 字

2020 年 10 月第 1 版　2020 年 10 月第 1 次印刷

ISBN 978 - 7 - 5141 - 4240 - 2　定价：62.00 元

国家社科基金后期资助项目
出版说明

  后期资助项目是国家社科基金设立的一类重要项目，旨在鼓励广大社科研究者潜心治学，支持基础研究多出优秀成果。它是经过严格评审，从接近完成的科研成果中遴选立项的。为扩大后期资助项目的影响，更好地推动学术发展，促进成果转化，全国哲学社会科学规划办公室按照"统一设计、统一标识、统一版式、形成系列"的总体要求，组织出版国家社科基金后期资助项目成果。

全国哲学社会科学规划办公室

前　言

随着我国经济发展进入经济新常态，供给体系与需求侧面临着严重的结构性失衡，"供需错位"成为阻碍经济持续增长的突出因素，应对经济发展面临的新矛盾和新问题，宏观管理从需求管理转向供给侧管理。适应供给侧结构性改革，我国的积极财政政策逐步转型，从总量性调控转向结构性调整，从需求管理转向供给侧管理①。2015 年 12 月召开的中央经济工作会议明确指出，认识新常态、适应新常态、引领新常态。2017 年，我国在继续实施积极财政政策的同时，更加强调财政政策的有效性与精准度，财政政策在促进经济社会稳定发展方面起到了重要的保驾护航作用。2018 年政府工作报告指出适应把握引领经济发展新常态，统筹稳增长、促改革、调结构、惠民生、防风险，不断创新和完善宏观调控，确立区间调控的思路和方式，加强定向调控、相机调控、精准调控。2019 年中央政治局会议指出"要统筹实施好宏观政策、结构性政策、社会政策，落实好积极的财政政策、稳健的货币政策和就业优先政策"。这显然意味着财政政策势必将继续发挥重要作用。从近期货币政策实践即可发现，当前阶段全面笼统的刺激、调控政策正逐步淡出，宏观调控更显专业化和定向化，坚定不移致力经济结构性改革。2016 年的财政政策已经开始逐步向"结构性"转变，2017 年的财政政策明显开启从"需求侧"向"供给侧"的转变，2017 年财政政策提出"深入推进财税体制改革""统筹盘活财政存量资金""继续调整优化支出结构"，则意在保证将有限资金用于重点领域和关键环节，带有非常突出的结构性调整的特征。因此，经济新常态下财政政策调控亦应创新思路、精准发力。新背景、新时期下，财政政策理应如何转型？不同类型财税工具是否存在显著异质性？何种类型支出政策技胜一筹，抑或何种类型税收政策更优？基于以上待解之题，本书将基于财政政策制度属性李嘉图与非李嘉图视角、财政支出与税收的结构性视角、地方与中央财政分权的结构性视角、直接与间接税制结构性视角、横

---

① 刘尚希．中国财政政策报告（2018）[M]．北京：社会科学文献出版社，2018．

向与纵向财政失衡结构性视角等，多维的结构性视角出发，考察我国财政政策的调控效力，审视我国各类财政政策工具的作用效果，以此甄别出适宜的财政政策工具，为经济新常态下我国财政政策探寻转型方向，为我国财政政策调控提质增效，具有重要的理论意义与现实价值。

鉴于此，本人于 2017 年以"结构性财政调控与新常态下财政政策转型研究"为题申报了 2017 年度国家社科基金后期项目，并获得资助，项目批准号：17FJY008。本项目组主要成员有杨源源博士、林春博士、赵亮博士、孙英杰博士和周菲博士。项目组成员分别承担课题具体研究任务，历经 2 年的系统性研究，于 2019 年 3 月完成，并在 2020 年 1～2 月结项，在项目组成员齐心努力与合作下，本课题最终形成著作《经济新常态下结构性财政政策调控效能与政策转型研究》。本著作具体撰写任务分工如下：第 2 章、第 4 章、第 5 章以及第 9 章由杨源源和尹雷完成与修订；第 7 章、第 8 章以及第 10 章由林春与孙英杰完成与修订。第 3 章与第 11 章由赵亮、周菲和尹雷完成与修订；第 1 章、第 6 章以及第 12 章由尹雷完成与修订。

本著作基于十二个章节展开分析经济新常态下结构性财政政策调控效能与政策转型问题，研究内容如下：

第 1 章导论。主要阐述研究背景与目的、研究理论价值与现实价值，研究内容以及创新之处。

第 2 章财政政策效应研究的理论分析。本章梳理主流的宏观经济理论，并对该理论下财政政策效应展开论述。主要梳理传统凯恩斯主义与财政政策乘数论，新古典主义与财政政策无效论，主要包括李嘉图等价定理、理性预期效应、实际经济周期理论，新凯恩斯主义与财政调控审慎论，主要包括粘性工资理论、粘性价格理论、财政政策"适度"干预论。

第 3 章中国财政政策的制度属性识别与检验。本章从两个方面展开讨论，第一识别中国财政政策的制度属性，第二对中国财政政策的制度问题的进一步检验。财政政策的制度属性直接关系到政策目标的指派和财政货币政策搭配效果，在非李嘉图制度下，旨在控制通货膨胀的主动货币政策反而可能引致通货膨胀水平的爆炸性解。我国财政政策是否具有非李嘉图制度属性现在仍存争议。首先，本部分利用四变量 TVP—SV—VAR 模型和两变量 SVAR 模型，在局部制度模拟视角下对我国财政政策的制度属性进行识别，结果表明我国财政政策在 1980～2015 年始终为李嘉图制度，FTPL 在我国不适用。这一结论意味着，我国财政部门拥有较广的政策空间，在宏观调控时不必受通货膨胀问题掣肘，维持物价稳定的政策目标应指派给央行。主动型货币政策、李嘉图制度属性财政政策的搭配组合在我国具有适用性。其次，本部分进一步利用 1997 年 6 月至 2015 年 6 月的月度数据，使用 MS—OLS 方法内生地识别出财政政策在物价决定中作用区制的改变，并综合利用 Sala 的五变量和 C. C. D 的三变量 VAR 方法对各区制进行了识别和稳健性检验。结果表明，在 1997 年 6 月至 2003 年 12 月、2007 年 1 月至 2011 年 12 月区间内我国财政政策具有李嘉图制度属性，物价水平的财政决定理论（FTPL）在这一区间不适用；2004 年 1 月至 2006 年 12 月、2012 年 1 月至 2015 年的区间内我国则属于非李嘉图制度，FTPL 在这些时期具有适用性，即物价水平由财政政策决定。这些结论对我国物价水平调控政策工具的选择具有指导性意义，我国财政政策决策应考量物价水平因素，并与货币政策协同配合以实现稳物价和保增长的政策目标。

第 4 章财政政策的宏观经济效应——基于财政支出与税收的总量视角。当经济发生波动时，财政政策和货币政策是政府调控经济的重要手段，但受限于通货膨胀目标压力和约束，货币政策通常无法有效地予以应用并充分地发挥作用，财政政策便成为政府进行宏观调控反复使用的重要政策工具。本部分通过将税收和财政支出两大财政政策工具联立分析以考察 1992～2014 年中国财政政策的宏观经济效应。研究发现这段样本期间，我国政府在市场经济体制建立以来所进行的政府宏观财政政策调控总体是有效的，基本表现为凯恩斯效应；通货膨胀也是一种财政现象。

第 5 章财政政策的自动稳定器效能检验。本章基于我国 1992～2014 年实际经济运行数据，构建政府支出与税收的结构向量自回归模型，检验财政政策的自动稳定器效应。研究结果表明，我国现行财政体制一定程度上具有较为显著的自动稳定效应，这与我国 1994 年以来税制结构的较弱累进性相悖。实际数据也表明，市场经济体制建立以来特别是 1994 年分税制改革以后我国税收收入持续保持高速增长。1995～2014 年，我国税收收入增长率持续高于同期 GDP 增长率，且年均增长率远高于 GDP 年均增长率。因此，实际税收征缴的扭曲可能改变了我国税制结构制度上较弱的累进特性。同时，长期以来税收收入高速增长的实际增税政策不仅进一步恶化社会收入分配水平，在一定程度上势必会严重抵消财政支出的扩张效果，特别是在经济下行的时期表现尤为明显。因此，在当前持续使用以政府支出为主的积极财政政策而经济仍然下行的情况下，加强税收制度的良性改革、规范地方税收征缴以及深化结构减税显得尤为必要。

第 6 章财政政策的宏观经济效应——基于财政支出与税收的结构性视角。本章将从财政支出的政府投资、消费、转移支付三类支出视角，税收的消费税、劳动税视角，形成了一个较为系统、完整的结构性财政政策经济效应研究框架。基于此框架，运用 TVP—SV—VAR 方法，考察结构性财政政策对我国宏观经济影响的内在动态响应机制，重点比较财政政策的支出结构与税收结构的时变与时点的宏观经济冲击效应，分析财政政策的结构性工具的调控效果，遴选出经济新常态下的最优结构性财政工具，探讨结构性财政转型问题。各项财政政策支出对各宏观经济的影响从时变特征分析，在 2008 年前后呈现出了显著的时变特征，主要表现在 2008 年前各项财政政策作用效果是递增的，在 2008 年后其作用效果出现递减现象。税收政策在 2006 年前后时变特征显著。从短期、中期以及长期时变看，财政政策的结构性政策工具对宏观经济影响均表现出差异性，同时在不同周期情形下，结构性政策工具的效果也具有差异。通过研究认为政府投资、政府消费、政府转移支付、政府消费税以及劳动税对宏观经济作用效果存在显著差异性特征、时变特征、周期性特征，因此，经济新常态下财政政策调控应根据政策结构性工具特征审慎选择恰当的工具以提升调控效率。

第 7 章财政分权与中国经济增长质量关系：中央与地方财政分权的结构性视角。中国正处于新常态下经济发展的关键期，财政分权改革对其经济结构调整的重要作用无疑被提升到了战略性的高度。本章从三个方面展开，第一，财政分权与中国经济增长质量关系；第二，财政分权对区域经济高质量发展的结构性影响效应分析：基于收入、支出与自有收入的财政分权视角；第三，财政分权对我国经济高质量发展非线性效应分析。基于收入、支出与自有收入的财政分权视角。（1）本章利用我国 29 个省（区、市）2000 ~ 2014 年的面板数据，采用 SYS—GMM 计量分析方法，研究财政分权对我国经济增长质量的作用。得出结论如下：无论从全国层面还是从地区层面来看，财政分权对经济增长质量都具有显著的促进作用，并且会因地区的不同而导致促进效果的差异化。其中，西部促进效果最大，中部促进效果适中，而东部促进效果最小。中央转移支付在财政分权中也发挥着重要的作用，对中西部的作用效果要好于东部，折射出地区转移支付制度优化和调整的必要性。（2）本章选择我国 29 个省（区、市）2000 ~ 2015 年的面板数据，构建动态面板和门槛面板模型，对财政分权与我国经济增长质量进行实验检验，结果发现：一是财政分权对我国经济增长质量具有显著的促进作用，并且会因地区发展的差异性而表现出不同的促进效果；二是财政分权对我国经济增长质量存在显著的门槛效应。（3）针对上面结论，得出继续强化地区财政分权力度是实现我国经济增长质量提升的重要启示。

第8章财政失衡与全要素生产率损失：纵向与横向财政失衡的结构性视角。深化财政体制改革是中国经济实现高质量发展的必然诉求。基于此背景下，本章选择中国2000～2016年29个省（区、市）的面板数据，通过动态面板模型检验财政失衡对全要素生产率的影响。（1）从纵向、横向财政失衡与全要素生产率及其技术效率和技术进步，分析纵向、横向结构性财政失衡影响与全要素生产率的路径。（2）分析纵向、横向结构性财政失衡对全要素生产率影响的地区差异性。结果发现：在路径分析中，财政失衡的加剧会带来全要素生产率损失，但纵向财政失衡的加剧会带来技术进步，而支出角度下横向财政失衡的加剧会带来技术效率改善；在地区差异分析中，财政失衡的加剧会带来地区全要素生产率损失，但收入角度下西部地区横向财政失衡的加剧会带来全要素生产率上升。此外，良好的制度环境因素能够降低财政失衡对全要素生产率的消极影响。（3）得出适度的缩小财政失衡度可以有效地促进全要素生产率提升的重要启示。

第9章稳民间投资视角下结构性财政政策偏向选择。本章构建新凯恩斯DSGE模型，将财政支出细分为投资性支出、消费性支出、转移支付三类，综合考虑各类财政工具内生反应规则，并采用贝叶斯估计方法，系统探究了结构性财政支出工具对民间投资的影响机制。研究发现，不同财政支出工具对民间投资的作用机制以及宏观效应存在非一致性：（1）投资性支出主要通过生产正外部性和总需求加速数效应挤入民间投资，并在支出结构中对主要经济变量挤入最为明显，但短期会导致债务和通货膨胀风险；（2）消费性支出通过总需求加速数效应挤入投资，但对主要经济变量挤入程度较低且短期易产生债务和通货膨胀风险；（3）转移支付通过影响居民消费产生需求加速数效应引致投资增加，虽然挤入程度偏低但其引致的社会风险和福利损失最小。考虑不同支出作用机制的差异性，本部分认为新常态下财政宏观调控应根据经济周期特征审慎选择恰当的财政支出工具以提升调控效率，促进宏观经济行稳致远。

第10章税制结构变迁与中国经济增长质量：直接税与间接税的结构性视角。随着新一轮财税体制改革的推进，优化税制结构将对我国经济增长质量的提升持续发力。基于此背景下，本章选择我国29个省（区、市）2000～2015年的面板数据，采用动态面板模型和门槛效应模型深入地探讨税制结构变迁对我国经济增长质量的影响。结果发现：（1）全国和东部地区的直接税与间接税都对经济增长质量产生显著的促进作用，并且促进效果直接税要明显高于间接税；中部地区直接税对经济增长质量产生显著的促进作用，而间接税却对其产生显著的抑制作用；西部地区间接税对经济增长质量产生显著的促进作用，而直接税却对其产生显著的抑制作用。（2）税制结构与中国经济增长质量存在单一门槛效应。（3）得出提高直接税比重是促进我国经济增长质量提升的重要启示。

第 11 章中国结构性去杠杆的路径选择：财政去杠杆还是金融去杠杆，兼论结构性财政问题。"财政去杠杆"与"金融去杠杆"是降低企业部门杠杆率的两条政策路径，本章运用上市公司财务数据实证检验了二者对企业部门杠杆"量"与"质"的影响。结果表明，控制财政支出和政府赤字较之于货币金融紧缩可以更为有效地降低企业部门杠杆率，调减国有企业的结构性高杠杆问题，促使更多金融资本配置到效率相对较高的企业，并且对融资成本影响更小，因而能够在"控风险"的同时兼顾"稳增长"。进一步研究表明，财政去杠杆应从压减政府投资建设性支出着手。为此，政府在去杠杆时应重点关注"财政去杠杆"途径，压减政府支出规模、控制地方政府过度投资冲动；调节金融杠杆时应平缓稳健，为民营企业营造宽松的融资环境；硬化国有企业预算约束，为结构性杠杆调控提供制度保障。

第 12 章经济新常态下财政政策调控的结构性转型的政策建议。结合前面理论与实践分析，提出我国财政政策转型的对策建议。（1）注重财政政策调控的空间维度调控效能，因事精准施策；（2）注重财政政策调控的时间维度调控效能，因时灵活施策；（3）完善财政分权体制改革，赋予地方政府更多的财政资源使用空间；（4）优化税制结构，因地制宜地合理安排财税政策空间布局；（5）去杠杆中的结构性问题需从财政政策入手；（6）加强财政政策与其他宏观政策配合施策，解决经济新常态下多目标调控难题。

目　录

第1章 导　　论

1.1　研究背景与意义

自 20 世纪末以来，在科学有效的宏观调控下，我国国内生产总值由 3679 亿元增长到 2018 年的 90.03 万亿元，年均实际增长 9.5%，远高于同期世界经济 2.9% 左右的年均增速。我国国内生产总值占世界生产总值的比重由改革开放之初的 1.8% 上升到 15.2%，多年来对世界经济增长贡献率超过 30%。① 中国已经成为世界第二大经济体、第一大工业国、第一大货物贸易国、第一大外汇储备国。财政政策是我国宏观调控的重要手段，自改革开放以来，中国经济经历了几次发展阶段与波动，事实证明政府所采取的科学恰当的财政调控决策均发挥了显著效果，为中国经济夯实了发展基础。1992～1997 年，中国政府为应对经济过热和通货膨胀，实施了适度从紧的财政政策，使得中国经济成功实现了"软着陆"，在此期间，改革与调控相结合，宏观调控体系逐步建立，并进行了分税制改革。1997 年亚洲金融危机，政府及时地由适度从紧、稳中求进的财政政策，转而采取了积极的财政政策，确保了国民经济持续快速健康发展，并开始注重财政货币政策协调配合。2003～2007 年，"积极的"财政政策逐步转向"稳健的"财政政策，此阶段的"前瞻性"财政调控崭露头角，调整了经济结构，稳定了物价水平、经济保持了稳定增长的势头。2008 年金融危机席卷全球，为防止经济增长速度的过快下滑和出现大的波动，我国灵活果断地调整了宏观经济政策，2009 年迅速推出并实施"一揽子刺激经济计划"的新一轮积极的财政政策，实现了国民经济企稳回升，此时灵活审慎的调控方针被逐渐重视。2010 年后金融危机时期，也是我国经济进入

---

① 根据国家统计年鉴、Wind 数据库整理计算。

"十二五"时期,财政政策的重点是"需求侧",通过扩大支出规模实现扩大投资、消费以及贸易,以需求侧总量调控手段来拉动宏观经济增长。中国经济砥砺前行四十余载,实践表明,每次的经济调整换挡均伴随着财政政策的转型,财政政策转型均带来中国经济新的动能转换,即所谓财政政策转型寓于经济发展中,财政调控的完善促进经济调整,二者相得益彰。

"十三五"规划伊始,中国经济正在向形态更高级、分工更复杂、结构更合理的阶段演化,经济发展进入新常态,从高速增长转向中高速增长,经济发展方式从规模速度型粗放增长转向质量效率型集约增长,经济结构正从增量扩能为主转向调整存量、做优增量并存的深度调整,经济发展动力从传统增长点转向新的增长点。此时新常态下的经济形势已经发生深刻变化,经济主要矛盾已转移,经济发展步入新常态,新常态凸显经济发展新特征,过往传统的财政政策模式面临转型;经济新常态表现出对财政政策调控新诉求,需要构建与之相适应的全新财政政策,要求创新和完善财政政策调控方式,加快构建科学规范、运转高效、实施有力的宏观调控体系,去适应、把握和引领经济发展新常态。2017 年与 2018 年政府工作报告均指出我国经济发展中结构性问题和深层次矛盾的凸显,经济下行压力持续加大,遇到不少两难多难抉择。面对这种局面,我们保持战略定力,坚持不搞"大水漫灌"式强刺激,而是适应、把握、引领经济发展新常态,统筹稳增长、促改革、调结构、惠民生、防风险,不断创新和完善宏观调控,确立区间调控的思路和方式,加强定向调控、相机调控、精准调控。中央精神赋予了财政政策调控思路和方式新的转型方向。2016 年的财政政策已经开始逐步向"结构性"转变,2017 年的财政政策明显开启从"需求侧"向"供给侧"的转变,2017 年财政政策提出"深入推进财税体制改革""统筹盘活财政存量资金""继续调整优化支出结构",则意在保证将有限资金用于重点领域和关键环节,带有非常突出的结构性调整的特征。经济新常态下的财政政策逐步开始注重结构性发力。2019 年中央经济会议强调,我国发展拥有足够的韧性、巨大的潜力,经济长期向好的态势不会改变。要全面正确把握宏观政策、结构性政策、社会政策取向,确保经济运行在合理区间。

在此背景下,财政政策转型既有政府的决策引领,又有经济发展的现实要求。基于结构化调控视角,系统审视财政政策转型具有重要理论与现实研究意义。现实意义上,探究结构性财政政策转型对主要宏观经济变量的影响,有利于解决当前我国经济新常态下面临的新问题,促进需求结构改善,助力宏观经济提质增效;有利于提高中国宏观调控的预见性、精准性和有效性，其研究成果，可为相关决策部门提供政策参考与借鉴。理论意义上，研究财政政策转型问题，这对中国宏观经济问题研究是一个补充与加强，可为当前我国财政政策操作转型问题提供参考和借鉴；通过探讨结构性财政政策效应，可丰富国内关于财政政策效应领域的研究。财政政策的结构性问题扩展到财政政策制度属性、财政支出与税收、财政分权、财政失衡以及税制等内容，丰富了财政政策的结构性问题研究的内容，进一步扩充了财政政策结构性转型方向问题。

1.2　研究框架与内容

第 1 章导论。主要阐述研究背景与目的、研究理论价值与现实价值，研究内容以及创新之处。

第 2 章财政政策效应研究的理论分析。本章梳理主流的宏观经济理论，并对该理论下财政政策效应展开论述。主要梳理传统凯恩斯主义与财政政策乘数论，新古典主义与财政政策无效论，主要包括李嘉图等价定理、理性预期效应、实际经济周期理论，新凯恩斯主义与财政调控审慎论，主要包括粘性工资理论、粘性价格理论、财政政策"适度"干预论。

第 3 章中国财政政策的制度属性识别与检验。本章从两个方面展开讨论，第一是识别中国财政政策的制度属性。第二是对中国财政政策制度问题的进一步检验。首先，本章利用四变量时变参数向量自回归（TVP—SV—VAR）模型和两变量结构向量自回归（SVAR）模型，在局部制度模拟视角下对我国财政政策的制度属性进行识别。其次，本章进一步利用 1997 年 6 月至 2015 年 6 月的月度数据，使用 MS—OLS 方法内生地识别出财政政策在物价决定中作用区制的改变，并综合利用 Sala 的五变量和 C. C. D 的三变量 VAR 方法，检验我国财政政策李嘉图或非李嘉图制度问题。

第 4 章财政政策的宏观经济效应——基于财政支出与税收的总量视角。本章基于我国 1992～2014 年实际经济运行数据，构建政府支出、税收和产出的三变量结构向量自回归模型，通过 SVAR 方法对变量施加约束以识别出我国支出、税收结构性财政冲击，进而探究基于总量视角的我国财政政策宏观经济效应。

第 5 章财政政策的自动稳定器效能检验。本章基于我国 1992～2014 年实际经济运行数据，构建政府支出与税收结构向量自回归模型，检验财政政策的自动稳定器效应。

第 6 章财政政策的宏观经济效应——基于财政支出与税收的结构性视角。本章将从财政支出的政府投资、消费、转移支付三类支出视角，税收的消费税、劳动税视角，形成了一个较为系统、完整的结构性财政政策经济效应研究框架。基于此框架，运用 TVP—SV—VAR 方法，考察结构性财政政策对我国宏观经济影响的内在动态响应机制，重点比较财政政策的支出结构与税收结构的时变与时点的宏观经济冲击效应，分析财政政策的结构性工具的调控效果，遴选出经济新常态下的最优结构性财政工具，探讨结构性财政转型问题。

第 7 章财政分权与中国经济增长质量关系：中央与地方财政分权的结构性视角。本章从三个方面展开，第一，财政分权与中国经济增长质量关系；第二，财政分权对区域经济高质量发展的结构性影响效应分析：基于收入、支出与自有收入的财政分权视角；第三，财政分权对我国经济高质量发展非线性效应分析：基于收入、支出与自有收入的财政分权视角。首先，本章利用中国 29 个省（区、市）2000～2014 年的面板数据，采用系统矩估计（SYS—GMM）计量分析方法，基于收入、支出与自有收入的财政分权视角，研究财政分权对我国经济增长质量的作用。其次，本章选择我国 29 个省（区、市）2000～2015 年的面板数据，构建动态面板，基于收入、支出与自有收入的财政分权视角，对财政分权与我国经济增长质量进行实验检验，并进一步通过门槛面板模型，分析财政分权对我国经济高质量发展非线性效应。

第 8 章财政失衡与全要素生产率损失：纵向与横向财政失衡的结构性视角。深化财政体制改革是中国经济实现高质量发展的必然诉求。基于此背景，本章选择中国 2000～2016 年 29 个省（区、市）的面板数据，通过动态面板模型检验财政失衡对全要素生产率的影响。一是从纵向、横向财政失衡与全要素生产率及其技术效率和技术进步，分析纵向、横向结构性财政失衡影响与全要素生产率的路径；二是分析纵向、横向结构性财政失衡对全要素生产率影响的地区差异性。

第 9 章稳民间投资视角下结构性财政政策偏向选择。本章构建新凯恩斯 DSGE 模型，将财政支出细分为投资性支出、消费性支出、转移支付三类，综合考虑各类财政工具内生反应规则，并采用贝叶斯估计方法，系统探究了结构性财政支出工具对民间投资的影响机制，并通过动态随机一般均衡（DSGE）模型，数值模拟结构性财政政策与民间投资之间的关系，进而讨论如何稳民间投资的财政政策工具选择。

第 10 章税制结构变迁与中国经济增长质量：直接税与间接税的结构性视角。本书选择我国 29 个省（区、市）2000～2015 年的面板数据，采用动态面板模型和门槛效应模型，来进行深入的挖掘税制结构变迁对我国经济增长质量的影响，重点讨论直接税与间接税与我国经济高质量增长之间的关系，并以期通过获得有价值的结论，来为我国"十三五"规划下加速实现经济高质量发展目标建言献策。

第 11 章中国结构性去杠杆的路径选择：财政去杠杆还是金融去杠杆，兼论结构性财政问题。本章基于 2007～2017 年沪深 A 股上市公司财务数据和中国宏观经济数据，实证检验财政扩张和货币金融宽松对企业部门杠杆率、金融资源分配效率和微观企业融资成本的影响，据以评判和甄选去杠杆的最优路径，利用微观企业数据，实证研究不同财政支出类型对两类所有制企业杠杆率的异质性影响，以甄选财政去杠杆的最优途径。对比探究财政去杠杆和金融去杠杆两条路径对企业部门宏观杠杆率的影响，并据以甄选调控宏观杠杆率的最优政策工具。对最优去杠杆路径的评判基于两个维度：一是调控杠杆的有效性，即是否会显著影响到企业部门杠杆率；二是在调节杠杆率的同时对企业经营绩效和财务成本的影响，即是否能在去杠杆的同时兼顾稳增长。

第 12 章经济新常态下财政政策调控的结构性转型的政策建议。结合前面理论与实践分析，提出我国财政政策转型的对策建议。一是注重财政政策调控的空间维度调控效能，因事精准施策；二是注重财政政策调控的时间维度调控效能，因时灵活施策；三是完善财政分权体制改革，赋予地方政府更多的财政资源使用空间；四是优化税制结构，因地制宜地合理安排财税政策空间布局；五是去杠杆中的结构性问题需从财政政策入手；六是加强财政政策与其他宏观政策配合施策，解决经济新常态下多目标调控难题。

1.3　研究创新之处

第一，研究视角创新。本书将基于多个维度的结构性财政政策视角展开研究。结构性的视角主要是：财政政策制度属性李嘉图与非李嘉图视角，财政支出与税收的结构性视角，地方与中央财政分权的结构性视角，直接与间接税制结构性视角、横向与纵向财政失衡结构性视角等。从多维度的结构性视角出发，考察我国财政政策的调控效力，审视我国各类财政政策工具的作用效果。

第二，研究内容上的创新。本书以我国财政政策为研究对象，将财政政策的结构性问题扩展到财政政策制度属性、财政支出与税收、财政分权、财政失衡以及税制等内容，丰富了财政政策的结构性问题研究的内容，进一步扩充了财政政策结构性转型方向问题。

第三，研究思路上的创新。本书沿多维度思路展开研究。一是时间维度，分析了财政政策的时变特征，财政政策的周期性特征，以及财政政策的短期、中期、长期的调控效应等问题。二是空间维度，通过地方与中央的空间维度分析财政分权问题；基于东部、中部以及西部地区空间维度分析了财政政策的地区差异性问题；从纵向与横向维度分析了财政失衡问题；将财政政策的总量与结构进行了比较分析。

1.4　研究方法

第一，本书构建动态随机一般均衡（DSGE）模型，运用贝叶斯方法对参数进行估计，利用 MATLAB 和 Dynare 4.2.4 软件进行动态模拟分析，这符合目前的前沿研究方法。模型中涉及国内经济参数估计，其内生变量定量关系的部分结构性参数，需基于当前国内研究的相关文献进行相关参数校准，对余下的结构性参数，运用贝叶斯估计方法进行参数估计。本书选用动态随机一般均衡（DSGE）模型，选取中国财政政策以及宏观经济实际数据，进行数值模拟分析中国财政政策问题。

第二，运用带随机波动的时变参数向量自回归（TVP—SV—VAR）模型。该方法可以十分灵活、稳健地识别经济中潜在的时变结构，可以同时识别经济结构中的渐变和突变两种情况，采用贝叶斯分析中常用的 MCMC 方法估计的时变参数，得到基于不同时期下的脉冲结果以及时点上冲击反应。本书选用 TVP—SV—VAR 方法，选取中国财政政策数据，分析财政政策带有时变特征与结构性突变特征问题。

第三，运用动态面板数据 GMM 估计。考虑到解释变量存在内生性问题以及短面板数据的束缚，采用固定效应模型（FE）和随机效应模型（RE）都无法克服内生性问题，从而无法得到有效的无偏估计量，此时广义矩估计成为最佳选择。综合本书研究所涉及解释变量的内生性问题和所采用短面板数据的局限性，广义矩估计成为解决两者问题困扰的最优方法选择。而对于广义矩估计方法的具体应用上，布伦德尔和邦德（Blundell &

Bond，1998）认为一定条件下的系统矩估计比差分矩估计（DIF—GMM）更准确。因此，采用系统矩估计方法对其模型进行估计，并通过 Hansen 检验值来判断是否存在工具变量的过度识别和 AR（1）、AR（2）检验值来判断残差项是否自相关，以此来确保估计结果的准确性和合理性。本书选用动态面板数据 GMM 方法检验财政分权的结构性问题、税制的结构性问题以及财政失衡的结构性问题等。

第2章 财政政策效应研究的理论分析

目前，学界关于财政政策宏观调控时机、调控方向以及调控绩效已展开丰富讨论，但无论理论层面还是实证层面均未取得广泛的一致性。宏观经济理论主要有三大流派：凯恩斯主义学派、新古典主义学派和新凯恩斯主义学派。本章将简要介绍这三大宏观经济流派的经济理论以及各理论下的财政政策效应。

2.1 传统凯恩斯主义与财政政策乘数论

20 世纪主要资本主义国家经济大萧条促使凯恩斯的需求管理财政政策思想大为盛行，《就业、利息和货币通论》为治愈危机开出一剂良方，即通过扩大政府开支、赤字预算以增加总需求，从而促使经济回到充分就业状态。其原理主要在于，支出扩张或税收减免通过乘数效应引致产出倍数增加。

根据 IS—LM 模型，财政扩张致使 IS 曲线向右上方移动，在带来利率上升的同时也导致产出提高。这种财政扩张完全被看作总需求的外生增加，引致需求受限的企业增加投资以提高产出，从而刺激了就业并提高了居民收入水平，最终刺激居民消费一定乘数增加（见图 2 - 1）。

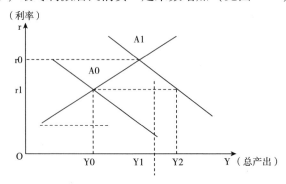

图 2 - 1 IS—LM 模型动态机制

凯恩斯主义在经济思想史上对财政理论的发展起到重大推动作用，现已形成较为系统的理论框架。凯恩斯从消费函数和预期的不确定性两个逻辑视角出发，提出消费倾向理论、流动性偏好理论和投机性需求理论，形成以有效需求观点为核心的理论体系。该理论体系论证了政府宏观干预的必要性，为政府宏观调控提供了强有力的理论依据，进而提出政府干预论。凯恩斯还认为就业和收入水平由有效需求决定，有效需求主要包括投资需求和消费需求。消费需求主要取决于社会消费倾向性，其在短期内相对稳定；而投资需求则主要取决于资本边际效率，资本边际效率在市场自由经济下长期呈下降趋势。故而，市场经济体制运行下宏观经济必然时而偏离均衡，这就需要通过政府干预来引导经济趋于均衡。

2.2　新古典主义与财政政策无效论

新古典主义理论自 20 世纪 70 年代理性预期学派兴起后发展而来，其理论渊源是货币主义。新古典主义理论的中心论点，可概括为错误的价格调控政策、经济体不发达以及第三世界国家过度的政府干预所引致的资源配置不当。因此，需重新评价政府、市场各自在经济发展中的作用，并应致力于利用市场力量解决经济发展问题。新古典主义关于财政政策效应的理论主要有李嘉图等价定理、理性预期效应理论、实际经济周期理论。基于这些理论，新古典主义认为财政政策具有非凯恩斯效应，因而政府的财政政策无效。

2.2.1　李嘉图等价定理

李嘉图等价定理的核心思想在于：公债并非净财富，政府不论是以税收形式，抑或公债形式来取得公共收入对行为个体经济选择的影响是一样的。即在具有完全理性的消费者眼中，公债无非是延迟的税收，债务和税收是等价的。

早自古典主义学派便认为，公债是中性的，政府举债并不会引致总需求增加，财政宏观干预无效。新古典主义基于其理论假设进一步阐述，理性经济人一般会在当期购买公债的同时选择增加储蓄，以应对转移至未来的税收增加从而追求跨期效用优化。亦即，基于政府公债融资的积极的财政政策不仅不能促进消费在当期增加，还可能使得居民削减当前消费，进而影响产出。因此，政府债务融资同税收融资的效果是等价的，财政赤字对总需求的扩张效应会因居民消费的降低而抵消，结果产出不断不会增加，反而引致居民消费的下降。

2.2.2 理性预期效应

理性预期作为新古典主义区别于传统凯恩斯主义的重要假设之一，主要指理性的经济决策主体会根据经济形势变化不断修正自己的预期，并采取与预期相一致的行为，从而调整宏观经济变量。理性预期下的变量调整幅度大于适应性预期环境。

如图2－2所示的总需求—总供给模型，经济初始状态处于总需求曲线 AD_0（D_0）与短期总供给曲线 SAS_0、长期总供给曲线 LAS 的交点 M 处。若财政当局意图刺激经济，则采取赤字扩张的财政政策（赤字由 D_0 增加至 D_1）。根据传统凯恩斯主义理论，短期总供给曲线 SAS_0 不会发生改变，总需求曲线由 AD_0（D_0）移至 AD_1（D_1）。赤字扩张的财政政策最终会使经济处于短期总供给曲线 SAS_0 与总需求曲线 AD_1（D_1）的交点 N 处，总产出从 Y^* 增加到 Y_1。

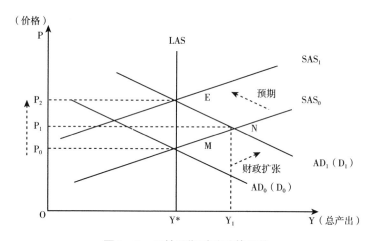

图2－2　理性预期财政政策无效

但若考虑理性预期因素，理性的工人在与企业进行工资谈判时，会将扩张性财政政策导致的价格上升考虑进自己的预期中，预期未来价格水平将会上升。这一机理将导致工人实际工资上升，企业劳动需求下降，均衡就业降低，短期总供给曲线会由 SAS_0 移至 SAS_1。经济最终会从 M 点移至 E 点，从而财政的扩张并未导致总产出获得增加，仅仅导致物价水平的上升（通货膨胀）。

基于以上分析，我们可以发现：传统凯恩斯主义理论由于未考虑到预期的作用，认为短期总供给曲线不发生改变，以致财政政策通过影响总需求而影响实体经济。而理性预期学派认为，理性的个人会利用一切信息对价格变动做出预期，当政府进行财政调控时，人们会据此对预期适时调整，短期总供给曲线会由此发生改变，以致传统凯恩斯主义财政政策通过影响总需求的作用机制失效，最终仅会导致物价水平的波动。

2.2.3　实际经济周期理论

实际经济周期理论是新古典主义学派的代表性成果，该理论将经济波动的根源归结为以技术冲击为代表的实际因素，认为是总供给冲击而不是总需求冲击产生经济周期的一种理论。主要具有以下经济特征：

第一，强调经济个体的决策行为目标是在现行资源约束下实现个体效用或利益的最大化，基于微观个体的理性行为推导出集体总量的行为方程，故而该理论立足于坚实的微观基础。

第二，研究对象为完全竞争条件下的市场经济，假设决策主体所掌握的信息是完全的、对称的，且能形成理性预期。

第三，均衡是经济运行的常态，价格能及时灵活调整，市场得以持续出清。经济波动是理性经济主体面临外来冲击时的自我正常调整，从一个均衡状态转向另一均衡状态的过程。

第四，闲暇和工作时间具有高度替代性，就业波动主要反映了人们自愿工作时间的变化。

第五，经济波动的根源来自实际冲击，强调实际因素而非名义因素、技术冲击而非货币冲击、供给冲击而非需求冲击在经济周期波动中的作用，认为就业、总产量的波动是经济行为主体面临技术冲击时理性选择的结果，由较大的生产技术随机变化造成的。

由此，政府试图通过影响总需求所进行的财政干预不但不能熨平经济波动，反而会导致对实体经济错误的干扰和扭曲。

2.3　新凯恩斯主义与财政调控审慎论

传统凯恩斯主义固有的理论缺陷和新古典主义在解释现实经济问题时效微力乏促进新凯恩斯主义得以诞生。基于对已有理论不足的反思以及经济理论发展的启迪，新凯恩斯主义开始采用独特的思路和方法对产品市场、劳动市场和信贷市场进行分析，以期重新审视导致失业和宏观经济波动的原因。新凯恩斯主义以价格、工资粘性替代传统凯恩斯主义关于价格刚性和工资刚性的假设。在引入经济当事人最大化原则和理性预期假设基础上以价格粘性、工资粘性和非市场出清假设取代新古典主义的价格、工资灵活调整和市场出清假设，并基于此对微观行为进行加总以与宏观层次的产出、消费、就业等相结合，建立起具有微观基础的新凯恩斯主义宏观经济学。其主张的理论与传统凯恩斯主义具有一致性，市场失灵致使经济中存在着显著的周期性波动，产品市场往往处于非出清状态，劳动市场上经常存在超额劳动供给，宏观经济政策在绝大多数年份是重要的。新凯恩斯主义从粘性工资和粘性价格理论以解释劳动市场和产品市场的非出清状态，认为当市场失灵时，需要政府的宏观经济政策发挥作用，但其提出政策并非毫无代价，政府应结合财政工具对微观主体的作用传导机制审慎选择恰当的工具、适度干预。

2.3.1　粘性工资理论

新凯恩斯主义认为，由于实体经济中长期合同、局内—局外人模型以及效率工资机制的广泛存在，工人的工资具有粘性，因而劳动市场往往处于非出清状态，就业的不均衡又会导致产出的持续波动。因此，政府有必要针对市场失灵进行必要的干预，通过财政货币政策调控影响总需求，引导劳动市场趋于均衡，缓解经济波动。

2.3.1.1　长期劳动合同

长期劳动合同是指工人和企业之间所达成的规定了一年期或更长期限的名义工资水平的劳工协议。早期的新凯恩斯主义经济学者通过长期劳动合同形式引入经济中所存在名义工资粘性。实体经济运行过程中往往呈现为"交错合同"现象，即所有的合同通常不会在同一时期结束。与现有合同同时重新谈判以适应新情况的情形相比，实际存在的"交错合同"面临冲击时名义工资将表现出更大的调整滞后或调整缓慢。因此，新凯恩斯主义认为工资的粘性除来源于个别非理性行为外，还源于有利于工人和厂商利益的长期交错工资合同。

如果财政货币部门对名义需求冲击的反应快于私人部门对名义工资的调整，不变的名义工资使得政策制定部门能够影响实际工资率，进而影响产出和就业。

2.3.1.2　失业滞后理论

失业滞后理论是新凯恩斯主义学派提出的一个迥异于传统理论的新就业理论。传统经济学、货币主义学派以及新古典经济学派都认为短期失业率与长期的均衡失业率无关，长期工资的充分调整最终会使得失业趋向长期均衡失业率。失业滞后理论主要探究了劳动力市场中工资与失业之间的相关关系，并通过"局内—局外人"模型阐明：工资调整在很大程度上取决于在职员工而非失业人员，并且长期失业者对工资调整的影响甚小。

局内人通过工资调整，促使就业的期望人数等于局内人员数。当经济总需求降低时，在职工人不愿意削减工资。在需求收缩而工资水平保持不变时，需求的降低便会引起劳动需求收缩，就业水平下降。当需求增加时，仅当局内人被充分雇用后，愿意接受较低工资的局外人届时才会被雇用。这些影响总需求伸缩的冲击，最终形成了就业的实际变化。当冲击消退后，就业仍维持在变动后的实际就业状态，并不回到长期均衡状态，而是一直持续到另一个随机冲击发生来改变它。

失业滞后理论认为，经济运行中的随机冲击往往会引起失业，实际失业通常不可能自动地趋向长期均衡失业水平，而是随机地形成就业均衡。因此，如果放任劳动市场自行其是，失业率会维持在较高水平上。所以，就业调控政策应该通过增加货币供给、政府支出或其他扩大总需求的办法刺激就业增加，以使得失业率下降。要使就业调控政策奏效，政策制定部门必须注重失业者且特别是长期失业者（局外人）的权利，为其提供和创造更多的就业机会，并设法增强他们在劳动市场上的话语权，帮助长期失业者重新就业。

2.3.1.3 效率工资理论

效率工资理论于20世纪70年代末提出，随后得到很大发展。由于该理论成功解释价格、工资调整粘性与自然失业率的成因，新凯恩主义宏观经济学以此作为其理论基础之一。

效率工资，指企业或其他组织支付给员工高于市场均衡水平的工资以促使员工努力工作、增进员工生产效率的一种薪酬和激励制度。效率工资理论的基本假设或核心观点是工资水平与劳动效率同向联动变化，厂商支付较高的工资虽有成本也有收益，可以激励员工提高劳动效率。该理论阐明工资并不全然是由劳动力的供给与需求所决定，企业效率工资策略也是工资决定的重要因素。因此，劳动市场常常处于非出清状态，这也被认为是一种市场失灵的现象。

2.3.2 粘性价格理论

新凯恩斯主义从不完全竞争市场出发，试图解释名义价格粘性。在价格存在粘性的情形下，由于相应调整没有发生或来不及发生，交易便会在非均衡价格水平下进行，从而导致产出的波动。因此，政府需要根据经济波动状况采取相应的财政货币政策以熨平经济周期。新凯恩斯主义主要用菜单成本理论、交错调整定价等以描述和解释价格粘性。

2.3.2.1 菜单成本理论

菜单成本一方面指厂商历次变动价格所要花费的包括研究和确定新价格、重新编印价目表、将新价目表通知销售点、更换价格标签所支付的成本；另一方面也包含厂商变动价格的机会成本，其虽非厂商实际产生的支出成本，但同样阻滞着厂商变动价格。菜单成本理论认为，虽然经济中的垄断厂商是价格的决定者，但菜单成本的存在阻滞了厂商变动产品价格，从而价格具有粘性。

2.3.2.2 交错调整定价

交错调整价格论是以理性预期为假定前提，通过建立价格调整模型以阐述名义价格粘性和经济波动成因。该理论认为，厂商在不完全竞争的市场中，通常不采用同步方式而采用交错方式来调整价格。交错调整定价是指由于市场的不完全性以及信息获取程度的差异，各垄断厂商不能同步调整价格，具体表现为每期一部分厂商根据个人利益最大化调整其价格，另一部分厂商由于信息来不及调整或更新而无法调整价格。

比较常用的是卡尔沃（Calvo，1983）定价模式。卡尔沃（1983）设定厂商不能连续或频繁地变动价格，其仅能在接收到某种价格调整信息时才变动价格。其中每期厂商接收信息的概率为 w，即 w 比例的厂商据最优化条件重新调整价格，其余 $1-w$ 比例厂商不调整价格，这样价格调整便具有粘性。

现实经济如果遵循交错定价的方式，就会导致物价总水平动态演变存在一定程度的粘性。最终，价格水平不能迅速地对影响总需求的冲击作出有效反应，价格更新的粘性进而加剧了总需求的波动，从而导致经济周期发生。

2.3.3 财政政策"适度"干预论

新凯恩斯主义的财政理论主要以斯蒂格利茨为代表。该理论作为当代公共经济学的典型代表集中体现了当代财政理论与以往财政理论相异的两个显著特征：第一，研究重点由重视政府稳定职能转变为强调政府资源配置职能的研究；第二，成本收益分析法在当代公共经济问题研究中得到广泛运用，并成为当代公共经济学研究的重要方法。

周期性的持续失业以及产品的非市场出清证明经济有时不能迅速调

整，政府有必要采取相应的财政政策予以干预。新凯恩斯主义经济学者认为政府的财政干预未必完全有效或毫无代价，而应审慎从事。原因在于不同类型的财政工具宏观经济效应存在差异性，且单一的财政工具并不能完全符合主要的宏观经济目标（经济增长、充分就业和物价稳定）的需要。财政政策工具主要包括改变消费税率、企业税率和劳动税率等结构性税率，以及调整政府投资性、消费性和转移支付等结构性支出。政府在选择使用财政工具时应充分考虑相应政策工具的有效性、政策工具影响的范围、政策工具执行的灵活性和时滞性、政策后果的确定性及其副作用。

因此，以斯蒂格利茨为代表的新凯恩斯主义学者认为政府有必要在市场失效时予以适度的干预，但不应盲目操作。同时，财政调控不应仅关注数量调节，应将调节延伸至经济运行内部，注重结合不同类型财政工具对微观主体作用机制的差异性选取适当的财政工具或搭配组合。

2.4 小结

通过对传统凯恩斯主义、新古典主义、新凯恩斯主义等主流宏观经济理论进行总结和分析发现，不同宏观经济理论框架下财政政策效应具有差异性。传统凯恩斯主义学派认为，基于总量的财政政策宏观调控对引导经济趋于均衡、熨平经济周期有效，但其无法对价格刚性假设以及近年来出现的财政政策非凯恩斯效应做出有效解释，且该理论缺乏微观基础。新古典主义学派认为资源配置不当来源于政府的过度干预，财政政策无效，应重新评价政府在经济发展中的作用，并致力于利用市场力量解决经济发展问题，但该理论假设条件过于苛刻、且在解释现实经济运行时效微力乏。新凯恩斯主义在引入经济当事人最大化原则和理性预期假设基础上以价格粘性、工资粘性和非市场出清假设取代新古典主义的价格、工资灵活调整和市场出清假设，并基于此对微观行为进行加总以与宏观层次的产出、消费、就业等相结合，建立起具有微观基础的新凯恩斯主义宏观经济学。其主张的理论与传统凯恩斯主义具有一致性，政府的宏观财政货币调控能够影响就业和产量，市场的失效需要政府干预来发挥积极作用；但其认为政府的财政干预未必完全有效或毫无代价，政府在进行宏观财政调控时应合理估计和权衡财政政策的正面效应和负面效应，审慎选择恰当的财政工具。

我国扩张性财政政策实践与宏观经济运行状况显露出基于总量的传统

凯恩斯主义框架分析已无法对近年来出现的消费、投资挤出现象抑或价格之谜作出有效解释。在各国实践中，新古典主义理论由于对经济波动解释能力较差且缺乏现实操作性，因而政策指导作用有限。新凯恩斯主义由于模型假设则更加贴近现实经济，且能较好地解释经济运行。因此，本书将构建新凯恩斯主义模型并基于结构性视角深入探究财政政策宏观经济效应。目前，国内基于微观基础系统研究不同类型财政政策工具的宏观经济效应较为匮乏，而将结构性政府支出和结构性政府税收工具置于同一框架的研究更几乎为空白。本章通过基于结构性视角重新审视财政政策宏观经济效应，以形成对财政政策效应研究的系统性框架，可丰富国内关于财政政策效应领域的研究。

第3章 中国财政政策的制度属性识别与检验

3.1 中国财政政策的制度属性识别

3.1.1 引言

改革开放以来，渐进式的改革促成了中国经济在转型期的平稳发展，但在经济高速增长的背景下，一些体制性问题被掩盖，结构性问题长期积累。进入"新常态"以来，经济增速放缓日益显现，依靠政策手段提振经济势在必行。从当前后金融危机时代的政策态势看，货币宽松边际效用递减，我国刺激政策有从货币宽松向财政宽松转向的趋势。2015 年，国家发展和改革委员会批复的 11 大类重大工程包累计完成投资 5.2 万亿元，规模已超过 2009 年的"四万亿"刺激计划，占全年全国固定资产投资比重高达 9%；中央经济工作会议提出"三去一降一补"的供给侧改革意见，配套财政投入进一步加码；2016 年政府工作报告奠定了赤字财政的主基调，提出进一步推进"营改增"，减税 5000亿元，拟安排财政赤字同比增加 5600 亿元，赤字率提升至 3%；同时地方债发行工作开始早于往年，规模预计大幅增至 5 万亿元。与此同时，从价量指标上看，货币政策立场保持了相对稳健：央行回购利率和银行间同业拆借利率均保持稳定，广义货币供应量（M2）同比增速与 2015年基本持平。

在财政扩张、货币稳健的背景下，房地产价格悄然升温，猪肉价格大幅上涨，通货膨胀压力初露端倪，这再一次引发了我国物价水平是否由财政政策决定的争论。物价水平的财政决定理论（FTPL）认为，财政部门能否决定价格水平，取决于财政政策的制度属性（fiscal policy property）

（Woodford，1996）①，即政府是否会在无限期中维持对实际债务的偿付能力（Walsh，2010）②。财政政策若具有李嘉图制度属性，则价格水平完全由货币政策决定；反之，若具有非李嘉图制度属性，则即使没有货币政策的配合，财政扩张也可以直接作用于价格水平、进而引发通货膨胀。在李嘉图制度下，财政部门拥有更大的政策空间，自主施行需求管理政策时可免受通货膨胀的掣肘；而在非李嘉图制度下，政策制定则需统筹兼顾，考量社会公众对通货膨胀的承受力，在"经济增长"和"物价稳定"之间做出权衡。在政策搭配方面，对于非李嘉图财政制度，旨在维持物价稳定的主动型货币政策反而会导致通货膨胀的爆炸性增长或通货紧缩陷阱，因而必须采取被动型货币政策进行配合；而李嘉图制度下财政部门则倾向于选择积极型货币政策以实现物价和债务稳定（Woodford，1996）。

我国财政政策的制度属性目前尚无定论。从法理上来看，维持价格稳定的政策目标写入《中华人民共和国中国人民银行法》，财政政策不承担控物价的任务；但从现实经济运行来看，M2 增速与消费者物价指数（CPI）出现过多次背离，产生了困扰中外学者的"中国价格之谜"。厘清当前我国财政政策的制度属性，有助于辨别通货膨胀成因，为调控经济运行争取政策空间，为政策目标指派和政策搭配选择奠定理论前提。为此，我们在梳理 FTPL 相关研究成果的基础上，构建四变量 TVP—SV—VAR 模型和两变量 SVAR 模型，在局部制度模拟视角下对我国财政政策的制度属性进行识别，并给出相应的政策建议。

3.1.2　文献回顾

传统观点认为，货币存量是价格的唯一决定因素（Friedman & Schwartz，1963），财政政策只是被动地调节政府基本盈余，以保证在任何价格水平下的偿债能力（Sargent，1982）。这一分析隐含地基于一个假设，

---

① Woodford M. Control of the Public Debt: A Requirement for Price Stability? [R]. NBER Working Papers，No. 5684，1996. 书中把财政政策制度属性分类为李嘉图制度属性与非李嘉图制度属性。提出物价说的财政理论，认为物价水平由政府名义地决定初始盈余而不考虑政府负债，政府跨期预算约束等式只需在均衡条件下成立，而不需要在任何时点都成立，因此，财政冲击会影响总需求，货币政策与物价水平决定路径无关，财政政策可以单独决定物价水平，这种情况即所谓的非李嘉图制度属性。而在李嘉图制度下，物价水平由货币市场出清所决定。

② Carl E. Walsh. Monetary theory and policy (Third Edition) [M]. Cambridge: The MIT Press，2010: 166.

对于任意价格水平 P_{t+i}，都存在一条政策路径 $\{g_{t+i}, \tau_{t+i}, s_{t+i}, d_{t+i}\}$ ①来保证对未来债务的偿付能力②，这种情形就是伍德福德（1995）所称的李嘉图制度（以下简称"R 制度"），此时财政政策不足以决定价格水平。20 世纪 90 年代以来，利珀（Leeper，1991）、西姆斯（Sims，1994）、伍德福德（1995，1996）、科克伦（Cochrane，1998）等人提出物价水平的财政决定理论（FTPL），提出了不同的假设：若货币部门独立，财政部门自由选择政府基本盈余，而不顾债务余额，则物价水平需要做出调整，以维持政府预算现值约束（PVBC）。这一情形即称为非李嘉图制度（以下简称"NR 制度"）。这两种制度最主要的区别在于，李嘉图制度下，物价水平由货币政策决定，PVBC 是财政部门必须满足的约束条件；非李嘉图制度下，货币政策外生给定、财政部门自主行事，PVBC 成为决定价格水平的均衡条件。在后者的情形下，一个设计良好的货币政策规则也不足以维持物价稳定，财政政策成为价格水平的决定力量。

判断价格水平的决定因素，实质上就是对财政政策的制度属性进行识别。从 PVBC 约束视角出发，波恩（Bohn，1998）、坎佐内里（Canzoneri，2001）（以下简称"C. C. D"）等人提出了对两种制度的识别条件。然而基于这一视角的识别标准一经提出便受到科克伦（Cochrane，1998）、萨拉（Sala，2004）的质疑。他们指出，无论在哪一制度下，稳态时 PVBC 始终成立，这使得我们无法从实际观测到的数据中得到可行的识别信息。

方红生（2008）认为，基于局部制度模拟视角的识别标准更具可行性。这一视角下最具代表性的识别标准为伍德福德（1996）、基姆（Kim，2003）和萨拉（2004）的研究。其基本思想是，通过构建 DSGE 模型，考察不同政策制度下经济体对特定冲击的响应方式的差异，并以此作为识别条件。这一方法的核心不是直接基于政策规则进行估计，而是比较来自不同政策规则搭配下的理论脉冲（由 DSGE 模型进行制度模拟得到）与来自 VAR 或 SVAR 的现实脉冲，间接识别政策类型。萨拉（2004）③ 通过构建基于新新古典主义的动态一般均衡模型得出，若一单位负向税收冲击下实

---

① g_{t+i}、τ_{t+i}、s_{t+i}、d_{t+i} 分别为未来各期的实际财政支出、实际直接税、实际铸币税和政府实际债务余额。

② 即 $\lim\limits_{T \to \infty} \lambda_{t,t+T} d_T = 0$，其中 $\lambda_{t,t+T}$ 为从 t 期到 t + T 期的折现率，d_T 为第 T 期的政府实际债务余额。

③ 萨拉（2004）同时讨论了 C. C. D（2001）提出的识别条件。基于 DSGE 模型的制度模拟显示，在 R 与 NR 制度下财政扩张都会导致实际债务水平上升，说明这一条件不足以作为可信的识别标准。

际利率出现显著正向响应，则经济体属于 R 制度；若实际利率响应方向为负，则经济体属于 NR 制度。这一结果与伍德福德（1996）相一致。方红生和朱保华（2008）在运用这一标准检验我国所属制度属性时，为避免在 VAR 系统中引入负向冲击的问题，对冲击源和识别标准同时取负号，认为正向税收冲击下实际利率出现正向响应，即可说明我国财政政策具有非李嘉图属性①。基姆（2003）考察了政府支出冲击、利率冲击、总供给与总需求冲击下各内生变量在两种制度下的反应方式差异，得到以下识别条件：在政府支出正向冲击下，实际利率在 R 制度下上升，在 NR 制度下下降；消费在 R 制度下下降，在 NR 制度下上升；在利率正向冲击下，通货膨胀水平和总产出在 R 制度下下降，在 NR 制度下上升；在总供给和总需求冲击下，通货膨胀水平在 R 制度下无翻转现象，在 NR 制度下有翻转现象。上述标准中的通货膨胀翻转现象最具辨识性，普遍被用作实证检验的识别条件。方红生（2008）在综合分析以上两篇文章提出的识别标准后提出，在财政基本盈余正向冲击下，利率在 R 制度下下降，在 NR 制度下上升（见表 3 - 1）。

表 3 - 1 局部制度模拟识别条件

学者	脉冲反应	R	NR
萨拉（2004）	$T^+ \to r$	下降	上升
基姆（2003）	$G^+ \to r$	上升	下降
	$G^+ \to C$	下降	上升
	$r^+ \to \pi, Y$	下降	上升
	$AS^+, AD^+ \to \pi$	无翻转	有翻转
方红生（2008）	$S^+ \to r$	下降或不变	上升

依据以上各类标准，众多学者对我国财政政策的制度属性进行了实证检验。万晓莉和傅雄广（2008）、荣幸子和蔡宏宇（2015）、毛泽盛、周军荣和李鹏鹏（2013）等人依据 C. C. D 的标准判定我国属于 R 制度，但储德银和刘宏志（2013）运用相同的标准却得出了相反的结论，认为我国在样本年份内为 NR 制度，FTPL 理论具有合意性。张志栋和靳玉英（2011）认为，我国财政政策的制度属性历史上可能发生过改变，因而利

---

① 萨拉（2004）隐含地认同这一标准，且更为宽松，只要冲击下短期内（如一年内）响应为正，即足以判定政策为 NR 制度，FTPL 成立；若始终为负或不显著异于 0，则为 R 制度。

用马尔科夫区制转移方法划分了二者的作用区制，并依据 C. C. D 方法对两区制进行识别，证实1980～1996 年我国为 R 制度，而 1997 年后为 NR 制度。依据局部制度模拟的识别标准对我国进行实证检验的文献相对较少。方红生和朱保华（2008）根据萨拉（2004）和基姆（2003）的标准对我国政策属性进行识别，认为我国属于 NR 制度。刘斌（2009）则独立构建了 DSGE 模型，其对政策参数的估计同样倾向于支持我国属于 NR 制度。

前人研究大多基于 C. C. D 的政策搭配视角，而这类识别标准近年来受到诸多质疑；另外，鲜有文献在检验制度属性时考察财政政策的动态变动特性，这与我国不断推进制度创新的改革实践不相符合。为此，本章节通过引入时变参数，在局部制度模拟视角下实证检验我国财政政策是否出现过非李嘉图制度时期。

3.1.3　模型构建与制度属性识别

3.1.3.1　模型构建

带随机波动的时变参数向量自回归模型可由 SVAR 模型增加时变参数特性得到。对于一个典型的 SVAR 模型：

$$Ay_t = F_1 y_{t-1} + \cdots + F_s y_{t-s} + \mu_t, t = s + 1, \cdots, n \qquad (3.1)$$

其中，y_t 为 $k \times 1$ 维观测变量，A 和 F_s 为 $k \times k$ 维系数矩阵。扰动项 μ_t 为 $k \times 1$ 维结构冲击。假设冲击向量 $\mu_t \sim N(0, \sum \sum')$，其中 $\sum =$ diag(σ_i)，$i = 1, \cdots, k$。同期相关系数矩阵 A 是一个下三角形矩阵，可用递归法对其结构冲击进行识别。对式（3.1）进行整理，有：

$$y_t = B_1 y_{t-1} + \cdots B_s y_{t-s} + A^{-1} \sum \varepsilon_t, \varepsilon_t \sim N(0, I_k) \qquad (3.2)$$

其中，$B_i = A^{-1} F_i$；$i = 1, \cdots, s$。将所有 B_i 的元素堆叠，得到向量 $\beta(k^2 s \times 1)$。同时定义 $X_t = I_k \times (y'_{t-1}, \cdots, y'_{t-s})$。则式（3.2）可表示为：

$$y_t = X_t \beta + A^{-1} \sum \varepsilon_t, t = s + 1, \cdots, n \qquad (3.3)$$

对参数和方差赋予时变特性，则上述 SVAR 即成为 TVP—SV—VAR 模型：

$$y_t = X_t \beta_t + A_t^{-1} \sum_t \varepsilon_t, t = s + 1, \cdots, n \qquad (3.4)$$

在这一模型中，参数 β_t、A_t 和 $\sum_t$ 均具有时变性。同期相关系数矩阵

A_t 为：

$$A_t = \begin{pmatrix} 1 & 0 & \cdots & 0 \\ a_{t,2,1} & 1 & \cdots & 0 \\ \vdots & \ddots & \ddots & 0 \\ a_{t,k,1} & a_{t,k,2} & \cdots & 1 \end{pmatrix}$$

为便于表述，令 $a_t = (a_{t,2,1}, a_{t,1,2}, \cdots, a_{t,k,k-1})'$ 为 A_t 中下三角形中各元素，这些元素描述了各时期内变量间的同期作用关系；令 $h_t = (h_{t,1}, h_{t,2}, \cdots, h_{t,k})'$，其中 $h_{t,i} = \log \sigma_{t,i}^2$，$t = s+1, \cdots, n$；$i = 1, \cdots, k$。

则式（3.4）中的时变参数遵循下列随机游走过程：

$$\begin{cases} \beta_{t+1} = \beta_t + \mu_{\beta_t} \\ a_{t+1} = a_t + \mu_{a_t} \\ h_{t+1} = h_t + \mu_{h_t} \end{cases}, \text{其中} \begin{pmatrix} \varepsilon_t \\ \mu_{\beta_t} \\ \mu_{a_t} \\ \mu_{h_t} \end{pmatrix} \sim N\left(0, \begin{pmatrix} I & 0 & 0 & 0 \\ 0 & \Sigma_\beta & 0 & 0 \\ 0 & 0 & \Sigma_a & 0 \\ 0 & 0 & 0 & \Sigma_h \end{pmatrix}\right) \quad (3.5)$$

$t = s+1, \cdots, n$；$\sum_a$、$\sum_\beta$、$\sum_h$ 为对角矩阵；初值 $\beta_{s+1} \sim N(\mu_{\beta_0}, \sum_{\beta_0})$，$a_{s+1} \sim N(\mu_{a_0}, \sum_{a_0})$，$h_{s+1} \sim N(\mu_{h_0}, \sum_{h_0})$。

模型利用中岛（Nakajima，2011）提出的基于贝叶斯方法的马尔科夫链蒙特卡罗法（MCMC）进行求解，抽样算法为：

（1）给定 θ、α 和 h 初值；
（2）抽取 $\beta | \gamma, \alpha, h, y$；
（3）抽取 $\alpha | \beta, \Sigma, \gamma, h, y$；
（4）抽取 $\Sigma | \alpha$；
（5）抽取 $h | \beta, \gamma, \varphi, \sigma_\eta, \alpha, y$；
（6）抽取 $\varphi | \sigma_\eta, h$；
（7）抽取 $\sigma_\eta | \varphi, h$；
（8）抽取 $\gamma | \beta, \alpha, h, y$；
（9）返回（2）步。

3.1.3.2 制度属性识别

依照方红生（2008）提出的识别标准，我们构建包含 GDP、财政预算盈余 S、实际利率 r 和政府债务 B[①] 四变量的 TVP—SV—VAR 模型。考

---

① 包括国债余额和 M_0。

虑到我国经济和财政政策通常以年度为单位进行调整，上述指标选取年度数据，样本区间为 1980~2015 年。实际利率通过对年度内一年期存款基准利率按天数加权平均后减去通货膨胀率（CPI）获得，GDP、财政预算盈余来源于《中国统计年鉴》和《中国财政年鉴》，国债余额数据通过对《中国财政年鉴》每年发行和到期偿还额数据进行套算得到，M0 数据来源于 Wind 数据库。所有名义值经 CPI 平减以获得实际值。

参照中岛（2011），我们设定参数的先验分布为：$\left(\sum_\beta\right)_i^{-2}$ ~ Gamma(20, 10^{-4})，$\left(\sum_a\right)_i^{-2}$ ~ Gamma(4, 10^{-4})，$\left(\sum_h\right)_i^{-2}$ ~ Gamma(4, 10^{-4})。其中 $\left(\sum_\beta\right)_i$、$\left(\sum_a\right)_i$ 和 $\left(\sum_h\right)_i$ 分别为方差的对角矩阵的第 i 个元素。参照李鹏、杜亚斌、毛德勇等（2015），模型初值设置为 $\mu_{\beta_0} = \mu_{a_0} = \mu_{h_0} = 0$，$\left(\sum_\beta\right)_0 = \left(\sum_a\right)_0 = \left(\sum_h\right)_0 = 10 \times I$。我们使用 MCMC 进行 55000 次模拟得到有效样本，其中前 5000 次作为预烧从最终结果中剔除。经过比对，我们设定模型滞后阶数为 3。

与传统计量模型不同，基于蒙特卡罗模拟和贝叶斯估计的 TVP—SV—VAR 方法的参数置信度依赖于模拟的样本路径。若随机抽样所得样本无自相关、路径平稳、收敛于后验分布，则认为抽样是可信的，由此得到的估计结果可靠。利用 MATLAB 软件进行抽样模拟和参数估计，我们得到抽样的自相关系数、变动路径和后验分布信息如图 3-1 所示。

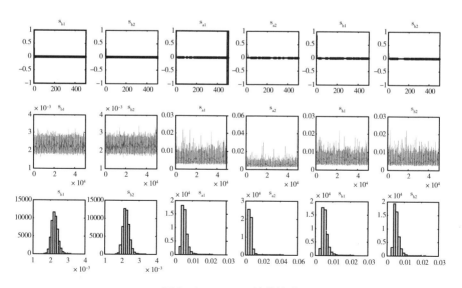

图 3-1　MCMC 抽样检验

图 3 - 1 中三行子图分别为蒙特卡罗模拟抽样的样本自相关系数、样本路径和后验分布。由图 3 - 1 可见，抽样样本的自相关系数在预烧后近似为 0，变动路径平稳，这说明预设参数的 MCMC 模拟获得了不相关的有效样本，可以用于建模估计。进一步的定量检验如表 3 - 2 所示。

表 3 - 2　　　　　　　　样本参数方差估计结果

参数	均值	标准差	5% 分位数	95% 分位数	Geweke	Inef
$(\sum_\beta)_1$	0.0023	0.0002	0.0019	0.0026	0.465	1.58
$(\sum_\beta)_2$	0.0023	0.0002	0.0019	0.0026	0.769	1.80
$(\sum_a)_1$	0.0055	0.0016	0.0034	0.0095	0.559	9.51
$(\sum_a)_2$	0.0056	0.0018	0.0034	0.0098	0.973	15.99
$(\sum_h)_1$	0.0055	0.0016	0.0034	0.0096	0.398	12.44
$(\sum_h)_2$	0.0055	0.0016	0.0034	0.0095	0.766	11.52

各待估参数方差的 Geweke 收敛指数[①]对应 P 值均在 10% 的水平上不能拒绝模拟所得数据收敛于后验分布的原假设。无效因子 Inef[②] 是用来度量模拟所得样本有效性的指标，数值越小则不相关样本越多，抽样越有效。对于我们模拟 50000 次所得结果，该参数最大仅 15.99，说明抽样所得样本等价于至少 3126 个不相关数据，此次抽样是可靠的。

利用所建立的模型进行脉冲响应分析，在一单位财政基本盈余正向冲击下，利率的响应如图 3 - 2 所示。在整个样本时期内，滞后 1、3、5 期的脉冲响应均显著为负。在滞后 10 期上，脉冲响应近似趋于 0 点，正负互现，呈现出时变特性。根据方红生（2008）的识别条件，利率的负向响应表明在全样本期内我国财政政策具有李嘉图制度属性，FTPL 理论在我国并不适用。

3.1.4　稳健性检验

研究表明，我国财政政策在全样本时期内均符合李嘉图制度的特点。

---

① Geweke 收敛指数用来测度随机抽样样本是否收敛于后验分布，其原假设为"数据收敛于后验分布"，故 P 值越大越好。中岛（2011）、李鹏等（2015）认为，大于 0.1 即可接受。

② $Inef = \sum_{i=0}^{Bw} \rho_i$，其中 ρ_i 是样本滞后 i 阶的自相关系数，Bw 是在利用 Parzen 窗估计法计算样本方差时的带宽，我们取 500。Inef 的倒数表明不相关样本占抽样总数的比例，越小越好。

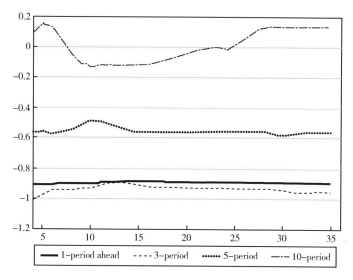

图 3 - 2　利率对基本盈余冲击的动态响应

为进一步确认结果的可靠性，我们依据基姆（2003）提出的识别标准，构建包含 GDP（进行对数差分表示为同比增速）和 CPI 的两变量 SVAR 模型进行稳健性检验。基姆（2003）考察了社会总需求和总供给冲击下通货膨胀是否发生反复翻转，若存在，则为非李嘉图制度，否则为李嘉图制度。模型参照基姆（2003）设定为：

$$\begin{bmatrix} \text{dlog}(Y_t) \\ \text{dlog}(P_t) \end{bmatrix} = \begin{bmatrix} \Psi_1 \\ \Psi_2 \end{bmatrix} + \begin{bmatrix} \Psi_{11}(L) & \Psi_{12}(L) \\ \Psi_{21}(L) & \Psi_{22}(L) \end{bmatrix} \begin{bmatrix} \varepsilon_{AD,t} \\ \varepsilon_{AS,t} \end{bmatrix} \qquad (3.6)$$

式（3.6）中 Ψ_i 为常数，$\Psi_{ij}(L)$ 为第 L 阶分布滞后的系数，$\varepsilon_{AS,t}$ 和 $\varepsilon_{AD,t}$ 分别为第 t 期的总供给和总需求冲击。为保证与本书实证所用数据的一致性，我们同样选择 1980 ~ 2015 年的年度数据作为样本。所有数据来源于《中国统计年鉴》，ADF 单位根检验在 5% 的水平上满足平稳性要求，构建的 VAR 模型特征根的倒数在单位圆之内，模型收敛（见表 3 - 3、图 3 - 3）。

表 3 - 3　　　　　　　　　数据 ADF 单位根检验

变量	t 统计量	P 值
CPI	- 3.8821	0.0240
dlog(GDP)	- 3.7470	0.0338

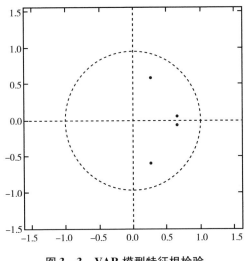

图 3 - 3 VAR 模型特征根检验

综合考察 AIC 和 SC 准则，我们设定滞后阶数为 2。VAR 模型回归结果如表 3 - 4 所示。

表 3 - 4   **VAR 回归结果**

变量	Y（-1）	Y（-2）	CPI（-1）	CPI（-2）	C	R^2	F
Y	1. 2384 *** （0. 2639）	- 0. 4346 （0. 2703）	- 0. 0058 ** （0. 0029）	0. 0040 （0. 0029）	0. 0376 （0. 0324）	0. 5162	7. 4674
CPI	71. 6321 *** （23. 1999）	-41. 1882 * （23. 7586）	0. 3875 （0. 2567）	0. 0781 （0. 2248）	- 1. 6196 （208520）	0. 6486	12. 9184

注：Y 为以对数差分形式表示的 GDP 增长率，*** 、** 、* 分别表示回归系数在1%、5%、10% 的水平上显著，括号内为估计参数标准差。

为实现对结构性冲击的识别，我们增加长期约束条件 $\Psi_{21} = 0$，即总需求冲击在长期内不会影响稳态通货膨胀水平。

图 3 - 4 左右两侧分别为总供给和总需求冲击下 CPI 的脉冲响应。由图 3 - 4 可见，总供给冲击下 CPI 在第 1～3 期内从负向最大值过渡到正向最大值，随后逐步趋近于 0；总需求冲击下 CPI 响应始终为正，在第 2 期达到最大值后快速下降并逐步趋向于 0，其间未穿越 0 点。综合考察图 3 - 4，在总供求冲击下通货膨胀水平均没有出现如基姆（2003）和方红生、朱保华（2008）所描述的反复翻转现象，因而可识别我国财政政策属于李嘉图制度。

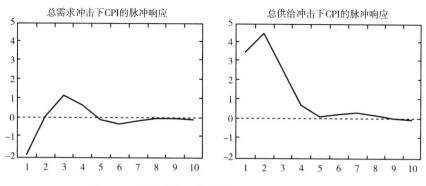

图 3 - 4　总需求与总供给冲击下 CPI 的脉冲响应

3.2　中国财政政策的制度属性检验：基于李嘉图与非李嘉图制度

3.2.1　引言

长久以来，物价水平的决定因素都是一个困扰着无数经济学家的问题。货币主义先驱弗里德曼认为"通货膨胀总是，而且永远是一个货币现象"，并提出了单一货币规则的政策建议，认为只要货币供给量按一个既定的速度增长，就可以在促进宏观经济稳定的同时保证较低的通货膨胀水平。但近三十年来这一观点受到了越来越多的质疑——中央银行（以下简称"央行"）很难摆脱政府的干预而完全独立地实施货币政策，同时巴西、土耳其等国的通货膨胀治理实践使人们对财政行为在影响价格水平中的作用有了新的认识。

20 世纪 90 年代以来，利珀（Leeper，1991）、伍德福德（1995）等人提出的物价水平的财政决定理论（fiscal theory of price level，FTPL）对货币主义观点提出了挑战，开创了对通货膨胀成因分析的一个崭新视角，并迅速引发了学界的热烈讨论。与传统的货币理论相反，FTPL 理论将政府预算现值约束视为均衡条件而非约束条件，即这一预算现值约束不必在任何时期都得到满足。这一均衡条件决定了稳态时的价格水平，当政府名义债务存量发生变化时，价格水平会向均衡水平移动以维持预算约束平衡，这一机制即为"非李嘉图制度"（NR）。这一视角的创新之处在于，它打破了原有货币主义分析范式对通货膨胀成因的论断，提出了在某些情况下物价水平会由财政政策决定的观点。如果政府采取的是非李嘉图财政政策，则通货膨胀将主要由财政因素决定；反之，则通货膨胀是一种货币现象。

这两种区制划分的标准在于预算现值约束（present value budget constrain，PVBC）等式是如何成立的，是由财政部门和货币部门内生地调整收支、铸币税来保证约束时刻满足，还是依靠价格水平的变化来实现向均衡状态的移动。在前者的情况下，若政府可以不受限制地根据宏观经济状况施行财政政策而无视这一约束，则认为财政政策是主动的。此时，为保证政府信誉，名义负债需由货币部门被动地增发铸币税偿付。然而包括我国在内的很多国家以法令形式确立了央行的独立性，禁止央行直接向财政部门融资，且事实上铸币税在整个财政收入中所占比重很小，故而政府有动机通过采取非李嘉图制度放任物价上涨而缓解政府高负债带来的压力，维持预算约束。这一理论解释了财政冲击导致的物价水平发生跳跃式变动的现象，而这是传统货币理论所不能解释的。

2014 年中央经济工作会议指出，我国在 2015 年继续保持积极的财政政策和稳健的货币政策，政府工作报告也同时提出了物价水平涨幅 3% 的调控目标。在当前巨大的经济下行压力下，为了维持经济增长和就业水平，新一轮的财政刺激计划势在必行，而这也给物价调控目标的实现带来了新的挑战。

新一轮的财政投入是否会推高未来的通货膨胀水平？历史上哪些时期内物价水平会受到财政冲击的影响？本章节就此问题进行实证研究。

3.2.2　FTPL 理论的中国实证检验

自改革开放以来，我国财政管理理念历经变迁，逐步成熟，经历了从最早的"既无外债、又无内债"的平衡预算理念到当前功能财政理念的转变。在 2006 年，对国债这一重要的财政政策工具的操作理念也完成了从"赤字管理"向"国债余额管理"的转变。这些转变都可能使财政政策对物价水平的作用方式发生改变。考虑到外生给定政策作用区制可能带来的模型设定问题，本章节选用可以内生识别出区制转换的马尔科夫区制转移（Markov Switching）方法对 FTPL 的作用区制进行划分，并综合采用两种不同的方法对区制划分结果进行识别和稳健性检验。

3.2.2.1　区制划分

塞米胡和塞金（Semih & Cekin，2013）在研究土耳其的通货膨胀问题时，在利珀（1991）提出的财政政策反馈规则基础上添加了产出和政府支出因素，构造了如下的政策规则。参考此规则，本章节构建 MS—OLS 回归模型为：

$$\frac{\tau_t}{p_t} = \alpha_0 + \alpha_{1,S_t}\left(\frac{B_{t-12} + M_{t-12}}{p_{t-12}}\right) + \alpha_{2,S_t}Y_t + \alpha_{3,S_t}\frac{G_t}{p_t} + v_t \qquad (3.7)$$

其中，$v_t \sim N(0, \sigma_v)$ 为外生冲击，τ_t 为 t 时期预算财政收入，B_{t-12}、M_{t-12} 和 G_t 分别为滞后 12 期（即一年）的国债余额、流通中的货币量（M_0）和当期的财政预算支出与各自长期趋势之间的缺口，长期趋势通过 HP 滤波法获得。以上数据都用与当年 GDP 的比值表示。Y_t 为产出水平与其长期趋势之间的缺口，用来衡量产出周期性波动的影响。但由于缺乏可靠的 GDP 月度数据，而使用工业增加值作为替代变量表征宏观经济状况较为片面，故我们采用宏观一致合成指数①作为替代变量。p_t 和 p_{t-12} 分别为当期和滞后 12 期（即一年）的价格水平，以 2000 年 1 月为基期利用样本期内 CPI 环比数据套算而得。S_t 表示 t 时期所处的区制，根据 FTPL 理论，本章节假定存在两种可能的区制。常数项 α_0 和外生冲击的标准差 σ_v 不随区制改变。所用数据均来源于中经网数据库、Wind 资讯数据库、中央国债登记结算公司统计月报。经检验，建模所需数据是一阶单整的，并存在协整关系（见表 3 - 5）。

表 3 - 5　　　　　　　　　　数据平稳性检验

变量	ADF	5%临界 t 值	P	结论
D（实际财政收入占比）	- 3.2916	- 2.8757	0.0165	一阶单整
D（实际债务缺口占比）	- 5.7112	- 2.8756	0.0000	一阶单整
D（实际产出缺口）	- 4.6374	- 2.8752	0.0002	一阶单整
D（实际财政支出缺口占比）	- 16.9027	- 2.8756	0.0000	一阶单整

注：检验使用带截距项、不含趋势项形式的 ADF 检验。实际债务指国债与 M_0 之和。

由上述 Johansen 协整检验结果可知，变量之间可能存在两种长期的协整关系，可以用于建模。而协整关系不止一个，也暗示着数据之间可能会有作用方式的改变（见表 3 - 6）。

———————————

① 宏观一致合成指数综合考察社会需求、社会供给、收入分配、金融等经济活动各方面的情况，以反映总体经济的变动情况。我们使用该指数与 100 的差作为产出缺口的替代变量，这一变量能比使用工业增加值进行 HP 滤波所得缺口更加可靠地反映经济周期波动的情况。

表 3 - 6   变量 Johansen 协整检验

原假设	迹统计量	5%临界值	P 值
不存在协整关系	156.5954	47.8561	0.0000
存在至多一个协整关系	34.5513	29.7971	0.0131
存在至多两个协整关系	6.1987	15.4947	0.6720

利用 EViews 8.0 软件进行 MS—OLS 计算, 可得到两区制在各时期的滤波概率。

由图 3 - 5 判断, 处于区制一的时期有: [$2004M_{01}$ – $2006M_{12}$] [$2012M_{01}$ – $2015M_{06}$]。

同理可知, 处于区制二的时期有: [$1997M_{06}$ – $2003M_{12}$] [$2007M_{01}$ – $2011M_{12}$]。

两区制中的回归系数分别为 (见表 3 - 7)。

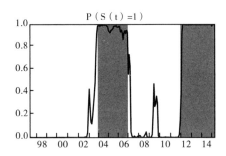 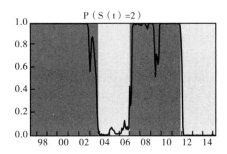

图 3 - 5   两区制的滤波概率

表 3 - 7   MS—OLS 估计系数表

项目	α_0	α_1	α_2	α_3	$\log\sigma$
区制一	0.0064 ***	0.1246 (0.2173)	– 0.1707 *** (0.0000)	– 0.0802 (0.2687)	– 6.0605 ***
区制二	(0.0000)	0.3222 *** (0.0001)	0.0792 *** (0.0000)	– 0.1542 ** (0.0286)	(0.000)
Log-Likelihood	935.4076		AIC	– 9.0726	

注: 括号内为 P 统计量, *** 表示在 10%的水平上显著。

分析回归结果可知, 常数项 α_0 和模型方差的对数 $\log\sigma$ 在两个时期内保持稳定且统计上显著。在区制一时期, 财政预算收入对滞后的政府债务水平、当期政府预算支出的反应均不显著, 而对产出缺口的反应则显著为负；而在区制二时期，财政预算收入则会对政府债务水平和预算支出作出调整，这一反应在统计上显著，且对产出缺口的反应方向发生改变，为正向反应。由此对比，可初步判定在上述两区制之中，财政政策规则有所不同。从区制转换发生的时间节点上看，在 1991～2002 年这一轮的经济周期末期，经济环境已经企稳但原有的财政和货币刺激政策尚未完全退出，2003 年贷款余额增长过快，第四季度我国居民消费价格指数迅速上扬，经济出现过热迹象，这促使财政政策在 2004 年由"积极"转向"稳健"，而 MS—OLS 模型识别出的第一次区制转移就发生在 2004 年这一政策转型的关键节点上；2007 年 8 月美国发生了席卷全球的次贷危机，我国受其波及出口锐减，经济下行趋势明显，央行从 2008 年 10 月份开始先后三次下调存款准备金率，四次下调存贷款基准利率，同时财政货币政策组合也转型为"积极的财政政策"和"适度宽松的货币政策"组合，模型识别出的第二次区制转移发生时点恰为这一时期。可见，区制转换发生的时间与我国财政政策转变的时间节点相符，与宏观经济形势的改变相一致，从侧面说明区制转换的结论是合意的。然而单由这一区制转换方程尚不足以判定哪一区制具有非李嘉图属性，故需进行进一步的实证分析来加以识别。

3.2.2.2 基于五变量 VAR 方法的区制识别

萨拉（2004）通过构建包含个人、厂商、政府三部门的世代交叠的动态随机一般均衡（OLG-DSGE）模型，推导出非李嘉图制度的识别条件，即在一单位正向的财政冲击下实际利率的脉冲响应在李嘉图制度中为正，而在非李嘉图制度下为负。同时她认为财政扩张在两种制度下都会引起政府实际债务的增加，这一观点与 C. C. D（2001）相异。

考虑到我国在 2004 年 1 月至 2011 年 12 月先后完整地经历了两种政策区制，故我们选取这一时间段的月度数据进行实证检验，利用工业增加值[①]、财政预算收入、财政预算支出、实际利率、政府负债五变量 VAR 方法对这一时间段内我国财政政策规则进行识别。由于国家统计局并不公布月度名义工业增加值，而只公布以可比价计算的月度同比和环比增长率，故我们以 2015 年 6 月作为基期，套算得出各月工业增加值水平。这一标准化处理并不影响回归的结论。对于国债余额，考虑到储蓄国债以事先确定的利率而非拍卖方式面向居民实行限额发行，发行额部分地由民众储蓄意愿决定，允许提前赎回、不能上市流通，故其存量不完全由财政部门主

---

① 由于国家统计局不提供 12 月份的工业增加值数据，故我们用全年数据减去前 11 个月数据的方法获得 12 月份数据。财政预算收支数据亦同法处理。

动决定，无法反映财政部门的主观意愿。因而我们使用剔除了储蓄国债（电子式）余额的中国证券登记结算公司月度国债托管数据①作为国债余额的代理变量。由于国债托管数据与实际存量数据存在高度共线性，且储蓄国债仅占总国债余额的 9.1% 左右，这一剔除不会造成数据的较大失真且更符合研究逻辑。我们使用 7 天期银行间同业拆借加权平均利率作为名义利率 i，根据费雪公式 $i = r + \pi$ 得到实际利率 r。数据均来源于中经网统计数据库、万得资讯数据库，财政预算收支数据经 X－12 法进行季节调整，工业增加值数据经 HP 滤波以得到其长期趋势。所有数据均经 CPI 平减以得到实际值。

在构建 VAR 模型之前，我们同样需要先对数据进行平稳性检验和协整关系检验，以保证数据适用于建模且所得模型可用于外推（见表 3－8、表 3－9）。

表 3－8　　　　　　　　　　　变量的平稳性检验

变量名	ADF	5% 临界 t 值	P 值	结论
D（定基工业增加值）	－ 3.6368	－ 3.4321	0.0292	一阶单整
D（实际债务）	－ 4.4445	－ 3.4321	0.0023	一阶单整
D（实际财政盈余）	－ 7.2171	－ 3.4321	0.0000	一阶单整
D（实际利率）	－ 16.5732	－ 3.4309	0.0000	一阶单整

注：检验使用带截距项和趋势项形式的 ADF 检验。实际债务是指国债与 M_0 之和。

表 3－9　　　　　　　　　　　变量 Johansen 协整检验

原假设	迹统计量	5% 临界值	P 值
不存在协整关系	126.3499	47.8561	0.0000
至多一个协整关系	42.6704	29.7971	0.0010
至多两个协整关系	12.6285	15.4947	0.1292

从上述结果可知，用于建模的变量之间存在长期之间的协整关系。我们构建 VAR 模型如下：

$$\begin{bmatrix} GDP_t \\ B_t + M_t \\ Inc_t - Exp_t \\ r_t \end{bmatrix} = const + \sum_{i=1}^{3} Coef_i \times \begin{bmatrix} GDP_{t-i} \\ B_{t-i} + M_{t-i} \\ Inc_{t-i} - Exp_{t-i} \\ r_{t-i} \end{bmatrix} + \upsilon_t \quad (3.8)$$

---

① 这一托管数据包括记账式国债、储蓄国债（电子式）和地方债，不包含凭证式储蓄国债。

$\upsilon_t \sim N(0, \sigma_\upsilon)$。我们用工业增加值作为 GDP 的代理变量，$B_t$、$M_t$、$Inc_t$、$Exp_t$、$r_t$ 分别为 t 时期国债余额、流通中的货币量、财政预算收入、财政预算支出、实际利率。Const 为常数项，Coef 为系数矩阵。实际债务单位为百亿元，财政预算盈余单位为亿元，利率单位为百分比，产出水平以 2015 年 6 月为基期 100。

在滞后 3 阶的模型在两区制下均通过了单位根检验，构建的 VAR 模型是稳定的（见表 3-10 和图 3-6）。其估计结果如下（见表 3-11）。

表 3-10　　　　　　　　各阶滞后模型的 AIC 和 SC 据

滞后阶	区制一		区制二	
	AIC	SC	AIC	SC
1	15.7240	16.6038	21.6878	22.3859
2	11.3303	12.9138	17.0609	18.3175
3	8.1472*	10.4345*	15.4586	17.2737
4	8.4034	11.3945	14.7694	17.1429*
5	8.5765	12.2715	14.7160*	17.6481

注：带 * 项为使 AIC 或 SC 准则取得最小值的项。

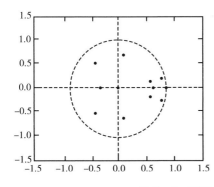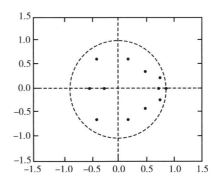

图 3-6　VAR 模型单位根检验

表 3-11　　　　　　　　　VAR 模型估计结果

项目	区制一 [2004M01 - 2006M12]				区制二 [2007M01 - 2011M12]			
	盈余	利率	产出	债务	盈余	利率	产出	债务
盈余（-1）	3.2628***	0.1256	2.4091***	20.6236	2.8888***	0.4442	-0.3964	2.2896
盈余（-2）	-3.5710***	0.0361	-5.1281***	-39.5296	-2.8199***	-0.9457	0.8431	-6.0599
盈余（-3）	1.3152***	-0.1549	2.7958***	19.0293	0.9276***	0.4839	-0.4670	3.4790

项目	区制一 [2004M_{01} - 2006M_{12}]				区制二 [2007M_{01} - 2011M_{12}]			
	盈余	利率	产出	债务	盈余	利率	产出	债务
利率 (-1)	-0.0223	0.9498 ***	0.4150 *	-3.6009	-0.0374	0.5183 ***	-0.0045	-0.6743
利率 (-2)	-0.0225	-0.3931	-0.1840	-4.3785	-0.0078	-0.0335	-0.3547	-7.6605 *
利率 (-3)	-0.0255 *	-0.2321	-0.2913	-3.2236	0.0246	0.0692	0.1775	5.6379
产出 (-1)	0.0063	-0.3022	-0.3468	5.7947	-0.0363 *	-0.0592	0.0670	-0.8342
产出 (-2)	0.0325 **	0.3632	0.2182	10.5228 ***	0.0354 *	0.0054	0.2750 *	2.0698
产出 (-3)	0.0084	0.3596 *	0.4234	5.6587 *	0.0258	-0.0002	0.3527 **	0.7140
债务 (-1)	-0.0075***	-0.0058	0.0292 **	-0.2211	0.0003	-0.0034	0.0259 **	0.6698 ***
债务 (-2)	-0.0041***	0.0077	-0.0306 **	-0.8636***	-0.0029 *	-0.0138	-0.0164	-0.2064
债务 (-3)	-0.0032***	-0.0498 *	-0.0311 *	-0.3856	-0.0031 **	-0.0009	-0.0090	-0.0019
常数	5.8169 ***	6.6161	44.394 ***	403.353 **	2.1642 ***	12.3727 ***	14.2927 *	227.8383 **
Adj R^2	0.9999	0.7698	0.9794	0.9209	0.9999	0.8098	0.9749	0.9648
Log-Likelihood	72.4498	-25.2296	-25.9810	-126.9569	21.6314	-73.2981	-107.7896	-270.5007
AIC	-3.3028	2.1239	2.1656	7.7587	-0.2877	2.8766	4.0263	9.4500
Log Likelihood	-94.6502				-411.7579			
AIC	8.1472				15.4586			
SC	10.4345				17.2737			

注：*** 、 ** 、 * 分别表示在 10%、5%、1% 的水平上显著。

由回归结果可以看出，在区制一中，产出水平对财政预算盈余各期滞后项的回归系数均在 1% 的水平上显著，而在区制二中，这一回归系数则均不显著；同时盈余对各期政府债务的回归系数的显著性在两区制中也存在差异。这进一步佐证了上述两时期中政策区制存在差异。对模型进行检验可知，所设立模型没有单位根，是稳定的，同时拟合优度较好，可以进行脉冲响应分析。

根据萨拉（2004）提出的识别条件，若存在区制转换，则在一单位财政基本盈余正向冲击下，实际利率在 [2004M_{01} - 2006M_{12}] 和 [2007M_{01} - 2011M_{12}] 两时间段内应有不同的脉冲响应结果：在李嘉图制度下为正，而在非李嘉图制度下为负。

图 3 - 7 分别为区制一时期进行脉冲反应分析所得脉冲响应函数和积累脉冲响应函数图。从图 3 - 7 中可见，在这一时期，冲击发生后前 4 期内脉冲响应为负，之后在较长时期内均处于正值区间，直到第 20 期后逐

渐趋向于 0 值。从积累脉冲响应图上可以更加清晰地看出其长期变动情况：初始时利率负向变动，并在第 3 期达到负向最大值；之后逐渐向正向改变，并最终于第 10 期后达到正值。简言之，在一单位财政盈余正向冲击之后，长期中利率会正向变动。根据萨拉（2004）的观点，我们有充足的理由确信这一时期属于李嘉图区制。

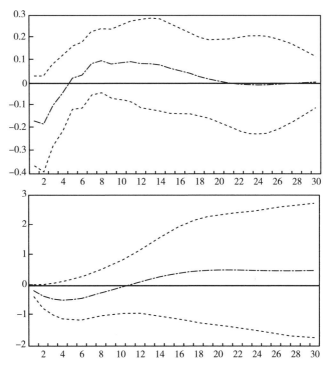

图 3 - 7　区制一时期利率对一单位财政盈余正向冲击的
脉冲响应和积累脉冲响应

图 3 - 8 为区制二时期实际利率对一单位财政盈余正向冲击的脉冲响应和积累脉冲响应。从图 3 - 8 可以明显地看出，在冲击下实际利率发生了显著的负向变动，该变动在第 8 期达到负向最大值，累积脉冲响应在各期均处于负向区间。简言之，在一单位财政盈余正向冲击下，利率长期中发生了负向改变，完全符合萨拉（2004）给出的非李嘉图区制的识别条件。

综合以上两项脉冲响应分析的结果，可识别区制一为李嘉图制度，区制二为非李嘉图制度。在区制二中，物价水平主要由财政政策决定。

3.2.2.3　基于三变量 VAR 方法的稳健性检验

利用 C. C. D（2001）提出的政府基本盈余、总负债两变量 VAR 方法

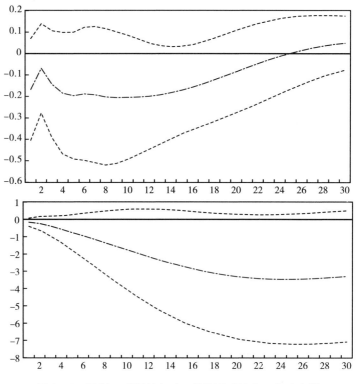

图 3 - 8 　区制二时期利率对一单位财政盈余正向冲击的
脉冲响应和积累脉冲响应

对 FTPL 理论进行实证检验是很多文献的做法，我们也采用此法对前述结果进行稳健性检验。

C. C. D 的识别方法要求各期基本盈余的自相关系数为正，否则无法得出可靠的结论。经检验，基本盈余占 GDP 比重数据除滞后 10 期和 28 期以外，其余各滞后期的自相关系数均为正，故可认为我国数据符合这一建模要求（见表 3 - 12）。

表 3 - 12 　　　　　　　基本盈余占 GDP 比例的自相关系数

Lag	1	2	3	4	5	6	7	8	9	10	11	12	13	14	15
AC	0.233	0.323	0.197	0.111	0.115	0.084	0.071	0.061	0.049	- 0.017	0.130	0.130	0.143	0.153	0.131
Lag	16	17	18	19	20	21	22	23	24	25	26	27	28	29	30
AC	0.180	0.079	0.099	0.106	0.076	0.080	0.080	0.080	0.055	0.031	0.044	0.045	- 0.062	0.064	0.014

注：Lag 为滞后期数，AC 为各滞后期序列的自相关系数。

毛泽盛（2013）参照科克伦（1998）提出的对政府基本盈余进行类别划分的观点，改进了 C.C.D 的方法，提出了结构性盈余—周期性盈余—负债三变量 VAR 方法。政府基本盈余可分为结构性盈余和周期性盈余两部分，其中结构性盈余拥有比周期性盈余更强的持续性。当经济衰退时，日渐减少的周期性盈余会促使政府提升结构性盈余水平，虽然在当期这可能并不足以弥补总盈余的下降，但由于结构性盈余具更强持续性，因而在长期内可以提升盈余的总现值，在货币政策外生的条件下，在李嘉图制度下，根据 PVBC 约束式，下期实际债务会有增加的倾向；在非李嘉图制度下，下期政府债务会减少。

我们使用 HP 滤波的方法获得总盈余的长期趋势作为结构性盈余的代理变量，用总盈余和长期趋势的缺口作为周期性盈余的代理变量。利用 2004 年 1 月至 2011 年 12 月的月度数据，建立如下的 VAR 模型：

$$\begin{bmatrix} SS_t \\ CS_t \\ B_t + M_t \end{bmatrix} = const + \sum_{i=1}^{3} Coef_i \times \begin{bmatrix} SS_{t-i} \\ CS_{t-i} \\ B_{t-i} + M_{t-i} \end{bmatrix} + \upsilon_t \qquad (3.9)$$

$\upsilon_t \sim N(0, \sigma_\upsilon)$。式（3.9）中 SS_t、CS_t、B_t、M_t 分别表示 t 时期的结构性盈余、周期性盈余、国债余额和流通中的货币量。所有数据均用与定基的工业增加值的比值表示[①]，利用 X－12 法进行季节调整，并经 CPI 平减以获得实际值。根据 AIC 和 SC 准则，我们选取滞后阶数为 3 的 VAR 模型，这一模型通过了单位根检验。在一单位结构性盈余正向冲击下，各时期债务余额的脉冲反应如图 3－9 所示。

图 3－9 的两图分别为在区制一和区制二时期政府债务对一单位结构性盈余正向冲击的脉冲响应。由图 3－9 可见，在区制一时期政府债务水平的脉冲反应保持正向，同时较快地趋向于 0，这一反应模式符合 C.C.D 提出的李嘉图制度的识别标准；区制二时期则主要呈现负向响应，仅在第 4～6 期出现过短暂的正向响应，之后又转为负向并逐步趋向于 0，总体上看仍以负向为主，这一反应模式符合非李嘉图制度的识别标准。可见，这一稳健性检验进一步确认了我们之前的判断。

---

① 工业增加值用作国内生产总值（GDP）的代理变量。使用定基数据只对回归结果产生线性影响，不影响脉冲分析的结论。

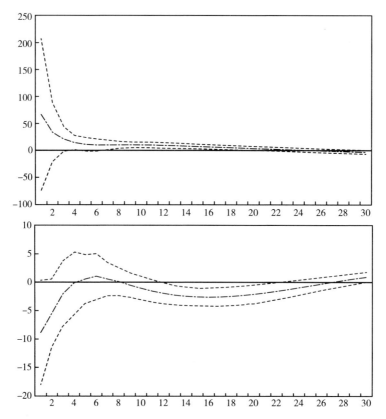

图 3 - 9 区制一和区制二时期政府债务对结构性盈余正向冲击的脉冲响应

3.3 小结

"控物价"一直是我国宏观经济调控的重要目标之一。在通货膨胀的成因上,学术界一直存在"货币论"与"财政论"的争议。前者曾是主流观点,认为价格水平由央行控制的货币供应量唯一决定,并提出了"单一货币规则"等政策措施;后者兴起于 20 世纪 90 年代,是价格决定理论与时俱进的产物,提出了新的均衡条件,即 PVBC 约束,强调财政部门在制定政策时应考虑到政府债务水平对通货膨胀率的影响,在财政刺激和推高物价之间斟酌权衡。

本章通过构建四变量 TVP—SV—VAR 模型和两变量 SVAR 模型,运用 1980~2015 年数据,识别出我国财政政策具有李嘉图制度属性,FTPL 在我国并不成立。换言之,我国物价水平主要由货币部门决定。这一结论对于政策目标指派和政策搭配选择具有重要意义:我国财政部门拥有较广的政策空间，在保增长、调结构和推进供给侧改革的过程中，不必受通货膨胀问题掣肘，其政策目标和具体措施应更多地关注于增长问题，而非价格问题；相应地，货币部门需关注我国物价水平，加强货币政策科学运用，以更好地实现物价稳定的宏观经济调控目标。在财政货币政策协调配合上，政府需充分尊重央行的独立性，自主维持 PVBC 约束，即实行积极性货币政策与局部李嘉图财政政策的制度搭配。提升央行行政级别、提高财政政策透明度、控制财政赤字规模、传递李嘉图制度预期，是未来可行的政策操作。

本章节运用 MS—OLS 模型识别了 1996 年 6 月至 2015 年 6 月我国财政政策在决定物价水平过程中的作用区制，并分别利用五变量和三变量 VAR 模型对各区制进行了识别和稳健性检验。结果显示，我国在 1997 年 6 月至 2003 年 12 月、2007 年 1 月至 2011 年 12 月具有非李嘉图制度属性，价格水平在这一时间段内主要受财政政策的影响；在 2004 年 1 月至 2006 年 12 月、2012 年 1 月至 2015 年的时间段内则为李嘉图制度属性，FTPL 在这一时期不成立。

第4章 财政政策的宏观经济效应

——基于财政支出与税收的总量视角

4.1 引言

　　财政政策和货币政策是政府调控经济的重要手段。一旦出现经济增速减缓或衰退，扩张的财政和货币政策会在一定程度上起到拉动经济的作用。但是，这也意味着经济体在现行通货膨胀压力下会面临通货膨胀水平进一步加剧的负效应风险。纵观我国现阶段经济发展状况，改革开放以后随着市场经济体制逐步确立以及 2000 年加入世界贸易组织（WTO）参与全球贸易，我国经济持续保持着较高速度增长，其中在 1978 年、1983 ~ 1985 年、1987 ~ 1988 年、1992 ~ 1996 年、2003 ~ 2007 年、2010 年六个时间段中国 GDP 一度达到两位数的增长。然而如图 4 - 1 所示，我国 GDP 增速自 2007 年实现高达 14.20% 的水平后一路下滑至 2018 年 6.50%，且已经低于改革开放以来我国 GDP 年均增长率 9.50% 的水平。经济下行趋势

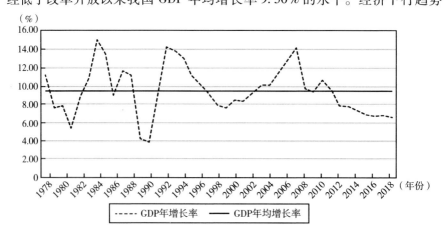

图 4 - 1　1978 ~ 2018 年中国 GDP 增长率走势

明显，按照凯恩斯需求管理理论，政府在短期进一步采用扩张的宏观经济政策增加投资和消费需求以拉动经济实现平稳较快增长显得尤为紧迫。

然而近年来，特别是 2010 年 3～10 月，中国 CPI 指数一度超过 5% 的水平，此后至 2014 年 CPI 指数也一直持续保持在 3% 左右的高位。即中国一定程度上正面临着潜在的通货膨胀压力。货币主义经济学大师弗里德曼认为，"通货膨胀总是，而且永远是一种货币现象"。从理论上说，通货膨胀是指由于货币发行过多所引致的物价持续且普遍上涨的情况，因此通货膨胀也总是货币现象。物价水平与居民日常生活水平息息相关，是关乎民生的重大问题，因此各国政府在使用扩张性货币政策时一般显得尤为谨慎。这对现阶段的中国而言更为如此。截至 2013 年底，中国 M_2 占 GDP 比重超过 190%，广义货币额高达 110.65 万亿元，已对通货膨胀形成较高的压力。从政策实践层面上看，我国 2011～2013 年实行积极的财政政策和稳健的货币政策。在 2014 年 3 月 4 日的政府工作报告中，李克强总理再次提出中国 2014 年将继续实施积极财政政策和稳健货币政策。这与本书分析相符合，也说明当前阶段维持、拉动经济较快平稳增长在很大程度上将依赖于财政政策的有效制定和实施。但是中国现实的经济状况并非如此简单，2005～2013 年我国财政支出年增长率持续高于 GDP 增长率，在这种情况下 GDP 增长率在 2007 年上至阶段性最高水平后并未维持稳定或持续向上，反而下行。我国积极的财政政策宏观经济效应是否发生递减或者出现非凯恩斯效应，[①] 通货膨胀是否也是一种财政现象，这是本书所要探讨的问题。综合来说，研究财政政策对宏观经济增长和通货膨胀水平的影响在中国就显得更具现实意义。本章尝试从一个新的角度对这一问题加以探讨。

4.2　文献回顾

全面科学地了解财政政策发挥效应的规律是解决中国当前经济下行和通货膨胀面临潜在压力两难困境问题、完善宏观调控的重要条件。因此，我们有必要对财政政策作用工具及其宏观效应作用机制展开研究。

针对财政政策宏观是否有效，新古典主义宏观经济学和新凯恩斯主义

---

① 新古典主义的李嘉图学派、理性预期学派以及经济周期理论认为非凯恩斯效应即为财政政策无效的非凯恩斯效应。

宏观经济学两大经济学派持对立的观点。传统凯恩斯主义认为，政府通过向公众借债的方法扩大政府支出，可以直接增加总需求，从而扩大产量和就业量。然而，新古典主义经济学者巴罗提出在理论上赋税和债务融资是等价的，即巴罗—李嘉图等价定理成立，个人的跨时期最优消费决策会完全抵消政府赤字财政的影响，从而财政政策无效。纳尔逊和普罗索（1982）以及凯德兰和普雷斯科特（1982）通过将经济增长和经济波动结合在一起分析表明，在相对较短的时期内产量和就业的较大波动正如标准的新古典理论所预言的，即经济的不稳定是理性预期者对经济环境变化所做出的最优反应的结果。而经济波动不应被认为是对最优福利的偏离，任何企图减少这种不稳定的政府政策不仅是无效的，而且是有害的。新凯恩斯主义克服传统凯恩斯主义仅仅假设价格刚性却不能解释其原因，一方面从微观经济运行上通过菜单成本理论、近似理性理论和厂商声誉模型等说明价格刚性或粘性的原因，另一方面通过分析不完全竞争条件下财政政策对收入水平和个人福利水平的影响，从而得出财政政策基本有效。

对此，国内外学者分别就各国情况进行了相应实证分析。雷米（2009）基于新古典经济模型和美国的数据研究发现政府投资的挤出效应大于挤入效应。巴克斯特和金（1993）研究发现，对于非生产性政府支出的增加，政府会通过当期和未来的税收进行融资，这就意味着居民当期及未来的收入下降，进而导致消费的下降从而产出不发生变化（即负财富效应）。佩罗蒂德（2005）检测到财政支出的即期乘数可能为负，特别是在一些欧洲国家存在这种情况。蒙特福德和乌利格（2004）、加利等（2007）通过对数据施加不同的识别条件进行结构向量自回归（SVAR）分析，研究发现并不支持新古典模型的结论，而是发现财政支出对居民消费有明显的挤入效应。布兰查德和佩罗蒂（2002）同样对数据施加条件进行 SVAR 分析，发现财政支出正向冲击对产出和居民消费影响为正（与新凯恩斯主义一致），对私人投资影响为负（与新古典主义一致）；税收正向冲击对产出、居民消费和私人投资影响为负（与新凯恩斯主义一致）。对于财政政策是否有效的问题，我国的一些研究同样呈现出不一致性。张延（2010）通过对 1952～2008 年中国宏观经济时间序列年度数据的实证分析发现，政府支出与名义利率有同期的、显著的正相关关系，与投资有同期的、显著的负相关关系；中国的财政政策具有同期的、显著的"挤出效应"。王立勇和刘文革（2009）利用非瓦尔拉均衡理论中的巴罗—格罗斯曼宏观一般非均衡模型对我国财政政策的非线性效应进行理论分析，并通过区制转移向量自回归模型、区制转移向量误差修正模型对 1952～2008

年度数据的理论分析结论进行实证检验，发现我国财政政策具有显著非线性效应，在1952~1982年、1987~1990年和1994~1995年区制中，财政政策对经济增长具有非凯恩斯效应；在1983~1986年和1991~1993年，特别是1996~2008年，财政政策具有凯恩斯效应。[1] 部分文献对财政政策政府支出和税收两大工具的宏观经济效应进行了分析和比较。比尔比亚等（2008）、法维罗和贾瓦齐（2007）发现财政支出乘数的大小在20世纪80年代逐渐下降。科瓦等（2010）构建了一个多国的新凯恩斯的DSGE模型，通过对2009~2010年中国的积极财政政策的宏观经济效应的研究，发现中国积极的财政政策对这两年的GDP贡献率分别为3.1%和2.7%，其中政府直接投资的经济效应大于减税的效应。罗英（2011）构建了一个包含"金融加速器"（BGG）的动态随机一般均衡（DSGE）模型，选取中国宏观经济季度数据，采用Bayes技术估计模型并进行数值模拟来分析中国财政政策的动态经济效应。发现：政府支出对消费和投资产生挤入效应；税收增加对总产量和消费产生负效应，对投资产生正效应；政府支出的效应大于减税的效应。

国内外学者在理论研究和经验分析上对财政政策的宏观经济效应是否有效均呈现出不一致性，且基于我国的经验分析发现积极地财政政策体制下政府支出的效应大于减税的效应。另外，本书发现已有文献对财政政策宏观经济效应的研究多数停留在产出和消费上，鲜有文献讨论财政政策宏观有效性对通货膨胀水平的影响。通货膨胀一直以来都是宏观经济学家所关注的话题，一个良好的经济需要稳定的价格水平保证其可持续运行，现实经济体中很多国家也都把价格水平的稳定作为政府宏观经济政策调控的目标之一。鉴于20世纪80年代的巴西和90年代末期的中国出现的"价格之谜"现象已无法用传统的货币理论解释，20世纪90年代以来，学术界开始研究影响价格水平决定的其他重要因素。利珀（1991）、西姆斯（1994）、伍德福德（1994，1995）等提出价格水平的财政决定理论——FTPL（fiscal theory of the price level），该理论认为：只要财政政策是积极[2]的，它都将在价格水平决定中起重要作用。方红生（2008）应用五变

---

[1] 凯恩斯主义、新自由主义以及新凯恩斯主义认为凯恩斯效应即为财政政策有效的凯恩斯效应。

[2] 戴维和利珀（2006）对利珀中的政策性质做出了如下具体的定义：积极型货币政策（active monetary policy）是指名义利率对通货膨胀的反应系数超过1，否则是被动型货币政策（passive monetary policy）；积极型财政政策（active fiscal policy）是指税收对债务的反应力度不足以支付实际利息成本，否则为被动型财政政策（passive fiscal policy）。

量风险价值（VAR）和两变量 SVAR 法研究了 FTPL 在中国的适用性，据此提出了治理中国通货膨胀的政策建议，并进行了理论综述。郭庆旺、吕冰洋和何乘材（2003）利用协整方法，对我国财政支出、财政赤字与民间消费之间的关系进行经验检验，得出李嘉图等价定理在中国不成立。因此，财政政策是否在价格水平的决定中起着重要的的作用，财政政策对通货膨胀水平有何宏观经济效应，进而能否应用于通货膨胀的政策治理，这是一个值得研究的问题。为全面研究财政政策宏观经济效应，本章在已有文献研究的基础上进一步探讨财政政策两大政策工具与通货膨胀之间的因果关系及其动态效应，从而得出财政政策对产出和通货膨胀水平的宏观经济效应。

4.3　模型的构建

政府税收和政府支出分别作为财政政策的两大工具，已成为世界各国面临经济过热和经济下行时政府频繁使用的政策手段。无论是 20 世纪 80 年代里根政府通过减税政策使美国走出滞胀困境，还是中国政府改革开放以来通过实行以增加政府生产性支出为主的扩张性财政政策使中国多年实现两位数的经济增长并最终成为世界第二大经济体，都无不说明财政税收和支出两大政策工具在宏观经济运行过程中所起的显著作用。很多文献对二者的宏观经济效应展开深刻探讨，但大部分文献均单独考虑税收或政府支出对宏观经济效应的影响（贾俊雪，2012；胡永刚、郭长林，2013）。政府税收和支出均影响宏观经济，且二者并非相互独立，因此在估计其中任何一个政策工具的宏观经济效应时有必要包括另外一个。因此本章将政府税收、支出放在同一个框架下讨论财政政策对产出和通货膨胀的影响，即通过建立一个四变量 VAR 模型进行分析。

20 世纪 90 年代以来，政策规则逐步成为财政与货币政策的重要分析工具（利珀，1991；泰勒，1993）。与此同时，大量研究表明一个简单的政策规则函数可以较好地刻画世界各国包括中国的财政与货币政策实践（克拉里达等，1999；卞志村等，2007）。

在货币政策规则的研究分析中，作为货币政策价格型工具利率的规则函数形式即为"泰勒规则"：① 货币当局根据通货膨胀缺口和产出缺口调整短期名义利率。

---

① 在此仅作象征性描述，不考虑利率平滑。

$$R_t^* = \bar{R} + \alpha(\pi_t - \pi^*) + \beta y_t \tag{4.1}$$

利率作为货币政策价格型调控工具,政府税收和支出作为财政政策宏观调控工具,二者调控目标最终均为产出稳定增长和价格水平稳定,且税收和支出在一定程度具有一定的因果关系。因此,可将财政政策规则设定为以下形式:

税收收入规则①:$T = \bar{T} + \gamma_1 G + \alpha_1(\pi_t - \pi^*) + \beta_1 y_t + \xi_t^T, \xi_t^T \sim N(0, \sigma^2 T)$

政府支出规则:$G = \bar{G} + \gamma_2 T + \alpha_2(\pi_t - \pi^*) + \beta_2 y_t + \xi_t^G, \xi_t^G \sim N(0, \sigma^2 G)$

财政政策规则含义为:财政税收收入在经济运行过程中对政府支出、通货膨胀缺口和产出缺口做出反应;财政当局在进行政府支出相机性决策时,基于税收收入,并根据通货膨胀缺口和产出缺口调整短期政府支出比率。其中,T、G 分别表示税收收入和政府支出占 GDP 比率,$\bar{T}$、$\bar{G}$ 分别表示长期均衡税收收入比率和政府支出比率;$(\pi_t - \pi^*)$ 为通货膨胀对稳态目标通货膨胀水平的偏离;② y_t 为产出缺口;ξ_t^T、ξ_t^G 分别为外生税收政策和政府支出政策冲击。

为准确度量财政政策两大工具对宏观经济产出和通货膨胀的两大效应之间的关系,本章基于财政政策规则设定将经验模型的基本框架设置为:

$$X_t = C + A(L)X_{t-1} + e_t \tag{4.2}$$

式 (4.2) 中,$X_t = [T_t, G_t, \pi_t, y_t]'$;常数项 C 即为由相应长期均衡值所组成的四维列向量;A (L) 为相关变量滞后项的系数;$e = [e^T, e^G, e^\pi, e^y]'$为模型的残差。

4.4　模型估计

本章采用 1992～2013 年的季度数据实证考察财政政策对产出和通货

---

① 利珀（1991）认为税收作为一种重要的政府收入手段,主要目标应致力于确保政府债务的可持续性。后续研究指出,一个合理的税收政策函数应充分考虑到债务稳定和产出稳定动机。基于 FTPL 理论,我们进一步认为税收政策函数还应考虑物价稳定动机。根据模型分析需要,在此暂不考虑债务稳定。

② 多数研究在分析通货膨胀偏离时将稳态通货膨胀目标值取 0,在此我们按照这一惯例假设政府通货膨胀目标为零均值,则实际通货膨胀水平即为通货膨胀偏离。

膨胀的两大宏观经济效应。选取这段时期作为样本期，主要是因为 1992 年中国建立市场经济体制后经济实现飞速发展，物价水平上涨较为明显，财政支出决策在这一期间内表现得较为活跃，1994 年政府进行税制改革以后，税收收入在政府进行宏观调控时的作用愈发显著。这为我们进行经验分析提供足够的空间。

（1）变量选取和数据来源。

本章选取税收收入比率、财政支出比率、通货膨胀水平和产出缺口作为模型分析变量。选择变量通过税收收入、财政支出、居民消费者价格指数（CPI）、国民生产总值（GDP）季度数据处理得到。CPI 指数主要用于将相关数据名义值转化为实际值和计算通货膨胀率。另外，考虑到我国 CPI 环比数据仅自 2001 年才开始公布，之前公布均为同比数据，本章节根据同比数据和已公布环比数据将 1992 ~ 2000 年月度 CPI 同比数据转化为环比，同时将样本期内月度数据转化为季度数据，并以 1992 年第一季度作为基期重新计算样本期内的 CPI，从而得到样本期内季度价格水平和通货膨胀率。CPI 之外的其他变量原始数据也均为月度数据，这里分别对税收收入、政府支出和 GDP 进行累加求得季度数据并根据所得价格水平转化为实际值。考虑到操作的方便性，这里利用 HP 滤波方法对真实实际产出进行处理计算得出。所有变量均采用移动平均法进行季节调整，且所有数据来源于中国国家统计局网站和中经网。

（2）单位根检验。

为探究各变量间的因果关系，在此之前我们先对四个变量进行 ADF 单位根检验。结果如表 4 - 1 所示，税收比率、政府支出比率、通货膨胀水平均为一阶单整；产出缺口为平稳序列。

表 4 - 1　　　　　　　　　各变量 ADF 单位根检验结果

零假设 H_0	T_t	G_t	π_t	y_t
存在一个单位根	0.9765 (0.290984)	0.9392 (- 0.153610)	0.1397 (- 2.240809)	0.0000 *** (- 8.1374)
存在两个单位根	0.0000 *** (- 7.321424)	0.0000 *** (- 10.26206)	0.0001 *** (- 15.81227)	

注：*** 表示在 1% 水平上显著。

（3）格兰杰因果检验。

单位根检验结果表明四个变量间并非同价单整，因此我们不能直接对其进行格兰杰因果关系检验。由于税收比率、政府支出比率、通货膨胀水平均为一阶单整，我们先对这三个变量进行一阶差分，再将得到的三个差分项序列同实际产出缺口序列进行格兰杰因果关系检验。①

四变量模型中各变量间的因果关系如表 4-2 所示，通货膨胀和税收在不同的显著水平上具有双向因果关系；税收在 10% 的显著水平上是政府支出的因；产出和税收在不同的显著水平上具有双向因果关系；通货膨胀和产出在 5% 的显著水平上具有双向因果关系；政府支出在 10% 的显著水平上是通货膨胀的因。因此，这说明 1992～2013 年财政政策两大工具均是影响通货膨胀的显著因素，通货膨胀是一种财政现象。政府支出对税收存在某种依赖关系。对于本模型样本区间内产出与通货膨胀之间所呈现出的相互关系究竟是何种菲利普斯曲线关系，这是值得我们后续探讨的问题，这里我们对此不展开过多分析。重要的是，本书发现对经济具有自动稳定效应功能的税收政策具有近似于泰勒规则的反应函数关系，即自动地对通货膨胀和产出做出反应。

表 4-2   模型有关变量间的格兰杰因果关系检验结果

零假设 H_0	Chi-sq 值	P 值	结论
π_t 不是 T_t 的因	9.445698	0.0239 **	拒绝 H_0
T_t 不是 π_t 的因	14.16818	0.0027 ***	拒绝 H_0
T_t 不是 G_t 的因	6.313589	0.0973 *	拒绝 H_0
y_t 不是 T_t 的因	12.40494	0.0061 ***	拒绝 H_0
T_t 不是 y_t 的因	9.882881	0.0196 **	拒绝 H_0
G_t 不是 π_t 的因	6.824978	0.0777 *	拒绝 H_0
π_t 不是 y_t 的因	9.874714	0.0197 **	拒绝 H_0
y_t 不是 π_t 的因	8.108709	0.0438 **	拒绝 H_0

注：*、**、*** 分别表示在 10%、5%、1% 的水平上显著。

（4）脉冲响应分析。

为准确探究财政政策税收和政府支出工具对产出和通货膨胀的宏观经济效应，在此我们对四变量 VAR 模型进行脉冲响应分析：即通过在扰动项上施加一个单位标准差大小的新息冲击（innovation）从而得出其对模型内生变量的未来值所带来的影响。根据 LR、AIC 原则，模型滞后阶数确定为 4 阶。图 4-2 和图 4-3 是基于 VAR（4）模拟的脉冲响应函数曲线，横

---

① 考虑政府税收比率相对上期变动、财政支出比率相对上期变动、通货膨胀率相对上期变动同实际产出相对潜在产出变动之间的因果关系，这对考察实际经济运行也更具意义。

轴代表滞后阶数，纵轴代表各宏观变量对税收和政府支出冲击的响应程度。

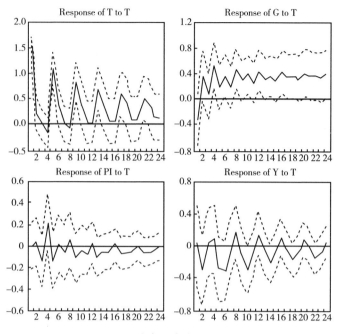

图 4－2　政府税收脉冲响应冲击

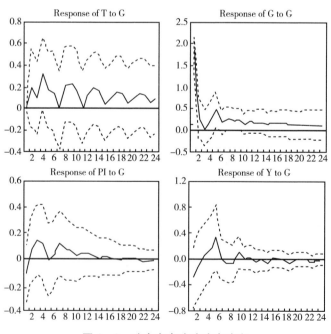

图 4－3　政府支出脉冲响应冲击

从图 4－2 和图 4－3 中可以看出，税收和政府支出对自身的冲击的反应基本为正且逐渐递减，这说明未来税收对当期税收冲击的调整都是平滑渐进的。通货膨胀对税收冲击的反应基本为负，平均反应为 -0.04；对政府支出冲击的反应基本为正，仅在滞后一个季度显著为负，滞后三个季度达到最大，为 0.14 后逐渐衰减到零值附近。产出对税收的反应基本为负，先由滞后一期逐渐递增至六期反应最大为 -0.32，而后逐渐衰减至零值附近；对支付支出的冲击反应在一期、二期反应显著为负，在滞后六期反应达到最大值 0.33，此后逐渐衰减至零值附近。此外本书发现，给予经济一个正向税收冲击，政府支出在税收冲击对产出负效应的基础上除滞后一个季度反应显著为负外均明显为正，这也说明我国在这段样本区间内政府支出对产出的反应表现为逆周期；给予经济体一个正向政府支出冲击，税收在产出对政府支出短期显著为正的基础上反应基本为正，这说明我国在这段样本区间内税收对产出的反应表现为逆周期。

综合可得，财政政策两大工具对产出和通货膨胀的宏观经济影响是有效的，且均基本表现凯恩斯效应，税收对通货膨胀和产出的影响为负，政府支出对通货膨胀和产出的影响为正。税收对通货膨胀和产出的影响较长，这可能与税制调整或改革后在短期不易再改变从而给社会居民形成长期预期效应有关。政府支出对经济的影响仅仅短期有效，这也在某种程度上说明当前中国所面临的基于政府支出为主的积极财政政策作用正在逐渐衰减、政府逐渐弱化以政府支出为主的短期刺激政策的形势。

4.5　小结

本章基于 1992～2013 年季度数据对税收比率、政府支出比率、通货膨胀缺口、产出缺口建立四变量 VAR 模型进行实证分析发现，我国政府在市场经济体制建立以后所进行的政府宏观财政政策调控总体是有效的，基本表现为凯恩斯效应。财政支出和税收政策对通货膨胀和产出波动的调整表现为逆周期，有利于促进宏观经济平稳向好发展，这一方面说明了税收所具有的自动稳定效应，另一方面也如实反映了我国政府在这一期间以政府支出为主的财政政策的"相机抉择"性。税收和政府支出都是影响通货膨胀的重要因素，因而通货膨胀也是一种财政现象，而并非传统货币主义学派所主张的"通货膨胀总是，而且永远是一种货币现象"。持续使用以政府支出为主的扩张性相机抉择财政政策，易于导致通货膨胀压力的形成。在进行通货膨胀管理时，除采用货币政策工具外，还可以采取财政政策工具进行调节。税收对产出和通货膨胀的宏观经济效应反应表现为一定的"规则型",其对经济波动的自动稳定机制具有近似于泰勒规则反应形式的特征,即税收反应调整表现为通货膨胀波动和产出波动的反应函数。相机抉择型的政府支出财政政策对经济波动的调整仅仅短期有效,不利于使社会形成长期一致的预期,反而可能会加剧经济的频繁波动。① 税收制度的调整由于其不易发生改变,从而有效的税制改革会使社会形成长期一致的良好预期,以此对经济形成良好的自动稳定效应。因此,我国在当期经济发展信心不足的情况下,进行有效的税制改革以增强信心形成良好预期、提高税收自动稳定效应强度、促进经济长期稳定向好发展是必要的。

---

① 法塔斯和米霍夫(2005)基于美国 48 个州经济数据探讨了财政规则的宏观经济效应,提出并实证了财政预算约束通过减少相机抉择型财政政策使用频率有效地减弱了经济波动。这主要是因为,一方面相机抉择的财政政策容易导致政府过多的债务和赤字积累从而加剧经济波动,另一方面相机抉择的财政政策本身就是一种宏观经济波动。

第5章 财政政策的自动稳定器效能检验

5.1 引言与相关文献回顾

财政政策宏观经济效应研究已展开较为丰富的讨论，众多文献均从财政政策总量视角展开研究，然而其中相关理论和经验研究结论存在显著分歧。贾瓦齐和帕加诺（1990）、萨瑟兰（1997）、吉迪斯（2003）、雷宗卡和齐科维奇（2005）、王立勇和刘文革（2009）等认为财政政策不仅具有凯恩斯效应，在有的时期或区制内还具有非凯恩斯效应，从而无法完全有效地调控宏观经济。与此同时，也有大量文献表明财政政策非线性效应并不存在（哈杰姆，2002；中里，2002；俊弘等，2005）。从理论上讲，财政政策通过两种机制影响宏观经济：自动稳定器和相机抉择。泰勒（2000）通过对美国的情况进行研究发现，由于其税制的累进性较强以及社会保障体系相对完善，财政政策主要通过自动稳定器功能发挥作用，政府主动调节经济的作用微乎其微。中国的情况有所不同：1994年的税制改革强调以流转税为主体的税制结构，税种设计上过于突出增值税的作用，而对经济具有内在稳定功能的所得税比重过低，从而造成我国税收体系总体上累进性较弱。因此，决定了我国自动稳定器对财政政策自动调节的效果不明显（金人庆，2005）。李晓芳（2010）基于年度数据运用常数弹性法从财政预算余额中分离出周期性余额和结构性余额，估算出我国1994年以来财政体制自动稳定器效应的大小，认为我国的税收具有一定的自动稳定功能，减弱了经济周期波动，但其未对此做出解释分析。中国1994年税制改革后的财政政策自动稳定器的宏观经济效应究竟为何？这种自动稳定效应又该如何得以认识？这是我们所要探讨的问题。考虑到国内学者对财政政策作用机制的研究大多为相机抉择机制，且对财政政策自动稳定效应多于定性判断，而很少进行经验分析。对此，本书采用布兰查德和佩罗蒂（2002）SVAR方法对数据施加约束条件以估计我国现行税制结构下财政政策自动稳定效应的强弱。另外，已有文献对财政政策宏观经济效应以及自动稳定效应估算时样本数据的选取大多偏重于年度时间序列。而相比年度数据，季度数据分析能更好地体现宏观经济短期分析。为更好地呈现财政政策宏观经济效应，本章所有分析均将建立在季度分析基础之上。

5.2　SVAR模型构建和数据说明

本章分析模型采用布兰查德和佩罗蒂德（2002）SVAR约束识别方法，通过对未预期到的财政变量波动施加约束，进而识别出财政支出、税收结构性冲击，以探究我国财政政策的宏观经济效应。模型基本框架如下：

$$Y_t = C + D(L)Y_{t-1} + \mu_t \tag{5.1}$$

模型（5.1）中，$Y_t = [LT_t, LG_t, LGDP_t]'$，即由税收、政府支出、国民生产总值三大宏观变量组成的列向量；$D(L)$为相关变量滞后项的系数；$\mu = [\mu^T, \mu^G, \mu^{GDP}]'$为模型的残差。模型中三大变量均为对应实际值对数形式，且处理后的变量均进行季节调整以消除季节因素影响。

当产出受到一个未知冲击时，财政政策对冲击的反应主要来源于两种机制：自动稳定和相机抉择。但是，财政政策无论是在政策制定还是政策实施过程中均存在时滞性，其滞后期至少为一个季度以上。因此，在一个季度期内，财政政策对当期未知产出冲击主要通过第一种机制发挥调节作用；相反，在一年期内，则两种机制都会发挥相应的调节作用。法塔和米霍夫（2001）假定政府支出不对一个季度内的宏观经济条件反应，将相机抉择财政政策与自动稳定器区分开。本章做出同样的假定，使用1992～2014年季度数据变量进行分析，以识别财政结构性冲击的宏观经济反应。模型中所取变量季度数据均来自Wind金融资讯数据库。

5.3　模型初始估计分析

根据最佳滞后阶检验准则，模型取一阶滞后阶数。对三变量分别进行单位根检验，如表 5 - 1 所示，各变量均为一阶单整序列。在此基础上，进一步对模型进行格兰杰因果检验，结果如表 5 - 1 和表 5 - 2 所示。

表 5 - 1   各变量 ADF 单位根检验结果

零假设 H_0	LT_t	LG_t	$LGDP_t$
存在一个单位根	0.9774 (0.306176)	0.9846 (0.464615)	0.9661 (0.126318)
存在两个单位根	0.0000 *** (-7.977847)	0.0000 *** (-10.55502)	0.0001 *** (-11.07008)

注：*** 表示在 1% 的水平上显著。

表 5 - 2   模型有关变量间的格兰杰因果关系检验结果

零假设 H_0	Chi-sq 值	P 值	结论
LG_t 不是 LT_t 的因	6.199253	0.0128 **	拒绝
$LGDP_t$ 不是 LT_t 的因	5.763865	0.0164 **	拒绝
LT_t 不是 LG_t 的因	15.23492	0.0001 ***	拒绝
$LGDP_t$ 不是 LG_t 的因	5.951278	0.0147 **	拒绝
LT_t 不是 $LGDP_t$ 的因	5.431717	0.0198 **	拒绝
LG_t 不是 $LGDP_t$ 的因	0.334182	0.5632	接受

注：** 、*** 分别表示在 5% 、1% 的水平上显著。

格兰杰因果关系检验结果表明：税收与产出在不同的显著水平上存在双向因果关系；税收与支出在 1% 的显著水平上具有双向因果关系；产出在 5% 的显著水平上是政府支出的因。这说明财政政策税收工具对产出变化影响较为明显，且政府税收和支出根据产出变化做出反应和调整。而格兰杰因果检验也显示出政府支出不是产出的因，这主要是因为变量间格兰杰因果关系检验对滞后阶数选择较为敏感，由于财政支出政策滞后特性，其对宏观经济调控效果在滞后一期未明显显现。

5.4 SVAR 模型识别约束设定

为不失一般性，我们将模型约束设置为以下形式：

$$u_t^T = c(1) u_t^{GDP} + c(2) \xi_t^G + \xi_t^T \tag{5.2}$$

$$u_t^G = c(3) u_t^{GDP} + c(4) \xi_t^T + \xi_t^G \tag{5.3}$$

$$u_t^{GDP} = c(5)u_t^T + c(6)u_t^C + \xi_t^{GDP} \qquad (5.4)$$

其中，ξ_t^T、ξ_t^C 和 ξ_t^{GDP} 即为我们所要识别的互不相关的结构性冲击。式（5.2）表示本季度期内未预期到的税收变动归因于三个因素：对未预期到的产出变动的反应、对政府支出结构性冲击的反应、对税收结构性冲击的反应。对于式（5.3）中未预期到政府支出的变动，我们可作出类似相应的解释。式（5.4）中未预期到的产出变动同样归因于三个因素：对未预期到税收变动的反应、对未预期到的政府支出变动的反应和其他未知的冲击。另外，由于政府支出在当期不对产出变动做出反应，我们令 C(3)=0。在考察税收结构性冲击和政府支出冲击分别对产出变动的影响时，若先受到税收冲击，则令 C(2)=0；若先受到政府支出冲击，则令 C(4)=0。

5.5　SVAR 模型估计

基于上述模型设定和约束，我们对两种假定情形分别进行 SVAR 估计以分析我国财政政策自动稳定效应（见表 5-3 和表 5-4）。

表 5-3　　　　模型当期关系估计结果（先受到税收冲击）

须估系数项	系数估计值	标准误差值	Z 统计量	P 值
C（1）	47.08103	3.489696	13.49144	0.0000 ***
C（4）	-0.019754	0.104830	-0.188440	0.8505
C（5）	-13.29504	0.986958	-13.47073	0.0000 ***
C（6）	0.159189	0.105467	1.509381	0.1312

注：*** 表示在 1% 的水平上显著。

表 5-4　　　　模型当期关系估计结果（先受到支出冲击）

须估系数项	系数估计值	标准误差值	Z 统计量	P 值
C（1）	47.72685	3.538325	13.48854	0.0000
C（2）	-1.413336	0.148726	-9.502947	0.0000
C（5）	-13.29519	0.986950	-13.47098	0.0000
C（6）	0.159001	0.105266	1.510468	0.1309

对税收、支出和产出的三变量 SVAR 模型估计结果如表 5-3 和表 5-4 所示，这里我们重点关注系数 C（5）和 C（6）。不管是假定经济体先受

到税收结构冲击还是支出结构冲击，基于我国1992～2013年季度数据所呈现的经济体自动稳定效应基本一致：本季度期内未知税收变动对未知产出变动的自动反应系数为正，即在1%显著水平上表现为反周期性，能较为明显地促进经济的稳定；未知产出的变动在1%的显著水平上对未知税收变动反应为负，即正向的未知税收结构冲击将带来负向的产出变动；未知产出变动对结构冲击所带来的支出变动反应为正，但系数较小且不显著。

估计结果表明，我国在1992～2014年财政政策制度对产出具有较为显著的自动稳定效应，且自动稳定效应主要表现在税收政策方面。这也与我国在这段时间的经济运行较为吻合：1993年，经济体在邓小平同志南方谈话的影响下出现局部发展过热，我国税收名义增长率上行至1993年的29.1%；1998年，受亚洲金融危机的影响，我国GDP增长率处于改革开放以来历史最低位，此时税收增长率同趋势下行至阶段性低位12.5%的水平；2007年，我国GDP增长率达到亚洲金融危机以来最高位，与此同时全国税收名义增长率上至改革开放以来31.1%的历史最高水平，对抑制投资和经济过热起到了明显的积极作用；2009年，我国受美国金融危机影响，经济一路下行，同时期税收名义增长率从2007年31.1%的高位下降至9.7%。特别的是，我们发现名义税收年增长率与名义GDP年增长率之间的缺口绝对值呈现出某种潜在的规律：既在经济形势较好时期，缺口绝对值有逐渐扩大的趋势；在经济形势较低迷时期，缺口绝对值有逐渐减小的趋势。这在某种程度上也说明我国现行税制结构下的税收政策具有较为明显的自动稳定效应（见图5－1）。

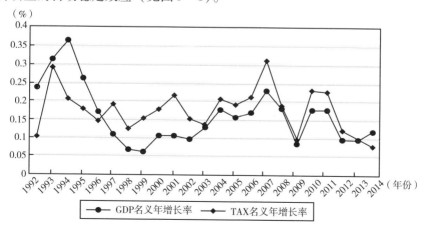

图5－1　GDP、名义税收增长率趋势

5.6 政府总支出、税收自动稳定器效能的脉冲响应分析

在模型三大变量同期自动稳定反应分析的基础上，进一步地对税收冲击和产出冲击进行了脉冲响应分析，以度量财政政策对产出水平影响的未来动态宏观经济效应。通过假定 C(2)=0，我们识别出税收结构性冲击，继而发现当经济体受到一个正向税收结构冲击时，税收自身反应除在滞后一期为正后逐步反应为负并在八期后达到稳定水平；政府支出反应基本为负且较为稳定；产出反应在一期负效应最大后逐步递减至八期而达到稳定水平。同样，假定 C(4)=0，我们识别出政府支出冲击，并发现当经济体受到一个正向政府支出结构冲击时，税收反应除在一期为零其余各期基本为正，且在二期反应最大后逐步递减至八期达到稳定水平；政府支出自身效应基本为正，且在一期效应最大后逐步递减至四期而达到稳定水平；产出反应基本为正，且自一期逐步递增至六期达到稳定水平。这与布兰查德和佩罗蒂（Blanchard & Perotti，2002）关于税收和政府支出对产出动态效应的分析结果保持一致，表现为凯恩斯效应：扩张性的政府支出增加或税收减免财政政策带来产出的正向变动，且这种出其不意的财政政策对经济真正起到持续稳定的作用（见图 5-2 和图 5-3）。[①]

政府支出对支出结构冲击反应模式

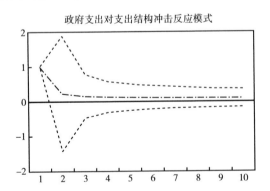

[①] 20 世纪 70 年代，罗伯特·卢卡斯和托马斯·萨金特引入"理性预期"，并假定只有"出其不意"（未预期到）的政策才能够对经济增长或失业率等实际经济指标产生影响。约翰·马金（John H. Makin，2014）在智库观察中指出：政策的出其不意性是外生的，由经济系统之外的其他因素决定，它们不能被预期（内生化），因此可以对产出或失业产生实际影响；并指出这也是美联储 20 世纪以来量化宽松政策逐渐失效和 2008 年作为实实在在外生冲击的金融危机对经济增长和就业持续一段时间内产生严重负面影响的原因。

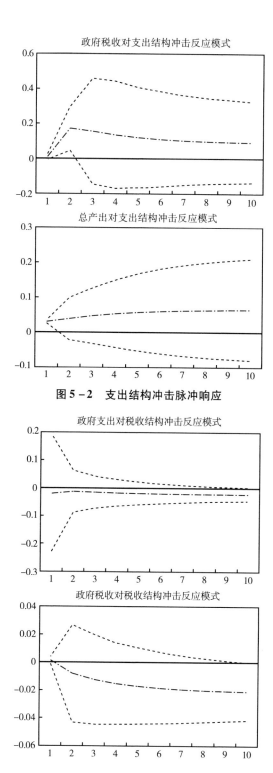

图 5-2 支出结构冲击脉冲响应

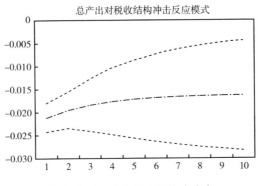

图 5 – 3　税收结构冲击脉冲响应

5.7　小结

本章基于我国 1992～2014 年实际经济运行数据，构建政府支出、税收和产出的三变量结构向量自回归模型。研究结果表明，我国现行财政体制一定程度上具有较为显著的自动稳定效应，这与我国 1994 年以来税制结构的较弱累进性相悖。这主要因为，现实经济运行过程中各地方政府追求税收"高增长"，从而采取一系列强化税收监管、催缴欠税、增加税种、税收征缴范围模糊从而重复征税的实际增税政策。实际数据也表明，市场经济体制建立以来特别是 1994 年分税制改革以后我国税收收入持续保持高速增长。1995～2014 年，我国税收收入增长率持续高于同期 GDP 增长率，且年均增长率远高于 GDP 年均增长率。因此，实际税收征缴的扭曲可能改变了我国税制结构制度上较弱的累进特性。同时，长期以来税收收入高速增长的实际增税政策不仅进一步恶化社会收入分配水平，在一定程度上势必会严重抵消财政支出的扩张效果，特别是在经济下行时期表现得尤为明显。因此，在当前持续使用以政府支出为主的积极财政政策而经济仍然下行的情况下，加强税收制度的良性改革、规范地方税收征缴以及深化结构减税显得尤为必要。

第6章 财政政策的宏观经济效应

——基于财政支出与税收的结构性视角

6.1 引言

　　面对近年来我国经济增长速度换挡期、结构调整阵痛期、前期刺激政策消化期"三期"叠加的局面，中共中央作出我国经济进入"新常态"的精确判断。新常态下，宏观经济政策应有新的思路。2017 年，我国在继续实施积极财政政策的同时，更加强调财政政策的有效性与精准度，财政政策在促进经济社会稳定发展方面起到了重要的保驾护航作用。[①] 2014 年以来，政府亦改以往经济发展策略和政策思路，明确指出我国经济步入新常态，要求宏观政策调控兼顾经济发展总量和质量。在经济增速放缓、投资动力不足、CPI 低位游走、贸易摩擦此起彼伏的环境下，深入探索政策调控对经济增长、投资、消费等宏观变量的经济效应显得尤为必要。2018年政府工作报告指出我国经济发展中结构性问题和深层次矛盾凸显，经济下行压力持续加大，遇到不少两难多难抉择。面对这种局面，我们保持战略定力，坚持不搞"大水漫灌"式强刺激，而是适应把握引领经济发展新常态，统筹稳增长、促改革、调结构、惠民生、防风险，不断创新和完善宏观调控，确立区间调控的思路和方式，加强定向调控、相机调控、精准调控。2019 年 2 月召开的中央政治局会议指出，要统筹实施好宏观政策、结构性政策、社会政策，落实好积极的财政政策、稳健的货币政策和就业优先政策。这显然意味着财政政策势必将继续发挥重要作用。从近期货币政策实践即可发现，当前阶段全面笼统的刺激、调控政策正逐步淡出，宏观调控更显示出专业化和定向化，坚定不移致力于经济结构性改革。2016

---

① 刘尚希. 中国财政政策报告（2018）［M］. 北京：社会科学文献出版社，2018.

年的财政政策已经开始逐步向"结构性"转变，2017 年的财政政策明显开启从"需求侧"向"供给侧"的转变，2017 年财政政策提出"深入推进财税体制改革""统筹盘活财政存量资金""继续调整优化支出结构"，意在保证将有限资金用于重点领域和关键环节，带有非常突出的结构性调整的特征。因此，经济新常态下财政政策调控也应创新思路、精准发力。新背景、新时期下，财政政策理应如何转型？不同类型财政工具是否存在显著异质性？何种类型支出政策技胜一筹，抑或何种类型税收政策更优？目前，国内此方面的文献研究尚缺乏系统、完整的研究。鉴于此，本书将基于结构性视角，剖析财政支出与税收的结构性问题，重新审视各类型财政政策的宏观经济效应，尝试为新常态下我国财政政策有效转型提出合理化建议。

6.2　文献回顾

已有研究政府支出结构性划分的文献主要从生产性与非生产性两大类，研究财政支出对经济增长和民生两方面的影响。在经济增长方面，朗道（Landau，1983）、巴罗（Barro，1990）等认为政府生产性支出的增加有利于经济增长。德瓦拉詹等（Devarajan et. al，1996）认为在最优状态下，生产性和非生产性支出的比例应与二者对社会总产出的贡献度相匹配。国内关于结构性财政问题研究鲜见于近几年的文献中。关于结构性财政支出的宏观经济效应分析的有：徐楠、李永友（2010）通过 2008 年金融危机前后财政收支状况的变化来分析我国财政收支的结构特征，找出影响财政收支的主要因素和原因以及可能存在的一些风险。张又文、刘富华（2014）厘清财政支出结构与城乡各项结构性收入差距的关系，从财政支出结构方面找到解决城乡居民总收入差距扩大问题的新思路。卞志村、杨源源（2016）将政府财政支出分为消费性支出、投资性支出以及转移支付，将税收划分为消费税、劳动税以及资本税，进而构建新凯恩斯动态随机一般均衡模型，形成系统的结构性财政工具经济效应框架展开研究，研究发现不同财政工具的宏观经济效应存在显著差异，认为政府在进行财政宏观调控时应区别对待、审慎选择工具。邓力平、成峰、王智烜（2016）根据西部地区 84 个地级市 2004～2013 年的数据，采用面板向量自回归模型对财政分类支出与经济增长的关系进行的实证研究发现，财政的发展类支出是经济增长的原因，民生类支出是经济增长的结果。侯帅圻、林源、

周波（2019）利用我国 1990～2017 年宏观数据，结合了 SVAR 与 DSGE
两种方法，分析消费性财政支出与生产性财政支出对我国经济影响。关于
研究结构性税率政策的宏观经济效应的有：崔治文、王蓓、管芹芹
（2011）通过测算我国劳动、资本和消费的有效税率，构建 SVAR 模型来
考察有效税率结构冲击对经济增长的动态影响。刘葳、高广智（2012）通
过实证分析，比较消费税、个人所得税以及企业所得税对我国宏观经济的
作用效果。甘家武、李建军（2013）利用 1978～2010 年的数据，分析税
收规模及结构对经济增长的影响，结果显示，在短期，税收规模增加不利
于经济增长；但从长期来看，所得税、流转税及税收总规模的增长都有助
于促进经济增长。卞志村、胡恒强（2016）将消费税、投资补贴、劳动收
入税和资本收入税引入 DSGE 模型中，分析了我国结构性减税及投资补贴
的经济效应。张岩（2017）构建开放经济 DSGE 模型，在该模型中引入消
费支出、劳动收入、资本收入和企业所得税四项税率，分析了结构性税收
政策对我国消费、投资、总产出水平和劳动力等宏观经济影响效应。饶晓
辉（2018）在动态随机一般均衡模型中引入财政政策讯息冲击，考察中国
财政政策的宏观经济效应，重点考察政府消费支出、资本税以及劳动所得
税对产出、劳动、投资及资本的影响，研究结果表明，讯息冲击对宏观经
济政策的实施效果产生显著影响，忽视讯息冲击将低估财政政策的真实效
应。这些真实效应既包括总量变化，又包括结构变化。王立勇、纪尧
（2019）通过估算劳动税、消费税与财政支出，分析财政政策波动性对我
国主要经济变量的影响。

综合现有关于结构性财政支出与税收的研究，通过 DSGE 模型与
SVAR 方法入手的比较多，然而这两种方式重点考察的结构性财政政策的
单一的脉冲冲击特征、线性的特征。而实际中的宏观调控的经济效应应该
是动态的、非线性特征，多样的、复杂变化的过程，DSGE 与 SVAR 等方
法难以揭示这种特征，有一定的局限性。本章节选择带有随机波动率的时
变参数向量自回归模型，可以捕捉结构性财政政策对宏观经济影响的时变
特征，刻画出中国财政政策改革实践对宏观经济的影响路径，这是现有研
究可进一步拓展的视角。

6.3　结构性财政政策宏观经济效应的模型选取

向量自回归模型（VAR）作为一种基本的计量分析工具已经被广泛使

用，通过广义脉冲函数和方差分解考察变量之间的动态关系，然而 VAR 模型不能完全描述变量间的结构性与同期关联性现象。故此演进到 SVAR 模型，即所谓结构向量自回归模型，它可以捕捉模型系统内各个变量之间的即时的结构性关系，然而却不能准确的分析变量的同期关联问题，也缺乏参数时变的考察。时变参数向量自回归模型最初是由普里米切里（Primiceri，2005）提出并应用于宏观经济分析问题中的。该方法可以用一种十分灵活和稳健的方法识别经济中潜在的时变结构，允许系数和方差、协方差随时间变动，从而捕捉变量之间的非线性的结构性变动，模型中的参数均假定服从一阶随机游走过程。TVP—VAR 模型是 SVAR 模型演变而来，可以准确地考察经济变量之间随时间变动的动态关系。本章所分析的结构性财政政策宏观经济效应问题，既是设计结构性问题，又是关系变量的时间关联性问题，故此，选择时变参数向量自回归模型，是本章结构性财政政策的宏观经济效应问题的相对恰当的实证方法。随机波动的时变参数向量自回归模型可由 SVAR 模型增加时变参数特性得到。对于一个典型的 SVAR 模型：

$$Ay_t = F_1 y_{t-1} + \cdots + F_s y_{t-s} + \mu_t, \quad t = s+1, \cdots, n \tag{6.1}$$

其中，y_t 为 $k \times 1$ 维观测变量，A 和 F_i 为 $k \times k$ 维系数矩阵。扰动项 μ_t 为 $k \times 1$ 维结构冲击。假设冲击向量 $\mu_t \sim N(0, \sum \sum{}')$，其中，$\sum = \text{diag}(\sigma_i)$，$i = 1, \cdots, k$。同期相关系数矩阵 A 是一个下三角形矩阵，可用递归法对其结构冲击进行识别。对式（6.1）进行整理，有：

$$y_t = B_1 y_{t-1} + \cdots + B_s y_{t-s} + A^{-1} \sum \varepsilon_t, \quad \varepsilon_t \sim N(0, I_k) \tag{6.2}$$

其中，$B_i = A^{-1} F_i$；$i = 1, \cdots, s$。将所有 B_i 的元素堆叠，得到向量 $\beta(k^2 s \times 1)$。同时定义 $X_t = I_k \otimes (y'_{t-1}, \cdots, y'_{t-s})$。则式（6.2）可表示为：

$$y_t = X_t \beta + A^{-1} \sum \varepsilon_t, \quad t = s+1, \cdots, n \tag{6.3}$$

对参数和方差赋予时变特性，则上述 SVAR 即成为 TVP—SV—VAR 模型：

$$y_t = X_t \beta_t + A_t^{-1} \sum{}_t \varepsilon_t, \quad t = s+1, \cdots, n \tag{6.4}$$

在这一模型中，参数 β_t、A_t 和 $\sum_t$ 均具有时变性。同期相关系数矩阵 A_t 为：

$$A_t = \begin{pmatrix} 1 & 0 & \cdots & 0 \\ a_{t,2,1} & 1 & \cdots & 0 \\ \vdots & \ddots & \ddots & 0 \\ a_{t,k,1} & a_{t,k,2} & \cdots & 1 \end{pmatrix}$$

为便于表述，令 $a_t = (a_{t,2,1}, a_{t,1,2}, \cdots, a_{t,k,k-1})'$ 为 A_t 中下三角形中各元素，这些元素描述了各时期内变量间的同期作用关系；令 $h_t = (h_{t,1}, h_{t,2}, \cdots, h_{t,k})'$，其中 $h_{t,i} = \log\sigma_{t,i}^2$，$t = s+1$，$\cdots$，$n$；$i = 1$，$\cdots$，$k$。

则式（6.4）中的时变参数遵循下列随机游走过程：

$$\begin{cases} \beta_{t+1} = \beta_t + \mu_{\beta_t} \\ a_{t+1} = a_t + \mu_{a_t} \\ h_{t+1} = h_t + \mu_{h_t} \end{cases}, \ \text{其中} \begin{pmatrix} \varepsilon_t \\ \mu_{\beta_t} \\ \mu_{a_t} \\ \mu_{h_t} \end{pmatrix} \sim N\left(0, \begin{pmatrix} I & 0 & 0 & 0 \\ 0 & \sum_\beta & 0 & 0 \\ 0 & 0 & \sum_a & 0 \\ 0 & 0 & 0 & \sum_h \end{pmatrix}\right) \quad (6.5)$$

$t = s+1$，$\cdots$，n；$\sum_a$、$\sum_\beta$、$\sum_h$ 为对角矩阵；初值 $\beta_{s+1} \sim N(\mu_{\beta_0}, \sum_{\beta_0})$，$a_{s+1} \sim N(\mu_{a_0}, \sum_{a_0})$，$h_{s+1} \sim N(\mu_{h_0}, \sum_{h_0})$。

模型利用中岛（2011）提出的基于贝叶斯方法的马尔科夫链蒙特卡罗法（MCMC）进行求解，抽样算法为：

给定 θ、α 和 h 初值；

抽取 $\beta \mid \gamma$，α，h，y；

抽取 $\alpha \mid \beta$，$\sum$，γ，h，y；

抽取 $\sum \mid \alpha$；

抽取 $h \mid \beta$，γ，φ，σ_η，α，y；

抽取 $\varphi \mid \sigma_\eta$，h；

抽取 $\sigma_\eta \mid \varphi$，h；

抽取 $\gamma \mid \beta$，α，h，y；

返回式（6.2）步。

6.4 结构性财政支出的宏观经济效应分析

根据结构性财政政策分类，可以将财政支出结构划分为投资性财政支出、消费性财政支出、转移支付性财政支出三种类型。故此，本章将从以上三种类型的财政支出结构的宏观经济效应展开研究。

6.4.1 政府投资性财政支出的宏观经济效应

6.4.1.1 数据选取与模型参数设定

根据政府投资性财政支出结构与宏观经济变量我们构建包含中国GDP、失业率、投资、消费、CPI 和政府投资性财政支出变量的 TVP—SV—VAR 模型。上述变量指标选取季度数据，GDP、失业率、投资、消费、CPI 来源于《中国统计年鉴》《中国财政年鉴》以及 Wind 数据库。政府投资性支出数据来源由卞志村、杨源源（2016）整理所得。模型样本区间为 1992 年第一季度至 2016 年第四季度，所有名义值经 CPI 平减以获得实际值。我们设定参数的先验分布为：$(\sum_\beta)_i^{-2} \sim \mathrm{Gamma}(20,10^{-4})$，$(\sum_a)_i^{-2} \sim \mathrm{Gamma}(4,10^{-4})$，$(\sum_h)_i^{-2} \sim \mathrm{Gamma}(4,10^{-4})$。其中$(\sum_\beta)_i$、$(\sum_a)_i$ 和$(\sum_h)_i$ 分别为方差的对角矩阵的第 i 个元素。模型初值设置为 $\mu_{\beta_0} = \mu_{a_0} = \mu_{h_0} = 0$，$(\sum_\beta)_0 = (\sum_a)_0 = (\sum_h)_0 = 10 \times I$。我们使用 MCMC 进行 50000 次模拟得到有效样本。经过比对，我们设定模型滞后阶数为 2。

与传统计量模型不同，基于蒙特卡罗模拟和贝叶斯估计的 TVP—SV—VAR 方法的参数置信度依赖于模拟的样本路径。若随机抽样所得样本无自相关、路径平稳、收敛于后验分布，则认为抽样是可信的，由此得到的估计结果可靠。首先，利用 MATLAB 软件进行参数先验概率分布的设定提供 MCMC 算法的初始迭代值；其次，MCMC 算法依次对参数的条件后验概率进行抽样，形成参数的条件后验分布；最后，构造合适的冲击矩阵对简约形式的冲击进行重组，验证相关的约束形成脉冲响应冲击结果。我们得到抽样的自相关系数、变动路径和后验分布信息如图 6 - 1 所示。

由图 6 - 1 可见，$(\sum_h)_2$ 收敛速度较慢，而其他抽样样本的自相关系数在预烧后下均快速降到 0，变动路径平稳，可以说明模型预设参数的MCMC 模拟获得了不相关的有效样本，可以用于建模估计。进一步的定量检验如表 6 - 1 所示。

表 6 - 1 显示了 TVP—VAR 模型的估计结果，包括后验均值、后验标准差、95% 置信区间、Gewek 收敛诊断值和无效影响因子。从收敛性来看，参数的 Geweke 值均未超过 5% 的临界值 1.96，表明收敛于后验分布

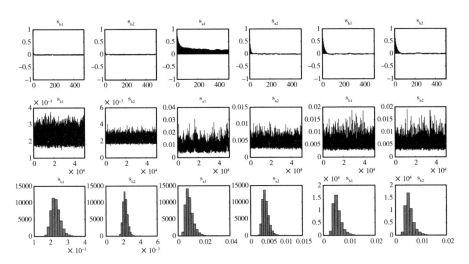

图 6 – 1　MCMC 抽样检验

<table>
<tr><th colspan="2">表 6 – 1</th><th colspan="5" style="text-align:center">样本参数方差估计结果</th></tr>
<tr><th>参数</th><th>均值</th><th>标准差</th><th>5% 分位数</th><th>95% 分位数</th><th>Geweke</th><th>Inef</th></tr>
<tr><td>$(\sum_\beta)_1$</td><td>0.0023</td><td>0.0003</td><td>0.0018</td><td>0.0029</td><td>0.240</td><td>6.97</td></tr>
<tr><td>$(\sum_\beta)_2$</td><td>0.0023</td><td>0.0003</td><td>0.0018</td><td>0.0029</td><td>0.978</td><td>7.28</td></tr>
<tr><td>$(\sum_a)_1$</td><td>0.0090</td><td>0.0031</td><td>0.0047</td><td>0.0066</td><td>0.001</td><td>112.69</td></tr>
<tr><td>$(\sum_a)_2$</td><td>0.0044</td><td>0.0009</td><td>0.0030</td><td>0.0066</td><td>0.749</td><td>20.62</td></tr>
<tr><td>$(\sum_h)_1$</td><td>0.0056</td><td>0.0016</td><td>0.0034</td><td>0.0098</td><td>0.478</td><td>26.61</td></tr>
<tr><td>$(\sum_h)_2$</td><td>0.0056</td><td>0.0016</td><td>0.0034</td><td>0.0097</td><td>0.072</td><td>33.08</td></tr>
</table>

的零假设不能被拒绝。从表 6 – 1 可以看出，无效影响因子的最大值为 112.69，远小于抽样次数 50000 次，说明在连续抽样 50000 次条件下，至少得到大约 444（50000/112.69）个不相关样本，这意味着用上述预设参数的 MCMC 方法抽样得到的样本个数对于模型的后验推断足够多。根据上述判断 MCMC 模拟效果的统计诊断指标，可见模型估计有效，能够支持 TVP—VAR 模型的后续推断。

6.4.1.2　投资性财政支出的时变脉冲响应

利用所建立的模型进行脉冲响应分析，在一单位投资性财政支出正向冲击下，主要宏观经济变量的响应如图 6 – 2 所示。样本周期 1～100 分别表示的是从 1992 年第一季度至 2016 年第四季度的时间轴。2、4、8 的滞后期观察分别代表滞后两个季度、四个季度以及八个季度，可以表示短期、中期以及长期的冲击效果。首先看政府投资性财政支出对我国投资与经济增长的时变影响情况，发现政府投资性财政支出对我国的投资与 GDP 是正向促进作用，并依据时变特征发现，在 2008 年金融危机前的正向促进作用始终在增长，直到金融危机后这种正向促进作用的效果出现了递减现象。政府投资性财政支出对我国投资、GDP 影响效果存在结构性特征，短期影响效果大于中期与长期，而在 2008 年金融危机时期长期冲击与中期效果比短期冲击影响大。通过政府投资性财政支出对我国消费总额影响的脉冲图分析，政府投资性财政支出对消费的影响具有时变特征，主要表现在 2008 年金融危机前的正向促进作用呈现递增趋势，金融危机后这种正向促进作用的效果出现了递减现象。中期政府投资性财政支出对消费的影响大于长期与短期效果。从政府投资性财政支出对失业率影响看，短期的政府投资性财政支出对就业作用不显著，长期与中期的政府投资性财政支出对就业影响作用较大，显著地降低了失业率。并且，政府投资性财政支出对失业率影响具有一定的时变特征，在 2000 年左右，政府投资性财政支出降低失业率的作用尤为显著。从政府投资性财政支出对 CPI 的影响来看，短期与中期的作用大于长期的影响，对通货膨胀起到了提升作用。从政府投资性时变特征看，短期与中期冲击的时变并不显著，长期的时变特征比较显著（见图 6 - 2）。

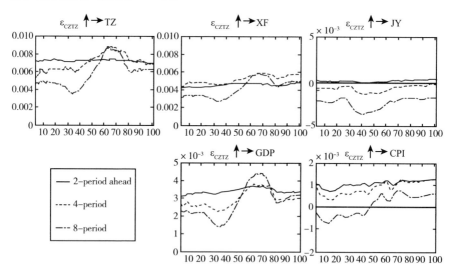

图 6 - 2　政府投资性财政支出冲击时变动态响应

6.4.1.3　不同经济周期下政府投资性财政支出的时点脉冲响应

分析不同经济周期阶段政府投资性财政支出与各宏观变量之间的关系是否存在结构性突变。根据样本期内中国经济的发展特点，选择 2006 年第一季度、2008年第二季度和2012年第二季度三个时点为代表，对比分析经济繁荣时期、危机时期和后危机时期的脉冲响应图。① 根据时点脉冲图6-3的脉冲响应结果发现，短期看，政府投资性财政支出对我国消费、投资、经济增长、就业以及通货膨胀的影响在不同宏观周期性下没有显著变化。中长期看，政府投资性财政支出对我国消费、投资以及经济增长影响在不同宏观经济背景下，金融危机时期作用大于经济繁荣时期，后危机时期的作用最小。在经济繁荣时期政府投资性财政支出降低失业率效果大于金融危机时期，后危机时期作用效果最小。后危机时期政府投资性财政支出对通货膨胀影响大于其他两个周期。

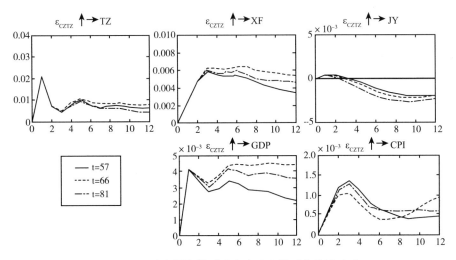

图6-3 政府投资性财政支出冲击的时点脉冲响应

6.4.2 政府消费性财政支出的宏观经济效应

6.4.2.1 数据选取与模型参数设定

根据政府消费性财政支出结构与宏观经济变量我们构建包含中国GDP、失业率、投资、消费、CPI和政府消费性财政支出变量的TVP—SV—VAR模型。中国GDP、失业率、投资、消费、CPI变量指标选取季度数据，来源于《中国统计年鉴》《中国财政年鉴》以及Wind数据库。政府消费性财政支出数据来源由卞志村、杨源源（2016）整理所得。样本区间为1992年第一季度至2016年第四季度，所有名义值经CPI平减以获得

---

① 胡利琴，彭红枫，李艳丽. 中国外汇市场压力与货币政策 [J]. 国际金融研究，2014（7）：87-96.

实际值。其中，设定参数的先验分布为：$\left(\sum_{\beta}\right)_i^{-2} \sim \text{Gamma}(20, 10^{-4})$，

$\left(\sum_a\right)_i^{-2} \sim \text{Gamma}(4, 10^{-4})$，$\left(\sum_h\right)_i^{-2} \sim \text{Gamma}(4, 10^{-4})$。$\left(\sum_{\beta}\right)_i$、

$\left(\sum_a\right)_i$ 和 $\left(\sum_h\right)_i$ 分别为方差的对角矩阵的第 i 个元素。模型初值设置为

$\mu_{\beta_0} = \mu_{a_0} = \mu_{h_0} = 0$，$\left(\sum_{\beta}\right)_0 = \left(\sum_a\right)_0 = \left(\sum_h\right)_0 = 10 \times I$。我们使用

MCMC 进行 50000 次模拟得到有效样本。设定模型滞后阶数为 2。利用
Matlab 软件进行抽样模拟和参数估计，得到抽样的自相关系数、变动路
径和后验分布信息如图 6 – 4 所示。可以看出，$\left(\sum_h\right)_2$ 收敛速度较慢，
而其他抽样样本的自相关系数收敛速度较快，并迅速收敛于 0，变动路
径平稳，可以说明模型 MCMC 算法有效模拟了参数的分布状况，模型构
建有效。

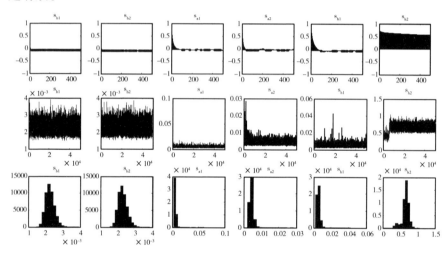

图 6 – 4　MCMC 抽样检验

表 6 – 2 显示了 TVP—VAR 模型的估计结果，包括后验均值、后验标
准差、95% 置信区间、Gewek 收敛诊断值和无效影响因子。从收敛性来
看，参数的 Geweke 值均未超过 5% 的临界值 1.96，表明收敛于后验分布
的零假设不能被拒绝。从表 6 – 2 可以看出，无效影响因子的最大值为
236.75，远小于抽样次数 50000 次，说明在连续抽样 50000 次条件下，至
少得到大约 211（50000/236.75）个不相关样本，这意味着用上述预设参
数的 MCMC 方法抽样得到的样本个数对于模型的后验推断足够多。根据
上述判断 MCMC 模拟效果的统计诊断指标，可见模型估计有效，能够支
持 TVP—VAR 模型的后续推断。

表 6 - 2 样本参数方差估计结果

参数	均值	标准差	5%分位数	95%分位数	Geweke	Inef
$(\sum_\beta)_1$	0.0023	0.0003	0.0018	0.0029	0.725	5.68
$(\sum_\beta)_2$	0.0023	0.0003	0.0018	0.0029	0.345	5.28
$(\sum_a)_1$	0.0054	0.0016	0.0033	0.0092	0.297	32.40
$(\sum_a)_2$	0.0045	0.0011	0.0030	0.0069	0.000	22.63
$(\sum_h)_1$	0.0056	0.0019	0.0034	0.0099	0.107	43.50
$(\sum_h)_2$	0.6449	0.1078	0.3548	0.8128	0.000	236.75

6.4.2.2 政府消费性财政支出的时变脉冲响应

首先关注政府消费性财政支出对我国投资、消费、经济增长以及通货膨胀的时变影响情况，发现政府消费性财政支出始终具有正向促进作用，并依据时变特征发现，在 2008 年金融危机前的正向递增的促进效应，直到金融危机后这种正向促进作用的效果出现了递减现象。再看政府消费性财政支出对投资、消费与经济增长的短期、中期以及长期效果，发现政府消费性财政支出的长期与中期效应大于短期效应。从政府消费性财政支出对失业率影响看，其作用增加了失业率，并未发挥促进就业的效果，并且在 2008 年金融危机前后显现出时变特征。根据时变特征看，政府消费性财政支出对 CPI 影响是正向冲击，并处于持续递增趋势，而且长期作用效果大于短期与中期（见图 6 - 5）。

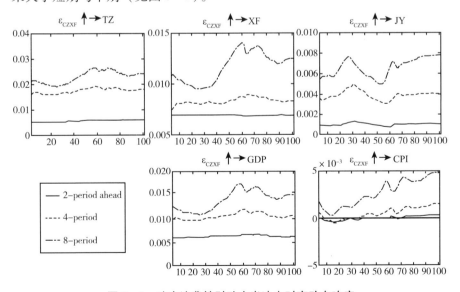

图 6 - 5 政府消费性财政支出冲击时变动态响应

6.4.2.3 不同经济周期下政府消费性支出的时点脉冲响应

分析不同经济周期阶段政府消费性财政支出与各宏观变量之间的关系是否存在结构性突变。根据样本期内中国经济的发展特点，对比分析经济繁荣时期、危机时期和后危机时期的脉冲响应图。根据图6－6的脉冲响应结果发现，短期看，政府消费性财政支出对我国消费、投资、经济增长、就业以及通货膨胀的影响在不同宏观周期性下没有显著变化。中长期看，政府消费性财政支出对我国宏观经济影响在不同经济周期下有所差异。在对投资、消费以及经济增长影响的脉冲看，繁荣时期的影响大于金融危机时期与后危机时期。消费性财政支出未发挥促进就业的作用，反而起到了负面影响，其中，在后危机时期的负面作用最大，其次是危机时期与繁荣时期。政府消费性财政支出对通货膨胀表现正向冲击，在后危机时期的作用强于危机与繁荣时期。

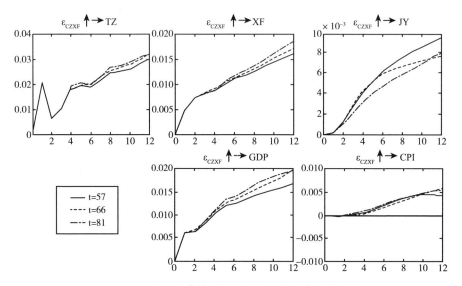

图6－6 政府消费性财政支出冲击的时点脉冲响应

6.4.3 政府转移支付的宏观经济效应

6.4.3.1 数据选取与模型参数设定

根据政府转移支付与宏观经济变量我们构建包含中国GDP、失业率、投资、消费、CPI和政府转移支付变量的TVP—SV—VAR模型。中国GDP、失业率、投资、消费、CPI变量指标选取季度数据，来源于《中国统计年鉴》《中国财政年鉴》以及Wind数据库。政府转移支付数据来源由卞志村、杨源源（2016）整理所得。样本区间为1992年第一季度至2016年第四季度，所有名义值经CPI平减以获得实际值。设定参数的先验分布为：$\left(\sum_{\beta}\right)_i^{-2}$ ~ Gamma$(20, 10^{-4})$，$\left(\sum_{a}\right)_i^{-2}$ ~ Gamma$(4, 10^{-4})$，

$\left(\sum_h\right)_i^{-2} \sim \text{Gamma}(4, 10^{-4})$。$\left(\sum_\beta\right)_i$、$\left(\sum_a\right)_i$和$\left(\sum_h\right)_i$分别为方差的对角矩阵的第 i 个元素。模型初值设置为 $\mu_{\beta_0} = \mu_{a_0} = \mu_{h_0} = 0$,$\left(\sum_\beta\right)_0 = \left(\sum_a\right)_0 = \left(\sum_h\right)_0 = 10 \times I$。我们使用 MCMC 进行 50000 次模拟得到有效样本。设定模型滞后阶数为 2。

利用 Matlab 软件进行抽样模拟和参数估计,我们得到抽样的自相关系数、变动路径和后验分布信息如图 6 - 7 所示。图 6 - 7 显示只有 $\left(\sum_h\right)_2$ 收敛速度较慢,而其他抽样样本的自相关系数在预烧后下均快速降到 0,变动路径平稳,说明预设参数的 MCMC 模拟获得了不相关的有效样本,可以用于建模估计。

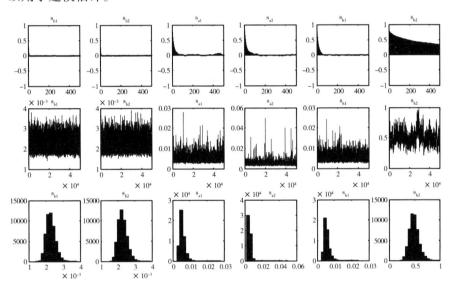

图 6 - 7   MCMC 抽样检验

表 6 - 3 显示了 TVP—VAR 模型的估计结果,包括后验均值、后验标准差、95% 置信区间、Gewek 收敛诊断值和无效影响因子。从收敛性来看,参数的 Geweke 值均未超过 5% 的临界值 1.96,表明收敛于后验分布的零假设不能被拒绝。从表 6 - 3 可以看出,无效影响因子的最大值为 219.78,远小于抽样次数 50000 次,说明在连续抽样 50000 次条件下,至少得到大约 228 (50000/219.78) 个不相关样本,这意味着用上述预设参数的 MCMC 方法抽样得到的样本个数对于模型的后验推断足够多。根据上述判断 MCMC 模拟效果的统计诊断指标,可见模型估计有效,能够支持 TVP—VAR 模型的后续推断。

表6-3 样本参数方差估计结果

参数	均值	标准差	5%分位数	95%分位数	Geweke	Inef
$(\sum_\beta)_1$	0.0023	0.0003	0.0018	0.0029	0.274	6.27
$(\sum_\beta)_2$	0.0023	0.0003	0.0018	0.0029	0.190	5.43
$(\sum_a)_1$	0.0056	0.0017	0.0034	0.0097	0.736	39.01
$(\sum_a)_2$	0.0054	0.0021	0.0033	0.0096	0.031	40.86
$(\sum_h)_1$	0.0056	0.0016	0.0034	0.0096	0.745	32.28
$(\sum_h)_2$	0.4871	0.0942	0.3237	0.7034	0.032	219.78

6.4.3.2 政府转移支付的时变脉冲响应

根据政府转移支付对我国宏观经济脉冲,其影响具有时变特征。政府转移支付对我国投资影响呈现正向冲击,并在2008年前的正向冲击表现出递增效应,在2008年后的正向影响呈递减现象。根据不同滞后影响发现,短期影响大于长期与中期。政府转移支付对消费是正向促进,同样是2008年前后表现出了较大差异。不同滞后期对比分析,对消费的长期影响强于中期与短期。政府转移支付有效地降低了失业率,并在2008年前后时变特征较明显,2008年前降低失业率的作用递减,2008年后降低失业率的作用呈现递增现象,并且长期作用效果强于中期与短期。政府转移支付促进了经济增长,并在2008年前后表现出显著时变特征,短期影响效果强于中期与长期。政府转移支付对通货膨胀是正向冲击作用,时变特征看,处于长期递增现象,并且长期影响效果大于中期与短期(见图6-8)。

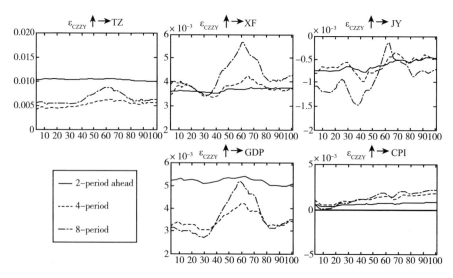

图6-8 政府转移支付冲击时变动态响应

6.4.3.3 不同经济周期下政府转移支付的时点脉冲响应

根据样本期内中国经济的发展特点，对比分析经济繁荣时期、危机时期和后危机时期的脉冲响应，发现政府转移支付与各宏观经济变量之间存在结构性突变现象。政府转移支付短期的结构性突变现象不明显，但中长期具有结构性特征。从中长期的分析发现，对投资、消费以及经济增长影响的脉冲效果分析发现，繁荣时期的影响大于金融危机时期与后危机时期。对失业率的影响分析发现，政府转移支付在后危机时期作用最大，其次是危机时期与繁荣时期。政府转移支付对通货膨胀的影响在后危机时期的作用强于危机与繁荣时期（见图6-9）。

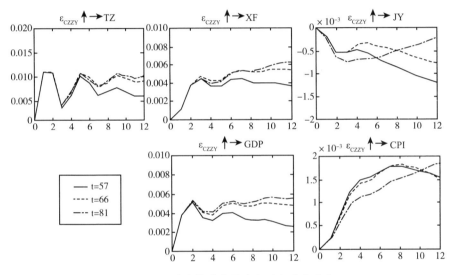

图6-9 政府转移支付冲击时点动态响应

6.5 结构性税收政策的宏观经济效应分析

6.5.1 消费税的宏观经济效应

6.5.1.1 数据选取与模型参数设定

根据消费税与宏观经济变量我们构建包含中国GDP、失业率、投资、消费、CPI和消费税变量的TVP—SV—VAR模型。中国GDP、失业率、投资、消费、CPI变量指标选取季度数据，来源于《中国统计年鉴》《中国财政年鉴》以及Wind数据库。消费税数据来源由王立勇、纪尧（2019）整理所得。样本区间为1992年第一季度至2016年第四季度，所有名义值经CPI

平减以获得实际值。设定参数的先验分布为：$\left(\sum_\beta\right)_i^{-2} \sim \text{Gamma}(20, 10^{-4})$，$\left(\sum_a\right)_i^{-2} \sim \text{Gamma}(4, 10^{-4})$，$\left(\sum_h\right)_i^{-2} \sim \text{Gamma}(4, 10^{-4})$。$\left(\sum_\beta\right)_i$、$\left(\sum_a\right)_i$ 和 $\left(\sum_h\right)_i$ 分别为方差的对角矩阵的第 i 个元素。模型初值设置为 $\mu_{\beta_0} = \mu_{a_0} = \mu_{h_0} = 0$，$\left(\sum_\beta\right)_0 = \left(\sum_a\right)_0 = \left(\sum_h\right)_0 = 10 \times I$。我们使用 MCMC 进行 50000 次模拟得到有效样本。设定模型滞后阶数为 2。

本节利用 Matlab 软件进行抽样模拟和参数估计，我们得到抽样的自相关系数、变动路径和后验分布信息如图 6 - 10 所示。图 6 - 10 显示只有 $\left(\sum_h\right)_2$ 收敛速度较慢，而其他抽样样本的自相关系数在预烧后下均快速降到 0，变动路径平稳，说明预设参数的 MCMC 模拟获得了不相关的有效样本，可以用于建模估计。

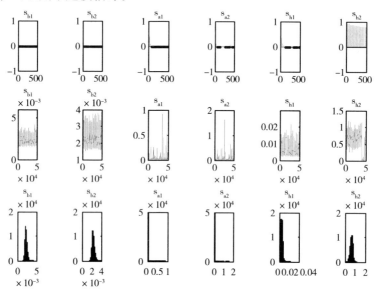

图 6 - 10 MCMC 抽样检验

表 6 - 4 显示了 TVP—VAR 模型的估计结果，包括后验均值、后验标准差、95% 置信区间、Gewek 收敛诊断值和无效影响因子。从收敛性来看，参数的 Geweke 值均未超过 5% 的临界值 1.96，表明收敛于后验分布的零假设不能被拒绝。从表 6 - 4 可以看出，无效影响因子的最大值为 331.21，远小于抽样次数 50000 次，说明在连续抽样 50000 次条件下，至少得到大约 151（50000/331.21）个不相关样本，按照样本个数看，MCMC 方法抽样得到的样本个数对于模型的后验推断还是足够多的。可以判断 MCMC 模拟效果的统计诊断指标，可见模型估计有效，能够支持

TVP—VAR 模型的后续推断。

表6-4 样本参数方差估计结果

参数	均值	标准差	5%分位数	95%分位数	Geweke	Inef
$(\sum_\beta)_1$	0.0023	0.0003	0.0018	0.0029	0.900	6.13
$(\sum_\beta)_2$	0.0023	0.0003	0.0018	0.0029	0.419	6.28
$(\sum_a)_1$	0.0077	0.0189	0.0034	0.0239	0.424	36.97
$(\sum_a)_2$	0.0089	0.0273	0.0032	0.0383	0.002	24.27
$(\sum_h)_1$	0.0056	0.0017	0.0034	0.0099	0.211	42.81
$(\sum_h)_2$	0.5846	0.2282	0.0048	0.9055	0.132	331.21

6.5.1.2 消费税的时变脉冲响应

本节将分别从短期、中期以及长期观察消费税对我国宏观经济影响的时变脉冲效应。依据消费税对宏观经济的脉冲分析，消费税对我国宏观经济的影响均具有时变特征。消费税对我国投资短期、中期以及长期冲击在2002年后表现出负向关系，意味着降低消费税将有利于投资增长。在2002年前消费税的负向关系不明显，甚至存在弱正向关系，即降低消费税对投资是负向作用的。2002年前后的消费税作用显著变化与2001年11月我国加入世界贸易组织（以下简称"世贸组织"）有重大相关性。首先，中国加入世贸组织后逐步扩大了市场准入条件，经济贸易环境持续改善，中国经济连续多年超过10%的增长速度，并对世界经济增长的贡献率超过30%。其次，中国加入世贸组织积极履行承诺，实施财税优惠政策，调整关税项目，最关键是外资企业的一系列财税优惠政策带来的红利，以及加入世贸组织对深化财政体制改革、构建公共财政框架的重要作用。消费税对投资的冲击并且具有一定时变特征，主要表现在第60周期即2006年前后的变化，在2006年前消费税无论短期、中期还是长期，其负向冲击作用呈现递增式的趋势，在2006年后表现出了递减，说明在2006年后降低消费税的政策效果出现了下降，弱于2006年前期。从短期、中期与长期的效果对比分析，消费税的长期效果大于短期与中期影响作用。消费税对我国消费、经济增长影响与投资表现出了相类似的时变特征，同样是在2002年前表现为正向关系，2002年后是负向关系，即2002年后降低消费税促进了消费以及经济增长。并且，消费税冲击在2006年前的负向关系呈现递增现象，2006年后是递减。从长期、短期以及中期比较分析，消费税对我国消费与经济增长均呈现出长期负向作用强于短期与中期，即降低消费税具有较长滞后性。消费税对失业率的影响表现在 2005 年前后显著差异性，在 2005 年前消费税降低促进了就业，2005 年后消费税降低表现出了降低就业的情况，这种降低效果在 2006 年后一直较为稳定，并且消费税对就业影响同样也是长期效果强于短期与中期。消费税对物价影响表现出 2004 年前后显著差异，2004 年前对物价是正向影响，2004 年后表现为负向影响，即降低消费税提高了物价，并且在 2006 年后消费税影响物价的效果基本保持在一个较为稳定的负向趋势。

通过消费税对我国宏观经济影响时变脉冲发现，消费税的冲击出现显著时变特征的年份主要是在 2001 年以及 2006 年前后，这种时变现象与我国 2006 年的消费税改革以及加入世贸组织有着密切关联，2006 年 4 月 1 日起，我国对消费税税目、税单及相关政策进行调整，此次政策调整是 1994 年税制改革以来消费税最大规模的一次调整，除了通过新增应税品目适当扩大消费税的征税范围以外，还对原税制中的很多税目、税率进行了调整，因此，可以说是对消费税制的一次制度性调整，它对于完善消费税制，进一步增强其调节功能（见图 6－11）。

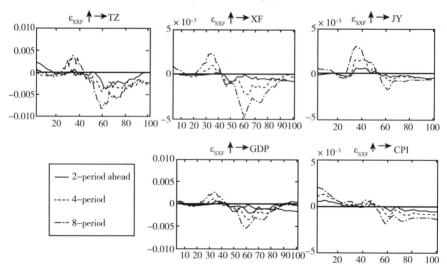

图 6－11　消费税冲击时变动态响应

6.5.1.3　不同经济周期下消费税的时点脉冲响应

对比分析经济繁荣时期、危机时期和后危机时期的脉冲响应，发现消费税与各宏观经济变量之间存在结构性突变现象。结构性突变现象呈现出中长期特征，并且随滞后期而不断扩大。从中长期的分析发现，消费税对投资、消费、失业率、经济增长以及物价影响表现为负相关关系，即降低消费税促进了投资、消费以及经济增长，提高了物价，也降低了就业，并且通过结构性脉冲效果分析，以上冲击效果繁荣时期的影响强于金融危机时期与后危机时期（见图6－12）。

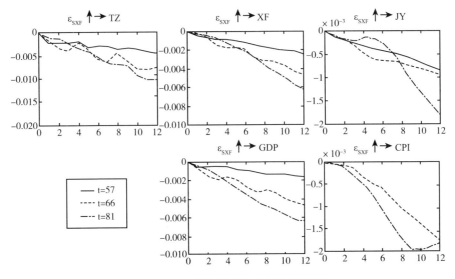

图6－12　消费税冲击时点动态响应

6.5.2　劳动税的宏观经济效应

6.5.2.1　数据选取与模型参数设定

根据劳动税与宏观经济变量我们构建包含中国 GDP、失业率、投资、消费、CPI 和劳动税变量的 TVP—SV—VAR 模型。中国 GDP、失业率、投资、消费、CPI 变量指标选取季度数据，来源于《中国统计年鉴》《中国财政年鉴》以及 Wind 数据库。劳动税数据来源由王立勇、纪尧（2019）整理所得。样本区间为 1992 年第一季度至 2016 年第四季度，所有名义值经 CPI 平减以获得实际值。设定参数的先验分布为：$\left(\sum_{\beta}\right)_i^{-2} \sim \text{Gamma}(20,$ $10^{-4})$，$\left(\sum_a\right)_i^{-2} \sim \text{Gamma}(4,10^{-4})$，$\left(\sum_h\right)_i^{-2} \sim \text{Gamma}(4,10^{-4})$。$\left(\sum_{\beta}\right)_i$、$\left(\sum_a\right)_i$ 和 $\left(\sum_h\right)_i$ 分别为方差的对角矩阵的第 i 个元素。模型初值设置为 $\mu_{\beta_0} = \mu_{a_0} = \mu_{h_0} = 0$，$\left(\sum_{\beta}\right)_0 = \left(\sum_a\right)_0 = \left(\sum_h\right)_0 = 10 \times I$。我们使用 MCMC 进行 50000 次模拟得到有效样本。设定模型滞后阶数为 2。

本节利用 Matlab 软件进行抽样模拟和参数估计，我们得到抽样的自相关系数、变动路径和后验分布信息如图6－13所示。图6－13显示只有 $\left(\sum_a\right)_1$ 与 $\left(\sum_h\right)_2$ 收敛速度较慢，其余抽样样本的自相关系数在预烧后下均快速降到 0，变动路径平稳，说明预设参数的 MCMC 模拟获得了不相关的有效样本，可以用于建模估计。

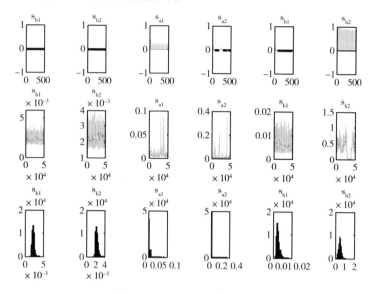

图 6 – 13　MCMC 抽样检验

表 6 – 5 显示了 TVP—VAR 模型的估计结果，包括后验均值、后验标准差、95% 置信区间、Geweke 收敛诊断值和无效影响因子。从收敛性来看，参数的 Geweke 值均未超过 5% 的临界值 1.96，表明收敛于后验分布的零假设不能被拒绝。从表 6 – 5 可以看出，无效影响因子的最大值为 347.71，远小于抽样次数 50000 次，说明在连续抽样 50000 次条件下，至少得到大约 144（50000/347.71）个不相关样本，按照样本个数看，MCMC 方法抽样得到的样本个数对于模型的后验推断还是足够多的。可以判断 MCMC 模拟效果的统计诊断指标，可见模型估计有效，能够支持 TVP—VAR 模型的后续推断。

表 6 – 5　　　　　　　　　　样本参数方差估计结果

参数	均值	标准差	5% 分位数	95% 分位数	Geweke	Inef
$(\sum_\beta)_1$	0.0023	0.0003	0.0018	0.0029	0.627	6.67
$(\sum_\beta)_2$	0.0023	0.0003	0.0018	0.0029	0.020	5.60
$(\sum_a)_1$	0.0063	0.0028	0.0035	0.0125	0.006	109.23
$(\sum_a)_2$	0.0057	0.0058	0.0032	0.0116	0.010	30.75
$(\sum_h)_1$	0.0056	0.0016	0.0034	0.0096	0.173	31.11
$(\sum_h)_2$	0.3910	0.2276	0.0040	0.7257	0.001	347.71

6.5.2.2 劳务税的时变脉冲响应

依据劳务税对宏观经济的脉冲反应分析，劳务税对我国宏观经济的影响均具有时变特征。消费税对投资、消费、经济增长在短期、中期以及长期冲击中均表现出负向关系，并且其影响作用长期效果强于短期与中期效果。其中劳务税对投资、消费以及经济增长的冲击效果具有相似性，主要表现在长期效果更大，并且冲击效果在 33 周期即 2000 年后出现显著递增现象，在 60 周期即 2006 年后劳务税影响的递增现象消失，2006 年后劳务税的作用效果趋于稳定区间。劳务税对失业率的影响短期与中期均存在正向关系，意味着降低劳务税将有利于就业，其长期作用在 2002 年前后有显著正负差异性，2002 年前劳务税降低有利于就业，2002 年后反而降低了就业率。劳务税对物价的影响效果在短期、中期以及长期均存在负向作用，即降低劳务税显著地提升了物价水平，其中长期效果强于中期与短期。劳务税对物价的作用效果在 2002 年以及 2006 前后存在明显的变化，在 2002 年比较稳定。2002~2006 年，劳务税对物价水平的影响显著增强，并在 2006 年后趋于稳定。2002 年前后税收作用效果显著差异原因与前面消费税特征一致，主要是中国在 2001 年加入国际世贸组织后的中国经济发展与财税优惠政策红利的原因（见图 6 - 14）。

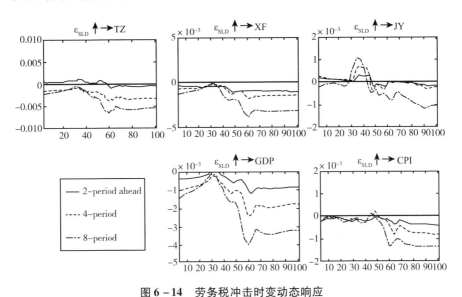

图 6 - 14　劳务税冲击时变动态响应

6.5.2.3 不同经济周期下劳务税的时点脉冲响应

对比分析经济繁荣时期、危机时期和后危机时期的脉冲响应，发现劳务税与投资、消费以及经济增长之间结构性突变现象并不显著，劳务税对投资、消费以及经济增长的影响在不同经济周期中表现差异性不明显，表现出相一致的负向冲击效果。劳务税对失业率的影响存在比较明显的结构性突变现象，金融危机后期其作用强于其他两个经济周期。劳务税对物价的影响同时存在结构性突变现象，主要呈现出金融危机后期劳务税对物价的作用效果强于繁荣时期与危机时期（见图 6－15）。

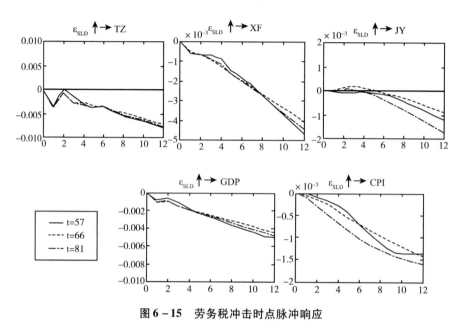

图 6－15　劳务税冲击时点脉冲响应

6.6　小结

依据本章节实证分析发现，各项财政政策支出对各宏观经济的影响从时变特征分析，在 2008 年前后呈现出了显著的时变特征，主要表现在 2008 年前各项财政政策作用效果是递增，在 2008 年后其作用效果出现递减现象。对比各项财政支出的结构性效果，本章节实证分析结论如下：首先分析对投资的影响，根据对比发现，从短期冲击中的财政支出效果看，政府转移支付的影响效果大于政府投资与消费支出；中期与长期效果发现消费性财政支出对我国投资影响效果强于投资性财政支出与转移支付财政支出。在对我国消费的影响对比中，在短期、中期与长期影响中，消费性财政支出的正向促进作用强于投资性与转移支付的财政支出。比较财政支出对就业的影响，可以看出，政府投资性支出与转移支付降低了失业率，而消费性支出反而增加失业率。在经济增长的影响效果中，短期效果中政府消费性与转移支付的影响作用强于政府投资性支出，中长期影响效果发现政府消费性支出影响作用大于转移支付与政府投资性支出。对通货膨胀的影响分析发现，短期效果中政府投资性支出作用最强，中长期效果中政府消费性支出作用效果强于政府投资性支出与转移支付。比较繁荣时期、金融危机时期以及危机后期，政府财政支出作用我国宏观经济的效果在不同经济周期下存在结构性变化特征。

根据 TVP—SV—VAR 的时变特征分析发现，税收政策在 2006 年前后时变特征显著。对比不同类型税收冲击的脉冲响应结果显示，在 2002 年前，在短期、中期以及长期，劳务税对投资影响的效果强于消费税，2002 年前消费税降低反而减少了投资。2002 年后，短期的消费税作用强于劳务税，中长期的消费税作用弱于劳务税。在对消费的影响冲击分析中，2002 年以前，劳务税在短期、中期以及长期的作用消费的效果强于消费税，但在 2002 年后劳务税的效果弱于消费税的影响效果。在对就业的影响看，劳务税与消费税的效果基本上旗鼓相当。在对经济增长的作用效果分析中，劳务税在短期、中期以及长期的作用消费的效果强于消费税，但在 2002 年后劳务税的效果弱于消费税的影响效果。对比税收政策对物价的影响，无论是 2002 年前后还是短期、中期以及长期，劳务税的效果一直都强于消费税对物价的影响。比较繁荣时期、金融危机时期以及危机后期，政府税收政策作用我国宏观经济的效果在不同经济周期下存在结构性变化特征。

第7章 财政分权与中国经济增长质量关系：
中央与地方财政分权的结构性视角

7.1 财政分权与中国经济增长质量关系

7.1.1 前言与文献回顾

随着全球经济危机爆发的次数越发频繁，各国对于追求经济增长质量的诉求也表现得越发强烈。财政政策因其作为经济结构调整中最重要的宏观政策工具而备受专家和学者们的关注，故财政分权改革对经济增长质量的作用也成为当下研究的热点。蒂布特（Tiebout，1956）采用用脚投票模型检验了其用脚投票的机制下地方政府向居民提供的公共品的有效性。这点同奥茨（Oates，1972）认为利用居民偏好提高公共品供给效率的观点保持一致，进而对经济增长产生积极的效果。西布内特（Seabright，1996）认为地方政府具有上级政府不能掌握的信息优势，利用该信息优势对地区居民福利的提升是至关重要的，故财政分权有益于地方政府增加对其当地居民福利的关注度。体现于此的就是20世纪80年代至1994年分税制改革对地方政府追求经济绩效的重要性影响（Shleifer，1996；Qian & Weingast，1997；Zhuravskaya，2000）。马（Ma，1997）在研究中国财政分权与经济增长之间的关系所反映的促进结论也对上面的结论给予了再次的肯定。可见，财政分权改革对中国经济增长的作用是至关重要的。

国内专家和学者的相关研究主要集中2000年之后，较早的研究有林毅夫和刘志强（2000）采用1970～1993年的省级面板数据、沈坤荣和付文林（2005）采用1978～2002年的省级面板数据分别验证了财政分权对经济增长作用，得出财政分权促进经济增长的一致结论。刘晓路（2007）从第二代财政分权理论方面也再次肯定中国财政分权对经济增长的促进作用。随着研究的逐渐深入，1994年的分税制改革再次成为研究的突破口，不免会引入思考的是财政分权对经济增长作用在分税制改革前后会不会保持一致呢？以下学者给出了问题的答案。刘金涛等（2006）采用1982～2000年的面板数据验证两者之间的关系，得出的结论是总体上财政分权对经济增长的影响是抑制的。进一步从分税制改革前后考虑，1982～1993年区间，财政分权对经济增长影响是抑制的；1994～2000年区间，财政分权对经济增长是显著促进的。周业安和章泉（2008）采用1986～2004年的省级面板数据和李文星等（2009）采用1979～2004年省级面板数据也再次验证了两者之间的关系。发现了分税制改革前，财政分权对经济增长的作用并无促进表现，而是在分税制改革后促进作用更为明显。限于验证结果的准确性，肖文和周明海（2008）进一步采用1985～2006年省级以下市（县）的面板数据检验两者之间的关系，得出的结论仍然同分税制改革前的抑制作用和分税制改革后的促进作用保持一致。财政分权对经济增长的作用不仅表现在分税制前后，而且在地区间也有所差异（范子英和张军，2009）。温娇秀（2006）采用1980～2004年省级面板数据探讨财政分权对经济增长的影响。得出的结论是财政分权对经济增长的作用总体上是促进的，但地区间存在较大的差异。其中东部地区的促进作用要明显高于中西部地区。这点同黄肖广和李睿鑫（2009）采用1988～2005年的省级面板数据得出财政分权对经济增长的作用同地区发达程度呈正比例关系的结论不谋而合。而在周东明（2012）通过财政分权对地区经济增长率的研究发现，中西部地区因财政分权带来的经济增长率明显高于东部地区。进一步从财政分权对经济增长效率的角度探讨，邓明和王劲波（2014）、袁思农和龚六堂（2014）都认为其作用是促进经济增长的。由此可见，自改革开放以来中国经济增长所取得的喜人成绩背后，财政分权改革的贡献度不可估量。

通过对上述文献的梳理与回顾，我们不难发现有关财政分权对经济增长的作用研究主要集中于对经济增长的广度方面——经济增长规模探讨，而对经济增长深度方面——经济增长质量探讨显然是空白的，基于此背景下，笔者尝试填补这片空白，利用中国2000～2014年的省级面板数据，采用系统矩估计实证分析方法，研究财政分权对中国经济增长质量的作用，并进一步根据地区发展的不同，探讨两者之间的促进关系差异性，故此来展开对本章的论证分析。

7.1.2　经济增长质量评价

7.1.2.1　中国经济增长质量指标测算说明

在一国可持续经济增长的背后，对其经济增长质量的要求必须是苛刻且严肃的。如果过于追求增长数量而忽视质量，那无疑在经济发展阶段中会暴露诸多问题，显然，中国当下经济的新常态所表现出来的问题成了最真实的写照。鉴于经济增长质量的核心是效率，故其经济全要素生产率①成为备受青睐的衡量指标。国际权威机构（世界银行、经济合作与发展组织）经常把全要素生产率的变动作为研究中国经济增长质量的重要内容。学者周晓艳和韩朝华（2009）、刘建国（2011）、蔡昉（2013）、吴敬琏（2015）等也都给出全要素生产率作为衡量地区经济增长质量的合理性解释。因此，通过借鉴上述文献，本章节拟采用经济全要素生产率指标作为衡量中国经济增长质量。

本章节采用 DEAP2.1 软件测算 2000~2014 年中国 29 个省（区、市）（考虑到数据的可得性，剔除掉重庆市和西藏自治区）的经济全要素生产率，并进一步探讨地区层面（东部、中部和西部）的经济全要素生产率变化趋势。鉴于影响经济增长质量的复杂性，打破了原有单一资本和劳动力投入对经济增长贡献研究的束缚，开始更深层次对经济全要素生产率进行剖析，并根据马尔萨斯（Malthus，1798）提出的经典论断，在考虑到影响经济增长的主要变量——资本和劳动力要素的同时，还要考虑能源与环境对其重要的影响，这样所得出的结论显得更有说服力。其中，环境因素的研究有：屈小娥（2012）采用 SBM 模型、刘华军和杨骞（2014）采用 ML 生产率指数法分别将环境因素纳入投入要素来测算的我国全要素生产率，得出加入环境因素所测得的全要素生产率要低于传统测算的全要素生产率这一共性结论。能源因素的研究有：查冬兰等（2009）采用技术可变的面板随机前沿生产模型、郑丽琳和朱启贵（2013）采用全局曼奎斯特—卢恩伯格指数法（GML）将能源因素纳入投入指标中，分别对我国1995~2004 年和 1995~2010 年两个区间段的全要素生产率进行估算，得出能源消耗对全要素生产率增长影响的一致结论。故此，本章节将纳入四个方面的投入要素（资本、劳动力、能源和环境）来考核中国经济的全要素生产率。

投入指标选择说明：

（1）选取永续盘存法计算各地区的实际资本存量，公式为：$K_{it} = I_{it} + (1 - W)K_{it-1}$，其中，$K_{it}$ 是 i 地区第 t 年的资本存量，I_{it} 是 i 地区第 t 年的投资，W 是 i 地区第 t 年的固定资产折旧率。投资指标 I_{it} 用固定资产形成总

---

① 全要素生产率（total factor productivity）是生产活动在某一特定时间内的效率，是用来衡量单位总投入的总产量的生产率指标。

额表示，取固定资产折旧率 W 为 9.6%，参照张军等（2004）计算思路，获得 2000~2014 年各地区的实际资本存量（基期为 1978 年）。

（2）选取各地区就业人口数作为劳动投入。就业人口主要指 16 周岁及以上从事一定社会劳动并取得劳动报酬或经营收入的人员。

（3）选取各地区能源消费总量作为能源投入。能源消费总量主要指地区各行业和居民生活消费的天然气、电力、原煤、原油及其制品等各种能源的总和。

（4）选取各地区工业的废水排放总量、废气排放量和固体废弃物产生量作为环境投入的一部分。环境污染主要包括大气污染、水污染和固体废弃物污染三类。鉴于中国环境污染主要受工业的影响，故选取工业的废水、废气和固体废弃物作为环境投入。

产出指标选择说明：选择作为产出变量的 GDP 是实际 GDP，使用 GDP 平减指数折算名义 GDP 处理得到的（基期为 1978）。

7.1.2.2 中国经济增长质量的评价

目前中国经济面临着复杂的世界经济环境和步入新常态经济周期的双维攻坚战中，提高经济全要素生产率成了中国经济保持中高速增长的克敌法宝。从全国层面看，2000~2014 年，我国经济全要素生产率总体上是逐年增长的，但是其间受到两次大规模经济危机的冲击，呈现了不同程度的回落。第一次是受 2008 年爆发的国际金融危机的滞后效应影响，2009 年末呈现出了较大幅度的回落；第二次是受全球经济再次陷入衰退的负面效应影响，2012 年末呈现出了跳崖式的回落。可见，两次危机对经济全要素生产率的负面冲击都表现得非常强烈，映射了中国经济增长质量的脆弱性。从地区层面看，东部地区的全要素生产率要高于中西部地区，这与东部地区发达的经济基础环境和先进的生产技术有关。而中部和西部地区的经济全要素生产率也有所差异，西部地区要好于中部地区，这可能有悖于常理的惯性思考，其实不然，中部地区虽然较西部地区的经济环境好些，但是中部地区过剩的劳动力资源供给和粗放式的经济生产模式，导致中部地区的全要素生产率普遍偏低，这也警示着国家要对中部地区经济发展给予高度重视和实现全面改革的迫切性。因此，基于新常态经济背景下，只有牢牢把握供给侧结构性改革这个轴心，才能实现经济全要素生产率的全面提高，进而促进中国经济再度反弹，回归合理的增长区间（见图 7-1）。

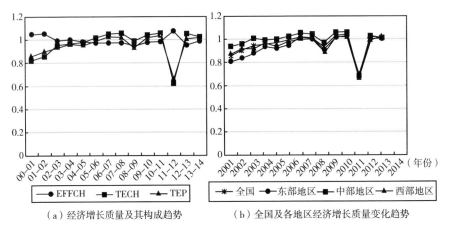

| (a) 经济增长质量及其构成趋势 | (b) 全国及各地区经济增长质量变化趋势 |

图 7-1　中国经济增长质量

7.1.3　财政分权对经济增长质量作用的计量研究

7.1.3.1　模型构建

本章节借鉴巴罗（Barro，1990）以及巴罗和马丁（Barro & Sala - I-Martin，1995）等人的研究方法，假定经济全要素生产率受到内生财政分权的影响，采用如下生产函数：

$$Y_{it} = A_{it} \times F(L_{it}, K_{it}) \qquad (7.1)$$

其中，Y 表示区域生产总值，A 表示经济全要素生产率，L 表示劳动投入，K 表示资本投入。假定该生产函数为希克斯中性，假定 A 是一个多元组合，即：

$$A(IDF_{it}, IF_{it}) = IF_{it} \times IDF_{it}^{\alpha} \qquad (7.2)$$

其中，IDF 表示财政分权水平，IF 表示影响全要素生产率的其他因素，α 为参数。将式（7.2）代入式（7.1）得：

$$Y_{it} = IF_{it} \times IDF_{it}^{\alpha} \times F(L_{it}, K_{it}) \qquad (7.3)$$

由式（7.1）、式（7.3）可得：

$$A_{it} = Y_{it} / F(L_{it}, K_{it}) = TFP_{it} = IF_{it} \times IDF_{it}^{\alpha} \qquad (7.4)$$

对式（7.4）取对数可得：

$$\ln TFP_{it} = \ln IF_{it} + \alpha \ln IDF_{it} \qquad (7.5)$$

考虑到被解释变量滞后期对当期的影响以及内生性问题，在式（7.5）

的基础上，加入被解释变量的滞后一期为解释变量。综合后，本章节建立的动态面板数据回归模型如下：

$$\ln TFP_{it} = \beta_0 + \beta_1 \ln TFP_{it-1} + \beta_2 \ln IDF_{it} + \beta_3 CV + \varepsilon_{it} \qquad (7.6)$$

其中，IDF 表示财政分权，CV 表示控制变量，ε 表示随机扰动项。

考虑到影响经济全要素生产率的控制变量因素有对外开放程度（DO）、人力资本质量（LQ）、政府干预程度（DG）以及市场化程度（MT），为了进一步探讨财政分权对经济全要素生产率的作用机理，本章节将最终动态面板数据回归方程确定如下：

$$\ln TFP_{it} = \beta_0 + \beta_1 \ln TFP_{it-1} + \beta_2 \ln IDF_{it} + \beta_3 \ln DO_{it} + \beta_4 \ln LQ_{it}$$
$$+ \beta_5 \ln DG_{it} + \beta_6 \ln MT_{it} + \varepsilon_{it} \qquad (7.7)$$

7.1.3.2 变量选择与数据来源

（1）变量选择说明。

第一，解释变量。国内关于财政分权指标的衡量，学者们有着不同的观点和见解。其中主要有沈坤荣和付文林（2005）、吴一平（2008）从收入角度度量了财政分权指标，即用地方财政收入除以中央本级或全国财政预算内收入；张和邹（1998）、周业安和章泉（2008）、傅勇（2010）从支出角度度量了财政分权指标，即用地方财政支出除以中央本级或全国财政预算内支出；张晏和龚六堂（2005）从财政自有收入角度度量了财政分权指标，即用自有收入的边际增量来衡量。鉴于上述财政分权指标衡量的差异性以及考虑到所验证估计结果的科学性和准确性，笔者分别从三个角度（收入角度、支出角度和自有收入角度）来衡量本书中的财政分权，这里主要参考徐国祥等（2016）对财政分权指标的选择，并采用地方和中央财政收支人均化的方法克服人口规模影响和共线性问题，且充分考虑到中央对地方的转移支付。具体指标定义如下：财政分权指标一（IDF1）：用地方财政收入分成度来衡量收入角度下的财政分权，表示地方财政收入与中央财政收入的比例关系，该比例越高，意味财政分权水平越高。即地方财政收入分成度 = 人均地方本级财政收入／（人均地方本级财政收入 + 中央本级人均财政收入）；财政分权指标二（IDF2）：用地方财政支出分成度来衡量支出角度下的财政分权，表示地方财政支出与中央财政支出的比例关系，该比例越高，意味财政分权水平越高。即地方财政支出分成度 = 人均地方本级财政支出／（人均地方本级财政支出 + 中央本级人均财政支出）；财政分权指标三（IDF3）：用地方收入自给率来衡量自有收入角度下的财政分权，表示该地区单纯依靠自身能力满足收入需求的能力，即地方收入自给率＝各地区本级自有财政收入／（该地区自有财政收入＋中央转移支付）。

第二，被解释变量。经济增长质量指标这里采用经济全要素生产率来衡量。

控制变量：

对外开放程度（DO）：大量研究文献表明，地区会因对外开放程度的不同而导致其经济发展水平的差异化，进而影响到经济增长质量的提高。本章节拟采用各地区进出口总额与 GDP 的比值来衡量。

人力资本质量（LQ）：随着社会发展进程的不断向前推进，对于人力资本质量水平的要求也越来越苛刻，即使在此提升过程中也会消耗大量的人力、物力和财力，但这种人力资本促进参与社会生产的作用效果却表现得越来越明显，进而会对经济增长质量产生重要的影响。本章节拟采用平均受教育年限来衡量，其计算公式为 $Labor = x_1 \times 6 + x_2 \times 9 + x_3 \times 12 + x_4 \times 16$，其中 x_1、x_2、x_3 和 x_4 分别为小学、初中、高中中专和大专以上教育程度居民占地区 6 岁及以上人口的比重。

政府干预程度（DG）：在市场经济占主导地位的当下，政府的相关行为对地区的生产发展仍然产生很大的波及，直接影响到该地区的年度生产总值，从而影响到地区经济的增长质量。本章节拟采用各地区财政支出与 GDP 的比值来衡量。

市场化程度（MT）：随着市场经济的发展，市场化改革会不断引入新的利益机制，而新的利益机制又导致了经济主体行为发生变化，进而促使资源利用获得从低效到高效的有效资源配置，实现经济增长质量的提高。本章节拟采用樊纲等（2011）测算的市场化指数来表示各地区市场的发展程度。限于现有市场化指数数据只有 2000～2009 年的，笔者基于已有市场化指数得分数据运用回归方法得到外插值 2010～2014 年的数据。

（2）计量方法与数据说明。

第一，计量方法。考虑到解释变量存在内生性问题及短面板数据的束缚，采用固定效应模型（FE）和随机效应模型（RE）都无法克服内生性问题，从而无法得到有效的无偏估计量，此时广义矩估计成为最佳选择。综合解释变量的内生性问题和本章所采用短面板数据的局限性，广义矩估计成为解决两者问题困扰的最优方法选择。而对于广义矩估计方法的具体应用上，布伦德尔和邦德（Blundell & Bond，1998）认为一定条件下的系统矩估计比差分矩估计更准确。因此，本章节拟采用系统矩估计方法对其模型进行估计，并通过 Hansen 检验值来判断是否存在工具变量的过度识别和 AR（1）、AR（2）检验值来判断残差项是否自相关，以此来确保估计结果的准确性和合理性。

第二，数据来源。本章节采用中国 2000～2014 年 29 个省（市、区）的面板数据。其数据主要来源于《中国统计年鉴》《中国财政年鉴》《中国人口和就业统计年鉴》《中国环境统计年鉴》《中国能源统计年鉴》、国家统计局网站、各省（市、区）统计年鉴以及国民经济和社会发展统计公报等。并对本书中使用数据均采用 CPI 平减指数处理（Chow & Li，2002），剔除物价因素干扰。

7.1.3.3 财政分权对经济增长质量作用的实证分析

（1）全国层面的估计结果。

从全国层面的估计结果表 7-1 可知，控制了其他变量以后，方程（1）的财政分权（收入角度）系数为 0.4529，并在 1% 的显著水平上，说明财政分权（收入角度）对经济增长质量具有显著的正向促进作用，这同徐国祥等（2016）研究结论不谋而合。控制变量：人力资本质量和市场化程度对经济增长质量具有显著的正向促进作用，而对外开放程度和政府干预却对其产生了显著的抑制作用；方程（2）财政分权（支出角度）系数为 0.4956，并在 5% 的显著水平上，说明财政分权（支出角度）对经济增长质量具有显著的正向促进作用，这与邓明和王劲波（2014）研究所得支出分权促进经济增长结论一致。控制变量：人力资本质量和市场化程度对经济增长质量具有显著的正向促进作用，而对外开放程度和政府干预却对其产生了显著的抑制作用；方程（3）的财政分权（自有收入角度）系数为 0.8762，并在 5% 的显著水平上，说明财政分权（自有收入角度）对经济增长质量具有显著的正向促进作用，这点同肖挺和戴伟（2015）、李斌等（2016）所得结论保持了高度的一致性。控制变量：人力资本质量、政府干预和市场化程度对经济增长质量具有显著的正向促进作用，而对外开放程度却对其产生了显著的抑制作用。可见，不同衡量角度下的财政分权系数均为正且显著，说明了财政分权对经济增长质量的积极作用是毋庸置疑的，这同林毅夫和刘志强（2000）所得结论财政分权对经济增长的促进作用保持了一致性。并且自有收入角度的财政分权对经济增长质量的作用效果要好于收支角度下的效果，也再次肯定了中央转移支付对区域经济增长的重要性（郭庆旺等，2009）。近些年，国家逐渐给地方政府提供更多的分配资源机会，并凭借地方政府的信息优势扩大对社会公共产品的投资和支出，提高地方政府的资源配置效率，促进稳定就业和保持经济可持续性增长。现阶段对外开放程度总体上有所过快，相互贸易往来的繁荣却埋藏了经济增长的脆弱性，冲击着经济质量的提高。同样，政府的行政干预也应该松紧有度，为服务地方经济效率给予最有力的政策支持。

表 7 -1　　　　　　　　　　全国及东部地区回归结果

项目	全国			东部地区		
	方程（1）	方程（2）	方程（3）	方程（4）	方程（5）	方程（6）
lnTFP（-1）	0.1686	0.2099	-0.3483	0.1899	0.1407	-0.1144
	(0.146)	(0.139)	(0.232)	(0.039)**	(0.207)	(0.433)
lnIDF1	0.4529			0.4106		
	(0.007)***			(0.006)***		
lnIDF2		0.4956			0.3135	
		(0.013)**			(0.034)**	
lnIDF3			0.8762			0.8488
			(0.021)**			(0.002)***
lnDO	-0.1529	-0.1006	-0.5473	-0.1278	-0.0386	-1.2699
	(0.041)**	(0.066)*	(0.089)***	(0.038)**	(0.397)	(0.013)**
lnLQ	0.3302	0.2479	1.0525	0.34151	0.1703	1.6839
	(0.012)**	(0.072)*	(0.036)**	(0.007)***	(0.088)*	(0.016)**
lnDG	-0.1117	-0.4107	0.9618	-0.3193	-0.3243	0.8417
	(0.063)*	(0.020)**	(0.040)**	(0.000)***	(0.007)***	(0.111)
lnMT	0.0687	0.0511	0.1638	0.0821	0.0728	0.1823
	(0.000)***	(0.005)***	(0.002)***	(0.000)***	(0.000)***	(0.002)***
C	-0.2804	-0.9623	2.8353	-0.7215	-0.8081	4.0474
	(0.010)***	(0.007)***	(0.024)**	(0.000)***	(0.001)***	(0.018)**
AR（1）	0.000	0.000	0.017	0.031	0.028	0.029
AR（2）	0.640	0.435	0.234	0.260	0.952	0.083
Sagran Test	0.217	0.322	0.403	0.855	0.619	0.652
HansenTest	0.106	0.217	0.700	0.239	0.184	0.819

注：*、**、***分别表示在10%、5%、1%的水平上显著。

（2）地区层面的估计结果。

第一，东部地区估计结果。从东部地区的估计结果表 7 -1 可知，控制了其他变量以后，方程（4）的财政分权（收入角度）系数为 0.4106，并在 1% 的显著水平上，说明财政分权（收入角度）对经济增长质量具有显著的正向促进作用。控制变量：人力资本质量和市场化程度对经济增长质量具有显著的正向促进作用，而对外开放程度和政府干预却对其产生了显著的抑制作用；方程（5）财政分权（支出角度）系数为 0.3135，并在

5%的显著水平上，说明财政分权（支出角度）对经济增长质量具有显著的正向促进作用。控制变量：人力资本质量和市场化程度对经济增长质量具有显著的正向促进作用，而对外开放程度和政府干预却对其产生了显著的抑制作用；方程（6）的财政分权（自有收入角度）系数为0.8488，并在1%的显著水平上，说明财政分权（自有收入角度）对经济增长质量具有显著的正向促进作用，并且作用效果仍然高于收支角度下的效果，证明了中央转移支付对东部地区经济发展的重要性，但该地区因转移支付规模过大所导致的总体促进效果较为一般。控制变量：人力资本质量、政府干预和市场化程度对经济增长质量具有正向的促进作用，但政府干预不显著；而对外开放程度却对其产生了显著的抑制作用。可见，东部地区财政分权对经济增长质量的促进效果与全国地区均保持了一致。东部地区作为全国地区经济增长的前锋，地方政府在导向投资和精准财政支出方面发挥了很大的能动性作用，不断为该地区的经济增长输送动力源。又鉴于较早地在该地区实施招商引资政策，故此一段时间内由贸易给经济增长带来的贡献占据了半壁江山。但是这种贸易依赖型的经济增长很容易受到全球经济不景气的负面感染，近几年该地区的经济增长乏力也在越发凸显。

　　第二，中部地区估计结果。从中部地区的估计结果由表7－2可知，控制了其他变量以后，方程（7）的财政分权（收入角度）系数为0.4242，并在5%的显著水平上，说明财政分权（收入角度）对经济增长质量具有显著的正向促进作用。控制变量：对外开放程度、人力资本质量和市场化程度都对经济增长质量具有显著的正向促进作用，而政府干预却对其产生了显著的抑制作用；方程（8）财政分权（支出角度）系数为0.3207，并在5%的显著水平上，说明财政分权（支出角度）对经济增长质量具有显著的正向促进作用。控制变量：对外开放程度、人力资本质量、政府干预和市场化程度对经济增长质量均具有显著的正向促进作用；方程（9）的财政分权（自有收入角度）系数为0.8637，并在5%的显著水平上，说明财政分权（自有收入角度）对经济增长质量具有显著的正向促进作用，同样作用效果仍然高于收支角度下的效果，证明了中央转移支付对中部地区经济发展的重要性，而该地区的转移支付规模相对较为合理，其发挥作用效果略高于东部地区。控制变量：对外开放程度、人力资本质量、政府干预和市场化程度对经济增长质量均具有正向的促进作用，且政府干预显著性较差。可见，中部地区的财政分权对经济增长质量的促进作用也同样表现得很明显。中部地区作为重工业生产发展的核心区，地方政府的财政支出在其促进制造业投资生产方面也颇为偏重，同时也带动了相关制造业的上下游行业发展，发挥了地区龙头行业辐射周边产业的经济效应，拉升了地区经济增长质量的空间。

表 7 - 2　　　　　　　　　　　中部和西部地区回归结果

项目	中部			西部		
	方程（7）	方程（8）	方程（9）	方程（10）	方程（11）	方程（12）
lnTFP（-1）	0.7252 (0.000)***	0.4767 (0.073)*	1.1442 (0.001)***	0.1692 (0.340)	-0.2116 (0.304)	0.9287 (0.000)***
lnIDF1	0.4242 (0.045)**			0.5736 (0.026)**		
lnIDF2		0.3207 (0.038)**			0.7105 (0.081)*	
lnIDF3			0.8637 (0.028)**			0.9606 (0.000)***
lnDO	0.0452 (0.535)	0.2850 (0.262)	0.2094 (0.000)***	0.0346 (0.204)	0.0479 (0.372)	0.0701 (0.200)
lnLQ	0.4850 (0.027)**	0.5640 (0.062)*	0.7078 (0.003)***	0.0476 (0.598)	0.2986 (0.000)***	0.4264 (0.000)***
lnDG	-0.0094 (0.894)	2.1664 (0.028)**	0.0201 (0.398)	-0.0718 (0.002)***	-0.5757 (0.036)**	0.3945 (0.001)***
lnMT	0.1313 (0.000)***	0.1653 (0.001)***	0.1280 (0.000)***	0.0502 (0.038)**	0.0045 (0.893)	0.0397 (0.251)
C	0.4779 (0.030)**	3.3369 (0.079)*	1.2794 (0.011)**	0.0177 (0.905)	-0.7566 (0.006)***	1.5359 (0.000)***
AR（1）	0.026	0.024	0.011	0.007	0.023	0.007
AR（2）	0.119	0.212	0.090	0.884	0.993	0.484
Sagran Test	0.313	0.546	0.090	0.921	0.119	0.631
HansenTest	0.353	0.450	0.998	0.586	0.302	0.262

注：*、**、***分别表示在10%、5%、1%的水平上显著。

第三，西部地区估计结果。从西部地区的估计结果表 7 - 2 可知，控制了其他变量以后，方程（10）的财政分权（收入角度）系数为 0.5736，并在 5% 的显著水平上，说明财政分权（收入角度）对经济增长质量具有显著的正向促进作用。控制变量：对外开放程度、人力资本质量和市场化程度都对经济增长质量具有正向促进作用且市场化程度显著，而政府干预却对其产生了显著的抑制作用；方程（11）财政分权（支出角度）系数为 0.7105，并在 10% 的显著水平上，说明财政分权（支出角度）对经济增长质量具有显著的正向促进作用，同样作用效果仍然高于收支角度下的效果，证明了中央转移支付对地区经济发展的重要性，而该地区的转移支付规模相对最为合理，其作用效果要明显强于东部和中部地区。控制变量：对外开放程度、人力资本质量和市场化程度都对经济增长质量具有正向促进作用且人力资本质量显著，而政府干预却对其产生了显著的抑制作用；方程（12）的财政分权（自有收入角度）系数为 0.9606，并在 1% 的显著水平上，说明财政分权（自有收入角度）对经济增长质量具有显著的正向促进作用，同样作用效果仍然高于收支角度下的效果，证明了中央转移支付对西部地区经济发展的重要性，而该地区的转移支付规模相对最为合理，其发挥作用效果最为突出。控制变量：对外开放程度、人力资本质量、政府干预和市场化程度对经济增长质量均具有正向促进作用，并且人力资本质量和政府干预较为显著。西部地区作为国家政府重点扶持的欠发达地区，相应给予当地政府的财政政策支持也是最多的，当地政府会根据发展地区经济的需要制定与时有效的财政支出，在导向经济不是很强的情况下，通过地方政府导向投资来刺激地区经济增长活力，并以此来保证地区经济的可持续增长使命。

7.2　财政分权对区域经济高质量发展的结构性影响效应分析：基于收入、支出与自有收入的财政分权视角

7.2.1　文献回顾与评述

党的十九大报告指出，中国经济已由高速增长阶段向高质量发展阶段方向过渡，而作为发挥国家重要职能的财政分权体系必然会助推这种阶段的过渡，其对经济增长质量的影响便成为备受关注的热点命题。国外有关财政分权理论较早可追溯到蒂布特（Tiebout，1956）的"以脚投票"理论，他通过用脚投票模型检验了地方政府根据居民偏好提高供给公共产品的效率，从而提高社会福利水平。这点与马斯格雷夫（Musgrave，1959）认为地方政府利用居民偏好进行资源合理配置来稳定经济增长的结论和奥茨（Oates，1972）在分权定理中提出地方政府比中央政府提供的公共产品更有效率的结论不谋而合。同样，布伦南和布坎南（Brennan & Buchanan，1980）论证了收入约束角度下不同级别政府的竞争会提高公共物品的生产效率，以此来促进经济增长。随着经济发展过程的不断演进，

催生以温加斯特（Weingast，1995）、钱和温加斯特（Qian & Weingast，1997）为代表的第二代财政分权理论，他们认为财政分权能够促进经济激励机制和地方政府竞争机制的产生，并以此来推进地方经济的增长。为了进一步验证这一结论的准确性，学者们采用不同的面板数据进行了相关的检验：利米（Iimi，2005）利用跨国数据（包括发展中国家和发达国家）的实证检验，发现财政分权与经济增长呈现正向相关关系；雅佳和坂田（Akai & Sakata，2002）利用美国50个州立数据的实证检验，发现财政分权对美国的经济增长具有显著的促进作用；蒂森（Thiessen，2003）利用经济合作与发展组织（OECD）高收入成员方的实证检验，发现财政分权对经济增长存在正负两种效应，在某个临界值以内是正效应，而超过这个临界值便成了负效应（储德银、纪凡，2017）。由此可见，财政分权对经济增长的重要性是值得肯定的。

国内有关财政分权对经济增长的研究颇为丰富，作为政府主导经济增长的中国，张晏和龚六堂（2005）认为财政分权赋予地方政府的经济激励会促进地区经济增长的能动性，进而提升经济实力。林毅夫和刘志强（2000）、沈坤荣和付文林（2005）通过省级面板数据也验证了财政分权对经济增长的重要性。对此结论，张军等（2007）从促进基础设施建设的角度、张璟和沈坤荣（2008）从优化资源配置的角度、范子英和张军（2009）从经济增长效率的角度、田超（2016）从城市经济的角度等都给予了一致的回应。而殷德生（2004）却认为该结论是在最优分权结构下才可以实现的，否则分权所带来的高成本会抑制经济增长（傅勇，2008）。同时，周业安和章泉（2008）以1994年分税制改革作为实证研究节点，发现分税制改革后财政分权对经济增长的促进作用才是较为显著的。随着研究的不断深入，王永钦等（2007）注意到分权化改革对中国经济成功转型的重要性（范子英、张军；2009），并能够提升地方政府的财政激励强度（傅勇，2008），相应的地方经济发展状况也会得到有效改善。但基于各地区（东部、中部和西部地区）包括地理位置、经济结构等多方面的不同，导致促进效果也呈现出较大的差异性，并得出促进效果与地区的发达程度呈正相关关系（王文剑、覃成林，2008）。因此，实现有效的财政分权改革对提升当前中国经济实力是至关重要的。

通过对文献梳理与回顾，非常值得肯定的是财政分权对经济增长的贡献。但这里的"增长"主要指增长的速度而非增长的质量，质量作为经济增长可持续性的内生动力，如果不能与其速度齐头并进，那么经济增长很快就会进入了"疲软期"，新常态下中国经济增速缓慢的表现也恰恰体现在这里，由此推断，提升我国目前经济增长质量是至关重要的，只有这样才能为"十三五"规划中稳步于中高速经济增长目标提供有效保障。基于此背景下，笔者尝试填补财政分权对经济增长质量影响的这片空白，以此为"十三五"规划下中国经济体制实现有效改革建言献策。

7.2.2 财政分权对地区经济增长质量的动态面板模型分析

7.2.2.1 模型设定与方法估计

为了检验财政分权对地区经济增长质量的关系，并考虑到被解释变量滞后期对当期的影响以及内生性问题，本章节拟建立动态面板数据模型如下：

$$\ln TFP_{it} = \beta_0 + \beta_1 \ln TFP_{it-1} + \beta_2 \ln FD_{it} + \beta_3 \sum \theta_j \ln CV_{it} + \varepsilon_{it} \quad (7.8)$$

其中，TFP 代表以经济全要素生产率来衡量的经济增长质量；FD 代表财政分权水平；CV 代表控制变量；ε 代表随机扰动项；i 代表省份；t 代表年份；j 代表控制变量种类。

考虑到影响经济增长质量的控制变量因素有对外开放程度（Open）、经济发展水平（Economic）、政府干预程度（Government）以及市场化程度（Market），本章节将最终动态面板数据模型确定如下：

$$\begin{aligned}
\ln TFP_{it} = {} & \beta_0 + \beta_1 \ln TFP_{it-1} + \beta_2 \ln FD_{it} + \beta_3 \ln Open_{it} + \beta_4 \ln Economic_{it} \\
& + \beta_5 \ln Government_{it} + \beta_6 \ln Market_{it} + \varepsilon_{it}
\end{aligned} \quad (7.9)$$

对于式（7.9）的估计，不可回避的就是存在内生性问题和短面板数据的局限性。财政分权相对于经济增长质量可能是内生的，即同当期的误差项无关且与误差项的一阶滞后及更高阶滞后相关。鉴于本书中被解释变量滞后项的存在会导致采用传统 OLS 估计产生偏差，此时选择的最佳方法就是广义矩估计。广义矩估计具体分为差分矩估计和系统矩估计两种。阿雷亚诺和邦德（Arellano & Bond，1991）提出一阶差分矩估计的方法，将其变量的滞后项作为工具变量引入差分方程，并通过差分消除固定效应，这样就可以获得对本书中存在内生性问题的有效解决。此时，一阶差分矩估计的矩条件为：

$$E\left[\left(\varepsilon_{i,t} - \varepsilon_{i,t-1} \right) Z_{i,t-j} \right] = 0 \quad j = 2,3,\cdots; t = 2000,\cdots,2015 \quad (7.10)$$

其中，$Z_{i,t}$ 为方程中任一变量，变量的二阶滞后项作为差分方程的工具变量。

阿雷亚诺和博韦尔（Arellano & Bover，1995）和布伦德尔和邦德

（Blundell & Bond，1998）进一步提出，引入差分变量的滞后项作为水平方程的工具变量。此时，水平方程的矩条件为：

$$E\left[\varepsilon_{i,t}\Delta Z_{i,t-j}\right]=0 \quad j=1,2,\cdots;t=2000,\cdots,2015 \qquad (7.11)$$

此时，差分方程和水平方程相结合的矩条件便构成了系统矩估计。限于系统矩估计对矩条件所要求的苛刻性，故其估计出来的结果也相对更为准确。

采用系统矩估计方法必须要通过 Hansen 检验和 AR（2）检验，Hansen 检验值是用来判断是否存在工具变量的过度识别，AR（2）检验值是用来判断残差项是否自相关，这样才能保证估计结果的科学性。因此，本章节拟采用系统矩估计方法对其设定方程进行有效估计。

7.2.2.2　变量定义与数据来源

被解释变量选取方面：鉴于对经济增长质量的衡量，学者和专家们给出了不同的诠释，但一致被认可的就是将经济全要素生产率指标作为其代理变量（蔡昉，2013；吴敬琏，2015），这与提高经济增长质量重在提升全要素生产率结论完全吻合。故此，本章节这里也采用经济全要素生产率作为对经济增长质量的衡量。

解释变量选取方面：通过对现有相关文献的查阅，有关财政分权指标的衡量，大致分为三大类，分别从收入角度、支出角度和自有收入角度来对其进行衡量。鉴于本章节着眼于财政分权对地区经济增长质量影响的全面考察，其对财政分权指标衡量的准确性是至关重要的，又考虑到所获得实证结论的科学性，故本章节也将从三个角度来衡量财政分权指标。具体指标定义：一是用地方财政收入分成度来衡量收入角度下的财政分权指标（FD1），即地方财政收入分成度＝人均地方本级财政收入／（人均地方本级财政收入＋中央本级人均财政收入）；二是用地方财政支出分成度来衡量支出角度下的财政分权指标（FD2），即地方财政支出分成度＝人均地方本级财政支出／（人均地方本级财政支出＋中央本级人均财政支出）；三是用地方政府收入自给率来衡量自有收入角度下的财政分权指标（FD3），即地方收入自给率＝各地区本级自有财政收入／（该地区自有财政收入＋中央转移支付）。

控制变量选取方面：通过对相关文献的梳理，笔者发现主要集中对外开放程度、经济发展水平、政府干预等以下几个方面对经济增长质量的影响。具体指标定义如下：对外开放程度（open），随着对外开放程度的不断加深，导致各地区的融资环境呈现较大的差异，进而影响经济增长质量的提升，故这里采用各地区进出口总额与 GDP 的比值来衡量；经济发展水平（economic），一个地区的经济发展越好，其经济效益水平越高，相应的经济质量也就越高，故这里采用各地区人均可支配收入与全国人均可支配收入的比值来衡量；政府干预程度（government），政府的相关行为会对地区企业生产具有较大的影响，包括企业的年终产值和投资动向等，间接地波及地区经济增长的发展活力，以此来影响地区经济的增长质量，故这里采用各地区财政支出与 GDP 的比值来衡量；市场化程度（market），随着经济社会的快速发展，市场化程度在不断加深，对地区资源配置效率的要求也越来越高，进而影响到地区经济增长质量，故这里采用樊纲等（2011）测算的市场化指数来表示各地区市场的发展程度。限于现有市场化指数数据只有 2000 ~ 2009 年的，笔者基于已有市场化指数得分数据运用回归方法得到外插值 2010 ~ 2015 年的数据。

本章节所采用的面板数据均来源于历年的《中国统计年鉴》《中国财政年鉴》《中国环境统计年鉴》《中国能源统计年鉴》、国家统计局网站、各省（区、市）统计年鉴和国民经济和社会发展统计公报等。

7.2.2.3 动态面板模型实证分析

（1）收入角度下财政分权对地区经济增长质量的结果分析。

从收入角度下的估计结果表 7 - 3 来看，控制了其他变量以后，财政分权（全国）的系数为 0.4351，并在 1% 的水平上显著，说明财政分权（全国）对经济增长质量具有显著的正向促进作用；财政分权（东部地区）的系数为 1.1302，并在 1% 的水平上显著，说明财政分权（东部地区）对经济增长质量具有显著的正向促进作用；财政分权（中部地区）的系数为 3.0923；并且在 5% 的水平上显著，说明财政分权（中部地区）对经济增长质量具有显著的正向促进作用；财政分权（西部地区）的系数为 0.3930，并且在 5% 的水平上显著，说明财政分权（西部地区）对经济增长质量具有显著的正向促进作用。由此可见，收入角度下财政分权对经济增长质量具有显著的正向促进作用，这同徐国祥等（2016）结论保持了高度的一致性。并因地区发展的差异性而表现出促进效果的不同，其中，东部地区促进效果最强，西部地区次之，中部地区较差。收入即财权，地方政府应该逐步下放财权，并通过财政激励政策来驱动地方经济活力，以此来促进地方经济增长质量。控制变量方面：只有经济发展水平对经济增长质量表现出较好的促进作用，这与经济发展理论也是非常吻合的，经济发展水平越高，经济增长质量提升越快；而对外开放、政府干预和市场化等都对经济增长质量起到了抑制作用，这个主要归因于我国作为发展中国家的现实国情,外加地区资源禀赋的差异,造成很多方面出现了较大的失衡,包括地区的对外开放、贸易往来、政府行为和市场制度等都给经济增长带来了不同程度的负面影响。

表7-3　　　收入角度下财政分权对地区经济增长质量的估计结果

项目	全国	东部地区	中部地区	西部地区
lnTFP（-1）	0.6906	0.8441	0.2973	0.1111
	(10.01)***	(3.25)***	(3.01)***	(2.52)**
lnFD1	0.4351	1.1302	3.0923	0.3930
	(2.67)***	(6.43)***	(2.47)**	(1.98)**
lnOpen	-0.2128	-0.6190	-0.5207	-0.0252
	(-2.66)***	(-4.47)***	(-2.65)***	(-0.38)
lnEconomic	0.0673	0.5552	0.2832	0.5976
	(0.59)	(1.69)*	(0.75)	(3.44)***
lnGovernment	-0.1124	-0.5959	-0.3134	-0.1344
	(-1.81)*	(-1.93)*	(-1.78)*	(-2.43)**
lnMarket	-0.1221	-0.0137	-0.3471	-0.1206
	(-4.14)***	(-0.10)	(-5.01)***	(-2.67)***
C	0.0027	-1.0764	2.3777	0.2828
	(0.02)	(-1.37)	(2.92)***	(1.20)
AR（1）	0.000	0.041	0.008	0.003
AR（2）	0.739	0.588	0.788	0.063
Hansen Test	0.140	0.949	0.992	0.119

注:*、**、***分别表示在10%、5%、1%的水平上显著。

(2)支出角度下财政分权对地区经济增长质量的结果分析。

从支出角度下的估计结果表7-4来看,控制了其他变量以后,财政分权(全国)的系数为2.9434,并且在1%的水平上显著,说明财政分权(全国)对经济增长质量具有显著的正向促进作用;财政分权(东部地区)的系数为2.2732,并且在5%的水平上显著,说明财政分权(东部地区)对经济增长质量具有显著的正向促进作用;财政分权(中部地区)的系数为4.8634,并且在5%的水平上显著,说明财政分权(中部地区)对经济增长质量具有显著的正向促进作用;财政分权(西部地区)的系数为1.9588,并且在5%的水平上显著,说明财政分权(西部地区)对经济增长质量具有显著的正向促进作用。由此可见,支出角度下财政分权对经济增长质量具有显著的正向促进作用，这同邓明和王劲波（2014）等研究结论保持一致。并因地区发展的差异性而表现出促进效果的不同，其中，中部地区促进效果最强，东部地区次之，西部地区较差。支出即事权，通过地方政府事权不但可以提高投资规模，还能够创造更多的投资机会，进而推动地方经济增长。故此，中部地区更应该加强政府事权力度，激发新的投资活力，以获得快速的经济崛起。控制变量方面：经济发展水平和政府干预对经济增长质量都具有促进作用，并且政府所发挥的主导作用比较明显，这点也是符合当下市场发展环境需要；而对外开放和市场化因其地区差异所导致的失衡仍然对地区经济增长质量产生负面效应。

表7-4 支出角度下的财政分权对地区经济增长质量的估计结果

项目	全国	东部地区	中部地区	西部地区
lnTFP（-1）	0.7103	0.7761	0.4428	0.8383
	(3.58)***	(4.92)***	(1.60)	(2.26)**
lnFD2	2.9434	2.2732	4.8634	1.9588
	(2.91)***	(2.04)**	(2.25)**	(2.29)**
lnOpen	-0.8395	0.6105	-1.1797	-0.2373
	(-2.08)**	(1.49)	(-1.65)*	(-1.27)
lnEconomic	1.1936	1.3634	0.0783	0.3916
	(3.23)***	(3.85)***	(0.26)	(3.06)***
lnGovernment	2.4326	2.3770	12.7032	1.2883
	(2.77)***	(2.04)**	(2.22)**	(2.34)**
lnMarket	-0.5015	-0.9918	-2.1973	-0.3628
	(-2.40)**	(-2.81)***	(-2.10)**	(-3.72)***
C	5.9531	6.6048	23.2733	1.52438
	(2.59)***	(2.17)**	(2.20)**	(2.32)**
AR（1）	0.001	0.049	0.020	0.019
AR（2）	0.519	0.921	0.084	0.665
Hansen Test	0.545	0.246	0.898	0.229

注：*、**、***分别表示在10%、5%、1%的水平上显著。

（3）自有收入角度下财政分权对地区经济增长质量的结果分析。

从自有收入角度下的估计结果表7-5来看，控制了其他变量以后，财政分权（全国）的系数为1.7021，并且在5%的水平上显著，说明财政分权（全国）对经济增长质量具有显著的正向促进作用；财政分权（东部地区）的系数为5.5601，并且在1%的水平上显著，说明财政分权（东部地区）对经济增长质量具有显著的正向促进作用；财政分权（中部地区）的系数为 1. 3710，并且在 5% 的水平上显著，说明财政分权（中部地区）对经济增长质量具有显著的正向促进作用；财政分权（西部地区）系数为 3. 3690，并且在 1% 的水平上显著，说明财政分权（西部地区）对经济增长质量具有显著的正向促进作用。由此可见，自有收入角度下财政分权对经济增长质量具有显著的正向促进作用，这同陈硕和高琳（2012）等研究结论不谋而合。并因地区发展的差异性而表现出促进效果的不同，其中，东部地区促进效果最强，西部地区次之，中部地区较差。同时，彰显了地方财政自主度对经济增长的显著性促进作用。对此，陈硕和高琳（2012）提出了侧重于财权方面的改革，即从大规模的转移支付转向给予与地方政府支出相匹配的自有收入。控制变量方面：经济发展水平和政府干预对经济增长质量都具有促进作用，这同本章节的结论保持了高度一致性；而对外开放和市场化的抑制作用依然表现较强，警示了政策制定者一定要考虑地区发展的协调性和均衡性，避免产生"马太效应"的悲剧，以此来全面提升地区经济增长质量。

表 7 - 5　　自有收入角度下财政分权对地区经济增长质量的估计结果

项目	全国	东部地区	中部地区	西部地区
lnTFP（-1）	1. 0101	0. 5428	3. 4083	0. 1238
	(2. 41) **	(3. 04) ***	(2. 42) **	(2. 41) **
lnFD3	1. 7021	5. 5601	1. 3710	3. 3690
	(2. 43) **	(2. 60) ***	(2. 18) **	(2. 72) ***
lnOpen	- 0. 2020	- 0. 6879	- 5. 0471	- 0. 1883
	(- 2. 31) **	(- 2. 37) **	(- 2. 62) ***	(- 1. 63)
lnEconomic	0. 4317	1. 6685	3. 0945	1. 1168
	(1. 30)	(2. 59) ***	(2. 10) **	(5. 29) ***
lnGovernment	0. 9458	1. 6515	1. 4015	2. 0600
	(2. 29) **	(2. 44) **	(1. 53)	(2. 67) ***
lnMarket	- 0. 3658	- 1. 0108	- 4. 0561	- 0. 9928
	(- 2. 87) ***	(- 2. 57) ***	(- 2. 35) **	(- 2. 45) **
C	3. 1053	6. 8975	- 19. 1816	6. 9771
	(2. 41) **	(2. 51) **	(- 2. 30) **	(2. 48) **
AR（1）	0. 011	0. 029	0. 001	0. 003
AR（2）	0. 807	0. 083	0. 646	0. 051
Hansen Test	0. 640	0. 819	0. 969	0. 676

注：**、*** 分别表示在 5%、1% 的水平上显著。

（4）分时间段进行回归结果。

考虑到我国不同时期的财政分权对经济增长质量的影响存在差异性，笔者选取具有代表性的 2008 年金融危机爆发作为稳健检验节点，分别对 2000～2008 年和 2009～2015 年两个时间段进行有效估计。囿于篇幅问题，笔者暂且保留全国的估计结果。由表 7-6 可知，分区间段并没有改变财政分权对经济增长质量的促进作用，同本章节结论保持高度一致性。

表 7-6　　　　财政分权对地区经济增长质量：分时间段估计结果

项目	2000～2008 年			2009～2015 年		
	全国样本	全国样本	全国样本	全国样本	全国样本	全国样本
lnTFP（-1）	0. 2018 (1. 39)	0. 2050 (4. 22)***	0. 1576 (4. 58)***	-0. 1218 (-5. 96)***	-0. 0956 (-1. 79)*	0. 0315 (0. 17)
lnFD1	0. 4. 325 (4. 13)***			0. 1752 (3. 19)***		
lnFD2		1. 4529 (1. 79)*			5. 8126 (3. 95)***	
lnFD3			1. 3346 (1. 7)*			2. 4906 (3. 36)***
lnOpen	1. 4638 (1. 93)*	0. 4777 (1. 91)*	0. 1257 (2. 00)**	-0. 0398 (-1. 28)	1. 0988 (2. 86)***	-0. 3436 (-2. 91)***
lnEconomic	15. 7187 (3. 64)***	0. 9013 (1. 21)	0. 4198 (0. 89)	0. 0772 (2. 55)**	1. 1921 (4. 80)***	0. 7352 (4. 2)***
lnGovernment	4. 6356 (4. 13)***	1. 1544 (1. 60)	-0. 9324 (-1. 99)*	0. 1648 (6. 39)***	5. 0333 (3. 78)***	2. 0548 (3. 64)***
lnMarket	-1. 1733 (-4. 27)***	-0. 3777 (-3. 02)***	-0. 0489 (-0. 59)	0. 1128 (1. 87)*	0. 6546 (1. 56)	0. 4684 (2. 49)**
C	9. 8597 (3. 31)***	3. 1335 (1. 79)*	-2. 4006 (-1. 67)*	0. 0242 (0. 22)	7. 8272 (3. 66)***	3. 4848 (2. 60)***
AR（1）	0. 018	0. 000	0. 000	0. 004	0. 015	0. 022
AR（2）	0. 506	0. 464	0. 655	0. 233	0. 394	0. 352
Hansen Test	0. 108	0. 535	0. 501	0. 435	0. 238	0. 108

注：*、**、***分别表示在 10%、5%、1% 的水平上显著。

7.3 财政分权对我国经济高质量发展非线性效应分析：基于收入、支出与自有收入的财政分权视角

7.3.1 模型设定

动态面板模型回归结果表明，不同角度衡量的财政分权对我国经济增长质量均具有显著的影响。那么我国经济增长质量受财政分权的影响是否存在门槛特征呢？为此，笔者继续对其进行检验，主要参照王（Wang，2015）的研究方法构建门槛效应模型，由于具体门槛数不知，笔者先将模型设定为单一门槛模型，模型设定如下：

$$\ln TFP_{it} = a_{01} + a_{11}\ln FD1_{it}(q_i \leqslant r) + a_{12}\ln FD1_{it}(q_i > r)$$
$$+ \sum_{n=1}^{4} a_{1n}\ln CV_{it} + \gamma_t + n_i + \varepsilon_{it} \qquad (7.12)$$

$$\ln TFP_{it} = a_{02} + a_{21}\ln FD2_{it}(q_i \leqslant r) + a_{22}\ln FD2_{it}(q_i > r)$$
$$+ \sum_{n=1}^{4} a_{2n}\ln CV_{it} + \gamma_t + n_i + \varepsilon_{it} \qquad (7.13)$$

$$\ln TFP_{it} = a_{03} + a_{31}\ln FD3_{it}(q_i \leqslant r) + a_{32}\ln FD3_{it}(q_i > r)$$
$$+ \sum_{n=1}^{4} a_{3n}\ln CV_{it} + \gamma_t + n_i + \varepsilon_{it} \qquad (7.14)$$

其中，q_i 为门槛变量，上述方程式分别选择收入角度、支出角度和自有收入角度的财政分权指标作为门槛变量，r 为未知门槛值。

7.3.2 变量定义与数据来源

被解释变量选取方面：本章节这里也采用经济全要素生产率作为对经济增长质量的衡量。具体计算过程参照林春（2016）做法。

解释变量选取方面：通过对现有相关文献的查阅，有关财政分权指标的衡量，大致分为三大类，分别从收入角度、支出角度和自有收入角度来对其进行衡量。鉴于本章节着眼于财政分权对地区经济增长质量影响的全面考察，其对财政分权指标衡量的准确性是至关重要的，又考虑到所获得实证结论的科学性，故本章节也将从三个角度来衡量财政分权指标。具体指标定义：一是用地方财政收入分成度来衡量收入角度下的财政分权指标（FD1），即地方财政收入分成度 = 人均地方本级财政收入 /（人均地方本

级财政收入＋中央本级人均财政收入）；二是用地方财政支出分成度来衡量支出角度下的财政分权指标（FD2），即地方财政支出分成度＝人均地方本级财政支出／（人均地方本级财政支出＋中央本级人均财政支出）；三是用地方政府收入自给率来衡量自有收入角度下的财政分权指标（FD3），即地方收入自给率＝各地区本级自有财政收入／（该地区自有财政收入＋中央转移支付）。

控制变量选取方面：通过对相关文献的梳理，笔者发现主要集中对外开放程度、经济发展水平、政府干预等以下几个方面对经济增长质量的影响。具体指标定义如下：对外开放程度（open），随着对外开放程度的不断加深，导致各地区的融资环境呈现较大的差异，进而影响经济增长质量的提升，故这里采用各地区进出口总额与 GDP 的比值来衡量；经济发展水平（economic），一个地区的经济发展越好，其经济效益水平越高，相应的经济质量也就越高，故这里采用各地区人均可支配收入与全国人均可支配收入的比值来衡量；政府干预程度（government），政府的相关行为会对地区企业生产具有较大的影响，包括企业的年终产值和投资动向等，间接地波及地区经济增长的发展活力，以此来影响地区经济的增长质量，故这里采用各地区财政支出与 GDP 的比值来衡量；市场化程度（market），随着经济社会的快速发展，市场化程度在不断加深，对地区资源配置效率的要求也越来越高，进而影响到地区经济增长质量，故这里采用樊纲等（2011）测算的市场化指数来表示各地区市场的发展程度。限于现有市场化指数数据只有 2000～2009 年的，笔者基于已有市场化指数得分数据运用回归方法得到外插值 2010～2015 年的数据。

本章节所采用的面板数据均来源于历年的《中国统计年鉴》、《中国财政年鉴》、《中国环境统计年鉴》、《中国能源统计年鉴》、国家统计局网站、各省（区、市）统计年鉴和国民经济和社会发展统计公报，等等。

7.3.3　门槛回归结果分析

7.3.3.1　门槛效应的检验

为了保证门槛估计的精度，分析收入角度、支出角度和自有收入角度下的财政分权对经济增长质量的门槛特征，本章节依次检验模型的门槛数，得到 F 统计量和 P 值，具体数值见表 7－7。结果表明，收入角度下的财政分权对经济增长质量的单一门槛、双重门槛和三重门槛的 P 值分别为 0、0 和 0.76，其单一门槛和双重门槛非常显著；支出角度下的财政分权对中国经济增长质量的单一门槛、双重门槛和三重门槛的 P 值分别为

0、0.24 和 0.97，其单一门槛非常显著；自有收入角度下的财政分权对经济增长质量的单一门槛、双重门槛和三重门槛的 P 值分别为 0、0 和 0.72，其单一门槛和双重门槛非常显著。

表 7 - 7　　　　　　　　门槛效果检验

项目	收入角度			支出角度			自有收入角度		
	单一门槛检验	双重门槛检验	三重门槛检验	单一门槛检验	双重门槛检验	三重门槛检验	单一门槛检验	双重门槛检验	三重门槛检验
F 统计量	286.48***	82.66***	41.76	50.70***	12.87	2.61	387.02***	187.45***	90.94
P 值	0	0	0.76	0	0.24	0.97	0	0	0.72
临界值 10%	28.16	19.02	77.47	25.44	17.04	17.69	25.08	16.23	137.00
5%	34.40	22.42	84.24	28.64	22.04	22.91	33.64	17.73	143.13
1%	41.26	27.09	105.99	35.63	29.52	29.04	52.10	25.07	176.10

注：***表示在 1%的水平上显著，P 值为采用 Bootstrap 方法反复抽样 300 次得到的结果。

收入角度、支出角度和自有收入角度下的财政分权对经济增长质量的门槛估计值和相应的 95%置信区间如表 7 - 8 所示。

表 7 - 8　　　　　　　　门槛估计结果

项目	收入角度		支出角度		自有收入角度	
	估计值	95%置信区间	估计值	95%置信区间	估计值	95%置信区间
r_1	- 0.3624	[0.0653, - 0.3581]	0.2445	[0.2398, 0.2469]	- 0.7277	[- 0.7564, - 0.7154]
r_2	0.0723	[- 0.7564, 0.0733]			0.0363	[0.0295, 0.0402]

7.3.3.2　门槛回归结果

从表 7 - 9 可以看出，收入角度下财政分权对经济增长质量的影响通过了双重门槛模型检验。当 FD1≤0.6960 时，财政分权与经济增长质量在 1%的显著水平上呈负相关，这说明地方财政分权水平每提高 1%，会使经济增长质量下降 0.5169，此时降低财政分权水平有利于提高经济增长质量。当 0.690 < FD1≤1.0750 时，财政分权与经济增长质量不存在显著性影响，此时每降低 1%的财政分权水平会提高 0.1331 的经济增长质量。当 FD1 > 1.0750 时，财政分权与经济增长质量在 5%的显著水平上呈正相关，这说明地方财政分权水平每提高 1%，会使经济增长质量上升 0.2071，此时提高财政分权水平有利于提高经济增长质量。从拟合的结果来看，收入角度下财政分权对经济增长质量的影响存在明显的门槛效应，在 FD1 ≤ 1.0750，财政分权对经济增长质量的抑制作用存在缩小趋势，即从 0.5169 缩小为 0.1331；而当 FD1 > 1.0750 时，财政分权对经济增长质量的作用由抑制转为促进，也就是说，在达到一定的财政分权程度后，分权水平越高，对经济增长质量的提升作用就越大，这与发达国家以及发展中国家财政分权化趋势越来越明显的现象相吻合。同时，也说明了要想提升经济增长质量，不仅要增加地方财政收入，还要增加地方财政收入在总财政收入中的比重。

表 7 - 9　　收入角度下财政分权与经济增长质量双门槛模型参数估计结果

变量	系数	标准误差	T 值	P 值	95% 的置信区间	
lnOpen	0.1578	0.0534	2.95	0.003 ***	0.0527	0.2630
lnEconomic	0.0704	0.1026	0.69	0.493	− 0.1313	0.2723
lnGovernment	− 0.1067	0.0730	− 1.46	0.145	− 0.2502	0.0368
lnMarket	0.1023	0.0400	2.56	0.011 **	0.0236	0.1811
lnFD1 > 0.0723	0.2071	0.1048	1.98	0.049 **	0.0011	0.4132
− 0.3624 < lnFD1 ≤ 0.0723	− 0.1331	0.0967	− 1.38	0.170	− 0.3234	0.0571
lnFD1 ≤ − 0.3624	− 0.5169	0.0997	− 5.18	0.000 ***	− 0.7130	− 0.3208

注：** 、*** 分别表示在 5% 和 1% 的水平上显著。

从表 7 - 10 可以看出，支出角度下财政分权对经济增长质量的影响通过了单一门槛模型检验。当 FD2 ≤ 0.7057 时，财政分权与经济增长质量在 1% 的显著水平上呈负相关，这说明地方财政分权水平每提高 1%，会使经济增长质量下降 0.6954，此时降低财政分权水平有利于提高经济增长质量，提高地方财政支出在总支出的占比会降低经济增长质量，降低地方财政支出是有利的。当 FD2 > 0.7057 时，财政分权与经济增长质量不存在显著影响，此时每提高 1% 的财政分权水平会引起经济增长质量提高 0.0039，也就是说提高地方财政支出在总支出中的占比有利于提高经济增长质量，即增加地方财政支出是有利好效应的。

表 7 - 10　　支出角度下财政分权与经济增长质量双门槛模型参数估计结果

变量	系数	标准误差	T 值	P 值	95% 的置信区间	
lnOpen	0.0812	0.0720	1.13	0.260	− 0.0604	0.2229
lnEconomic	− 0.1867	0.1297	− 1.44	0.151	− 0.4417	0.0682
lnGovernment	− 0.0152	0.1501	− 0.10	0.919	− 0.3104	0.2799

变量	系数	标准误差	T 值	P 值	95%的置信区间	
lnMarket	0.0724	0.0544	1.33	0.185	−0.0347	0.1795
C	−0.0663	0.3364	−0.20	0.844	−0.7277	0.5951
lnFD2 > −0.3485	0.0039	0.1500	0.03	0.979	−0.2910	0.2989
lnFD2 ≤ −0.3485	−0.6954	0.17621	−3.95	0.000 ***	−1.0418	−0.3489

注：*** 表示在1%的水平上显著。

从表7-11看出，自有收入角度下财政分权对经济增长质量的影响通过了双重门槛模型检验。当FD3≤0.4830时，财政分权与经济增长质量在1%的显著水平上呈负相关，这说明地方财政分权水平每提高1%，会使经济增长质量下降0.6191，此时降低财政分权水平有利于提高经济增长质量。当0.4830＜FD3≤1.8776时，财政分权与经济增长质量不存在显著性影响，此时每降低1%的财政分权水平会降低0.0781的经济增长质量。当FD3＞1.8776时，财政分权与经济增长质量在1%的显著水平上呈正相关，这说明地方财政分权水平每提高1%，会使经济增长质量上升0.9814，此时提高财政分权水平有利于提高经济增长质量。从拟合的结果来看，自有收入角度下财政分权对经济增长质量的影响存在明显的门槛效应，其对经济增长质量的影响由抑制逐渐变为促进，这与收入角度下财政分权对经济增长质量的作用效果相一致。因此，在提高经济增长质量过程中，还需要考虑各地区单纯依靠自身能力满足收入需求的能力。

表7-11　　自有收入角度下财政分权与经济增长质量双门槛模型参数估计结果

变量	系数	标准误差	T 值	P 值	95%的置信区间	
lnOpen	0.1037	0.0451	2.30	0.022 **	0.0151	0.1924
lnEconomic	0.0877	0.0909	0.97	0.335	−0.0910	0.2666
lnGovernment	−0.4819	0.1091	−4.41	0.000 ***	−0.6966	−0.267
lnMarket	0.2036	0.0449	4.53	0.000 ***	0.1152	0.2919
C	−1.1707	0.3408	−3.44	0.001 ***	−1.8408	−0.5007
lnFD3 > 0.0363	0.9814	0.1637	5.99	0.000 ***	0.6595	1.3033
−0.7277 < lnFD3 ≤ 0.0363	−0.0781	0.1271	−0.61	0.539	−0.3281	0.1718
lnFD3 ≤ −0.7277	−0.6191	0.1278	−4.84	0.000 ***	−0.8703	−0.3678

注：** 、*** 分别表示在5%和1%的水平上显著。

综上发现，财政分权对我国经济增长质量存在显著的门槛效应。在财政分权水平较低时，降低财政分权水平有利于提高我国的经济增长质量；在财政分权水平较高时，提高财政分权水平有利于提高我国的经济增长质量。从我国财政分权体制的发展演化历程来看，我国的财政分权体制是从集权到分权的过程，将中央主导与地方辅助相结合，并通过规范税制、优化税制结构、扩大财政补贴以及降低税负等手段扩大消费和投资需求，促进产业结构升级，优化资源配置效率，最终实现经济增长质量的提高。因此，要想提高我国的经济增长质量，就要综合考虑我国财政分权所处的阶段以及现实的客观经济环境，不能单纯盲目地仅提高或者降低财政分权水平。

7.4 小结

政治集权下的经济分权是中国式分权的本质特征。本章节从三个角度（收入角度、支出角度和自有收入角度）构建了中国财政分权指标体系，并利用中国 29 个省（区、市）2000～2014 年的面板数据，采用 SYS-GMM 计量分析方法，探讨财政分权对我国经济增长质量的重要影响。研究发现，无论从全国层面还是从地区层面（东部、中部和西部地区）来看，财政分权对经济增长质量都具有显著性的促进作用，并且会因地区的不同而导致促进效果的差异性。其中，西部地区促进效果最大，中部地区促进效果适中，而东部地区促进效果最小。中央转移支付在财政分权中发挥着重要的作用，承载着区域经济增长质量的重要责任贡献度，对中西部地区的作用效果要好于东部地区，侧面烘托出了东部地区转移支付因其饱和性所带来的边际递减效应，应该进一步优化和调整地区转移支付制度，完善最优区域财政分权制度，实现新常态下财政分权改革对我国经济结构升级转型的战略部署。另外，地区对外开放程度应该秉持理性和适度的原则，东部地区因其对外开放程度过快需有所收敛，而中西部地区应进一步加强；政府干预程度同地区的经济发展需要相协调和匹配，给予有力的政策支持且不盲目；人力资本质量需要不断的提升和完善，强化教育的广度和深度，实现全民素质教育的普遍提高；继续推进地区市场化的晋升机制，实现社会资源利用最为有效的配置，完善市场经济的主导地位。由此可见，财政分权对中国经济增长质量的促进作用有待于进一步巩固和完善。

本章节选择我国 29 个省（区、市）2000～2015 年的面板数据，构建动态面板和门槛面板模型，采用系统 GMM 方法与门槛面板估计方法对其进行估计，以此来探讨财政分权对我国经济增长质量的影响。研究发现，一是财政分权对我国经济增长质量具有显著的促进作用，支出角度和自有收入角度下的财政分权对其促进效果更为明显，并且各地区的促进效果会因其地区发展的不同也表现出较大的差异性。二是财政分权对我国经济增长质量存在显著的门槛效应，收入角度和自有收入角度下的财政分权对经济增长质量的影响通过了双重门槛模型检验，而支出角度下财政分权对经济增长质量的影响通过了单一门槛模型检验。在财政分权水平较低时，降低财政分权水平有利于促进经济增长质量的提高；而在财政分权水平较高时，提高财政分权水平有利于促进经济增长质量的提高。

第8章　财政失衡与全要素生产率损失：纵向与横向财政失衡的结构性视角

8.1　引言与文献回顾

"全要素生产率"自 2015 年写入《中央政府工作报告》以来，一直备受政府和学术界的关注。在"十三五"规划中，全要素生产率的概念得以全面和系统的引入，并进行了详细的指标细化及分解。同时，党的十九大报告也明确指出"以供给侧结构性改革为主线，推动经济发展质量、效率和动力的变革，提高全要素生产率"。可见，全要素生产率提升对当前我国经济高质量发展是至关重要的。全要素生产率的提升，顾名思义就是要提高要素的配置效率。换而言之，又可以理解为降低因要素结构错配而导致的损失。要素错配在发展中国家是比较普遍的现象，中国近些年全要素生产率的下降也间接回应了要素错配问题的严重性，并也得到了相关学者的佐证。从资本错配角度上：王林辉和袁礼（2014）采用中国八大产业 1978～2010 年的面板数据，结果发现，由资本错配所引发的资源配置效率损失会导致全要素生产率下降 2.6%，并使实际产出与潜在产出形成较大的缺口；高伟生（2018）采用中国制造业企业 1998～2007 年的微观数据，结果发现，由资本错配所引发的制造业生产效率损失在 18%～33%，并随着外部融资环境的恶化而效率损失进一步增加；葛鹏等（2017）采用中国工业企业 2004～2007 年的微观数据，结果发现，从 2005 年资源配置效率出现下降，由融资约束给工业企业带来的效率损失达到 30% 以上。从劳动力错配角度上：董直庆等（2014）采用中国 1978～2010 年产业层面的数据，结果发现，不同行业的劳动力错配分化趋势明显，并导致全要素生产率降低 20% 左右；靳来群等（2015）采用中国工业企业 1998～2007 年的微观数据，结果发现，要素市场价格因所有制差异而导致的资源错配程度呈下降趋势，并且由所有制差异给制造业全要素生产率带来的损失达到200%以上，其中，劳动要素错配带来的损失约为100%，资本要素错配带来的损失约为50%，显然，劳动错配程度远高于资本错配。从要素市场错配角度上：罗德明等（2012）采用 DSGE 模型，验证了要素市场政策扭曲会导致全要素生产率的下降；靳来群（2018）采用中国省级层面1992～2015年的数据，结果发现，由市场分割所导致的省际资源错配带来的全要素生产率损失为9.71%。从要素资源错配角度上，赵强（2017）采用中国1980～2013年的数据，验证了金融资源错置对全要素生产率增长具有抑制作用；王文等（2015）采用中国制造业和服务业1993～2011年的数据，由制造业和服务业之间的资源错配所导致的非农部门全要素生产率损失达到40%左右。可见，现有研究从多个方面错配对全要素生产率造成的损失做出了有益的讨论。然而，一个非常重要的制度性因素有可能被其忽略：分税制背景下地方政府面临的财政失衡可能是造成全要素生产率损失的又一个重要动因。

纵观分税制改革以来，我国财政收支状况确实得到了实质性的改善，但随着政府间转移支付规模逐年增大，财政失衡问题依然很突出，既表现为中央与地方各级政府之间的纵向财政失衡，又表现为同级政府之间的横向财政失衡。无论纵向财政失衡还是横向财政失衡，它们都是财政分权化的必然结果，即客观存在的。诚然，财政政策作为国家发展的重要经济政策，故财政失衡必然会对经济发展产生一定的影响。宫汝凯（2015）采用中国2000～2011年的省级面板数据，得出地方政府财政失衡是造成城镇房价持续上涨的重要原因。刘成奎和柯毓（2015）采用中国1998～2011年的省际面板数据，得出经济发达地区的纵向财政失衡与基础教育服务绩效水平之间存在显著的负相关关系。王华春等（2016）采用中国2001～2012年的省级面板数据，得出地方政府纵向财政失衡与土地财政收入之间存在显著的正相关关系。贾俊雪等（2016）采用中国2001～2007年的地级市面板数据，得出纵向财政失衡对土地出让金规模之间存在显著的正相关关系，即财权与事权错位影响了地方政府土地财政行为。储德银和邵娇（2018）采用中国2007～2015年的省级面板数据，得出财政纵向失衡与公共支出结构偏向之间存在显著的负相关关系，即财政纵向失衡程度的上升会导致地方政府公共支出结构偏向问题愈加严重。鉴于此，本章节尝试以财政失衡为切入点，探讨纵向财政失衡和横向财政失衡对全要素生产率的影响。以期获得有价值的结论，为加速实现新时代高质量经济发展目标建言献策。

8.2 结构性财政失衡与全要素生产率作用机制分析

8.2.1 纵向财政失衡与全要素生产率损失

在分权制的财政体系下，中央和各级地方政府在职能定位上存在差异，这就决定了中央和各级地方政府的最优支出责任安排和最优收入安排并不一致（赵为民和李光龙，2016）。中央政府在进行财政安排时较多考虑的是国家宏观经济目标，而地方政府在进行财政安排时则较多考虑的是区域经济发展和人们偏好，加之"权责下放，财源上提"的财政分权体制，使得中央政府具有相对较低的事权和相对高的财权，而地方政府则具有相对较高的事权和相对低的财权，这便产生了纵向失衡（孙开，1998）。

一方面，适度的纵向财政失衡会带来全要素生产率的提高。纵向财政失衡会带来一定的财政收支缺口，这对区域经济发展有一定的正向激励作用（Oates，1999）。这种激励作用主要表现在：一是纵向财政失衡的存在促使地区发展更加注重与地区偏好和禀赋的匹配，有利于财政效率的提高和财政风向标作用的发挥，刺激该地区私人部门的投资与消费，改善地区的产业结构，优化经济发展环境。二是纵向财政失衡导致的部分地方财政的税基有限或不足促使地方政府着眼于潜在税源，通过招商引资等方法扩大税基，实现地区经济的发展。三是中央政府可以通过转移支付弥补地方政府公共支出的资金缺口，实现地方政府公共服务的均等化，引导地方政府的财政投资方向，确保公共支出投向的民生性，最大限度地满足居民对地方公共产品和服务的需求，促进居民生活质量的提高。

另一方面，过度的纵向财政失衡会带来全要素生产率的损失。一是过度的纵向财政失衡不能实现公共资源配置的帕累托最优。过度的纵向财政失衡会促使地方政府的财政支出向税源丰富的生产性支出倾斜，即重投资而轻民生（储德银和邵娇，2018），不利于实现社会资源的有效配置和居民生活水平的提高。二是过度的纵向财政失衡会损害原有地方政府的财政自主权。过度的纵向财政失衡会使地方政府对中央转移支付产生高度依赖，甚至出现"跑部进钱""粘蝇纸效应"等问题，引发地方政府的道德风险和公共池问题（钟辉勇和陆铭，2015），进一步扩大财政赤字规模、扭曲公共支出结构、削弱地方政府的财政自主权，从而降低公共服务的有效性和区域经济的创新投入以及市场化水平（高琳，2012；杨晓章等，2017），因此不利于经济发展在质和量上的提高。三是过度的纵向财政失衡会通过扭曲地方政府行为而带来效率损失。鉴于中国区域间资源禀赋、环境条件、经济发展等存在差异性，导致地方政府间的财力也存在较大不同，地方政府在发展经济的内在冲动和外在竞争的压力下，会对地区的经济活动、信贷行为以及投资偏好进行干预，相应地会削弱厂商的生产积极性和消费者的购买热情，不利于社会生产规模的扩大。加之，中国自上而下的"标杆竞争"体制和"经济锦标赛"政绩考核体系，促使落后地区的政府为与发达地区政府的竞争更偏好于短期收益较高的项目，不利于长期经济发展目标的实现和产业结构的调整。

8.2.2 横向财政失衡与全要素生产率损失

横向财政失衡是同层级地方政府之间收入能力和支出需求存在的差异，是实行财政分权国家必然出现的情况（孙开和李万慧，2008；叶姗，2008）。各地区间由于存在绝对的要素禀赋差异，使得地区间的经济基础、人口规模、收入水平、产业结构等方面存在差异，进而造成了财源分布的不均衡和政府财政支出需求的不同，外加横向财政预算失衡现象的存在，进一步影响着区域的经济发展和全要素生产率的提高。

诚然，横向财政失衡是不可避免的。适当的横向财政失衡是有益的，它可以促使地方政府根据地区偏好提供差异化的公共产品和服务，激发地方政府的投资导向作用，引导私人部门的投资，鼓励并辅助企业进行技术研发和生产转型，改善生产要素在行业间的分配和使用，促进地区经济发展和全要素生产率的提高。而过度的横向财政失衡则会制约整个国民经济的发展，不利于社会的共同进步。一是可能造成地方政府间的恶性"标尺"竞争，如提高税率、扩大征税范围等，加重地区企业的负担，削弱企业的生产积极性，进而影响产业结构的优化升级。二是可能会降低公共产品和服务的质量，降低居民获得公共产品和服务的满意度，使居民获得公共产品和服务更加困难，不利于居民生活水平的提高。三是可能会加剧人口流动，降低人口流入地区的福利水平，不利于落后地区的经济发展和发达地区的经济结构优化。四是地方政府更加注重短期效益，忽视长期效益，将公共支出更多地投向收益较快的生产性建设，同时，政府为了保护本地利益，避免资本外流，可能会进行市场封锁，不利于资源的有效配置和区域的协调发展。五是为了保障政府利益，地方政府可能会更多地干预地区经济，如影响银行的信贷决策和政企不分等，甚至出现腐败等现象，不利于区域经济的发展和全要素生产率的提高。

综上可见，不论是纵向财政失衡还是横向财政失衡，适当的失衡均是有益的，而过度的失衡则会阻碍全要素生产率的提高。鉴于此，本章节以上述充分的作用机制分析为依托，将继续采用中国省级面板数据对财政失衡与全要素生产率之间的关系进行实证检验。

8.3 模型设定、变量选取与数据来源

8.3.1 模型设定

为全面考察财政失衡对我国全要素生产率的影响，并且全要素生产率自身的影响也是一个动态的调整过程，具有一定的递延效应。鉴于此，笔者在基本回归模型的基础上引入滞后项，建立如下动态面板回归模型：

$$TFP_{it} = \alpha + \delta TFP_{it-1} + \beta FI_{it} + \theta_1 Open_{it} + \theta_2 Indus + \theta_3 Economic$$
$$+ \theta_4 Labor + \theta_5 Urbanization + \varepsilon_{it} \tag{8.1}$$

其中，全要素生产率（TFP）为被解释变量；财政失衡（FI）为解释变量，由纵向财政失衡（VFI）和横向财政失衡（LFI）替代；对外开放程度（Open）、产业结构（Indus）、经济发展水平（Economic）、人力资本质量（Labor）和城镇化水平（Urbanization）为控制变量，ε_{it} 为随机误差项。

考虑到全要素生产率是由其技术效率和技术进步构成的，笔者在进行路径分析时，将模型进一步扩展为：

$$EFF_{it} = \alpha + \delta EFF_{it-1} + \beta FI_{it} + \theta_1 Open_{it} + \theta_2 Indus + \theta_3 Economic + \theta_4 Labor$$
$$+ \theta_5 Urbanization + \varepsilon_{it} \tag{8.2}$$

$$TECH_{it} = \alpha + \delta TECH_{it-1} + \beta FI_{it} + \theta_1 Open_{it} + \theta_2 Indus + \theta_3 Economic$$
$$+ \theta_4 Labor + \theta_5 Urbanization + \varepsilon_{it} \tag{8.3}$$

对于模型（8.1）～模型（8.3）的估计，不可回避地会存在内生性问题和短面板数据的局限性，同时鉴于模型中加入了被解释变量的滞后项，采用传统 FE、RE、OLS 等方法会产生偏误，故选择广义矩估计。阿雷亚诺和博弗（Arellano & Bover，1995）和布伦德尔和邦德（1998）认为与差分矩估计相比，系统矩估计对矩条件要求更为苛刻，故其估计出结果也更为准确。此时，水平方程的矩条件为：

$$\mathrm{E}\left[\varepsilon_{i,t}\Delta Z_{i,t-j}\right]=0 \quad j=1,2,\cdots;t=2000,\cdots,2016 \qquad (8.4)$$

系统矩估计方法必须要通过 Hansen 检验和 AR（2），这样才能保证估计结果的准确性。因此，本章节拟采用系统矩估计方法对设定的模型进行有效估计。

8.3.2 变量选取与说明

8.3.2.1 被解释变量

全要素生产率（TFP）：通过对相关文献的查阅，有关全要素生产率的测算主要集中采用包络数据分析法（DEA），故本章节也同样采用此方法对其进行测算。具体投入和产出指标参见林春（2016）的选择，具体说明如下：采用张军等（2004）计算思路，以 1952 年为基期，用永续盘存法计算得出的资本存量作为资本投入；采用各地区就业人口数作为劳动投入；采用各地区能源消费总量作为能源投入；采用各地区工业的废水排放总量、废气排放量和固体废弃物产生量作为环境投入；采用实际 GDP 作为产出，使用 GDP 平减指数折算名义 GDP 处理得到（基期为 1952 年）。其中，部分 2016 年工业废水缺失数据采用上一年工业废水排放总量×本年废水排放总量÷上一年废水排放总量计算得到，部分 2016 年工业废气缺失数据采用上一年工业废气排放量×本年二氧化硫、氮氧化物和烟粉尘之和÷上一年二氧化硫、氮氧化物和烟粉尘之和计算得到。

8.3.2.2 解释变量

（1）纵向财政失衡（VFI）：对于纵向财政失衡指标的衡量，学者们从不同的角度进行了诠释。较为常见的有：转移支付依赖（刘成奎和柯毓勰，2015；赵为民和李光龙，2016）、财政收支缺口（江庆，2006；贾俊雪等，2016）、财政不平衡系数（江庆，2007；储德银和邵娇，2018）。鉴于依赖转移支付和财政收支缺口的指标并不能很好地衡量财政收支分权的不匹配性，外加中国式财政纵向失衡的特殊体制诱因，在借鉴埃劳德和卢辛扬（Eyraud & Lusinyan，2013）、储德银和邵娇（2018）研究的基础上，笔者采用如下公式进行计算：

$$
\begin{aligned}
\mathrm{VFI} &= 1 - \frac{\text{收入分权}}{\text{支出分权}} \times (1 - \text{地方政府财政自给缺口}) \\
&= 1 - \frac{\mathrm{ID}}{\mathrm{ED}}(1 - \mathrm{FSG}) \qquad (8.5) \\
&= 1 - \frac{\mathrm{PFR}/(\mathrm{PFR}+\mathrm{CFR})}{\mathrm{PFE}/(\mathrm{PFE}+\mathrm{CFE})} \times \left(1 - \frac{\mathrm{FE}-\mathrm{FR}}{\mathrm{FE}}\right)
\end{aligned}
$$

其中，PFR、PFE 分别是人均本级地方公共预算收入与支出；CFR、CFE 分别是人均中央本级公共预算收入和支出；FR、FE 分别是地方政府公共预算收入与支出；ID、ED 分别是财政收入分权和支出分权；FSG 是地方政府财政自给缺口率。

（2）横向财政失衡（LFI）：是指同级地方政府间的财政收支水平的不匹配。学者们衡量不匹配程度的指标主要有：变异系数、泰尔指数以及基尼系数等。鉴于横向财政失衡主要是由于区域经济体制差异和财源分布不平衡造成的，采用变异系数可以消除测量尺度和量纲的影响，能较为客观地衡量数据的变异程度，因此，笔者参见李建军等（2011）的方法，采用变异系数指标来衡量横向财政失衡，具体公式如下：

$$\text{LFI}_j = \frac{\text{标准差}}{\text{均值}} = \frac{\sqrt{\sum (\text{PF}_i - \overline{\text{PF}})^2 / n}}{\overline{\text{PF}}} \tag{8.6}$$

其中，第 j 省的横向财政失衡 LFI 采用 j 省所包含的市级人均财政收入或人均财政支出计算得到，PF_i 表示第 i 市的人均财政预算收入或支出，$\overline{\text{PF}}$ 表示人均财政预算收入或支出的平均值，其数据来源于《中国城市统计年鉴》。北京市、天津市、上海市和青海省采用各市、省的区县人均财政收入或支出计算得到，数据来源于《北京区域统计年鉴》《天津统计年鉴》《上海统计年鉴》《青海统计年鉴》。

（3）控制变量。对外开放程度（Open）：贸易开放可以通过贸易技术溢出效应、"出口中学习"效应等途径影响本国的全要素生产率（齐绍洲和徐佳，2018），那么，对外开放程度的高低一定会对全要素生产率产生重要的影响。本章节拟采用各地区进出口总额（按当年汇率折算）与 GDP 的比值来衡量。

产业结构（Indus）：地区产业结构的变动对经济增长具有绝对贡献和相对贡献（黄亮雄等，2015），因此优化产业结构有利于区域内全要素生产率的提高（李强和高楠，2017）。由此可见，产业结构变动会对全要素生产率产生重要的影响。本章节拟采用各地区第三产业增加值与各地区第二产业增加值的比值来衡量。

经济发展水平（Economic）：经济发展不仅包括经济数量的增长，还包括经济结构的优化和经济质量的提升，是实现全要素生产率提高的必要条件。一个地区经济发展水平的高低，会直接影响着该地区的经济结构、资源配置、收入分配等方面，以此来对全要素生产率产生重要的影响。本章节拟采用各地人均可支配收入与全国人均可支配收入比值来衡量。

人力资本质量（Labor）：人力资本不仅是技术进步和 TFP 增长的重要决定因素，还具有"同化器"的作用，尤其是高级人力资本对区域经济增长作用是非常显著的（生延超和周玉姣，2018）。由此可见，人力资本质量的高低会对全要素生产率产生重要的影响。本章节拟采用平均受教育年限来衡量，计算公式为 $Labor = X_1 \times 6 + X_2 \times 9 + X_3 \times 12 + X_4 \times 16$，其中 X_1、X_2、X_3 和 X_4 分别为小学、初中、高中中专和大专以上教育程度居民占地区 6 岁及以上人口的比重。

城镇化水平（Urbanization）：城镇化可以通过要素集聚效应对经济发展产生良好的传导效果（蔺雪芹等，2013），进而会对全要素生产率产生重要的影响。本章节拟采用各地区城镇人口与各地区总人口的比值来衡量。

8.4 数据来源与描述性统计

本章节所使用的面板数据主要来源于《中国统计年鉴》、《中国财政年鉴》、《中国环境统计年鉴》、《中国能源统计年鉴》、《中国城市统计年鉴》、国家统计局网站以及各省（区、市）统计年鉴等。各变量的描述性统计见表 8 - 1。

表 8 - 1 变量的描述性统计

变量	观测值	平均值	标准差	最小值	最大值
TFP	464	0.9758	0.1035	0.3540	1.7670
EFF	464	0.9798	0.0690	0.7500	1.6520
TECH	464	0.9976	0.0955	0.3540	1.3430
VFI	464	0.7378	0.1744	0.1971	0.9546
LFI_shouru	460	0.8272	0.3679	0.0049	2.6440
LFI_zhichu	460	0.5161	0.3475	0.0617	2.4424
Open	464	0.3221	0.3963	0.0319	1.7215
Indus	464	0.9817	0.4885	0.4971	4.1653
Economic	464	1.0209	0.3300	0.6131	2.4218
Labor	464	8.5032	1.0251	6.0405	12.3038
Urbanization	464	0.4986	0.1495	0.2035	0.8960

8.5　实证分析

8.5.1　路径分析

8.5.1.1　纵向财政失衡

表 8 – 2 中的（1）~（3）分别是纵向财政失衡与全要素生产率及其技术效率和技术进步的回归结果。结果（1）和（2）的回归系数分别为 – 0.1167 和 – 0.2659，并分别在 5% 和 1% 的水平上显著，这说明纵向财政失衡的加剧会带来全要素生产率及其技术效率的损失。结果（3）的回归系数为 0.1632，并在 1% 的水平上显著，这说明纵向财政失衡的加剧会带来技术进步的提高。即纵向财政失衡程度的扩大，会阻碍全要素生产率提高及其技术效率改善，但会促进技术进步的提高。这可能是因为，在分权化的体制下，纵向财政失衡程度的扩大会进一步加大地方政府自有财力与支出需求之间的缺口，加之自上而下的"标杆竞争"体制和"经济锦标赛"政绩考核体系，会进一步扭曲地方政府的行为，干预地区经济发展，阻碍资源的有效配置，不利于全要素生产率和技术效率的提高；而财政收支缺口的扩张会促使地方政府着眼于地区企业的发展，通过招商引资、税收优惠以及政策扶持等方法吸引新企业、新技术和新方法的加入，进而有利于技术进步的提高。

表 8 – 2　　　　纵向财政失衡与全要素生产率的路径分析

项目	TFP	EFF	TECH
	（1）	（2）	（3）
被解释变量滞后一期	0.0282	0.4054	0.5634
	(0.84)	(10.16) ***	(65.19) ***
VFI	– 0.1167	– 0.2659	0.1632
	(– 2.00) **	(– 5.86) ***	(10.87) ***
Open	– 0.0023	– 0.0354	0.0119
	(– 0.21)	(– 4.49) ***	(2.53) **
Indus	0.0222	0.0102	0.0165
	(7.33) ***	(2.28) **	(7.20) ***

项目	TFP	EFF	TECH
	(1)	(2)	(3)
Economic	0.0555	0.0637	0.0208
	(9.12)***	(7.65)***	(5.83)***
Labor	0.0034	0.0183	0.0057
	(0.84)	(3.42)***	(2.49)**
Urbanization	0.2410	0.0345	0.2025
	(4.94)***	(0.74)	(8.45)***
C	0.9849	0.9814	0.2343
	(12.79)***	(11.19)***	(10.61)***
AR(1)	0.000	0.001	0.000
AR(2)	0.070	0.135	0.191
Hansen test	0.141	0.534	0.420

注：括号内为 z 统计量；**、***分别表示在5%、1%的水平上显著。

8.5.1.2 横向财政失衡

表8-3中的（4）～（6）分别是收入角度的横向财政失衡与全要素生产率及其技术效率和技术进步的回归结果。结果（4）～（6）的回归系数分别为 -0.0893、-0.0663 和 -0.0807，并均在1%的水平上显著，这说明收入角度的横向财政失衡加剧会带来全要素生产率、技术效率以及技术进步损失，即收入角度的横向财政失衡程度扩大，会阻碍全要素生产率及其技术效率和技术进步的提高。这可能是因为，横向财政失衡程度的扩大会扭曲地方政府间的横向税收竞争关系，导致地方政府实行恶性"标尺"竞争，如提高税率、扩大征税范围等，直接加重企业负担，影响税收公平，进而阻碍全要素生产率的提高。

表8-3中的（7）～（9）分别是支出角度的横向财政失衡与全要素生产率及其技术效率和技术进步的回归结果。结果（7）和（9）的回归系数分别为 -0.0987 和 -0.1054，并均在1%的水平上显著，这说明支出角度的横向财政失衡加剧会带来全要素生产率和技术进步损失。而结果（8）的回归系数为 0.0889，并在1%的水平上显著，这说明支出角度的横向财政失衡加剧会带来技术效率改善，即支出角度的横向财政失衡程度扩大，会阻碍全要素生产率及其技术进步的提高，但会促进技术效率改善。这可

能是因为，横向财政失衡程度的扩大会降低公共资源配置效率，促成地区保护和市场封锁的尴尬局面，进而造成地区企业甚至产业的同质化以及人民生活质量的下降，不利于技术进步和全要素生产率的提高；而失衡程度的加剧会促使地方政府将公共支出更多地投入到收益较快的生产性支出中，进而提高要素的投入产出效率，有利于技术效率的改善。

表8-3　　　　　　　　横向财政失衡与全要素生产率的路径分析

项目	TFP	EFF	TECH	TFP	EFF	TECH
	(4)	(5)	(6)	(7)	(8)	(9)
被解释变量滞后一期	0.1851 (14.08)***	0.0973 (2.85)***	0.4919 (25.86)***	0.0669 (2.21)**	0.2592 (5.44)***	0.3890 (20.72)***
LFI_shouru	-0.0893 (-8.19)***	-0.0663 (-6.55)***	-0.0807 (-11.87)***			
LFI_zhichu				-0.0987 (-6.90)***	0.0889 (5.67)***	-0.1054 (-13.49)***
Open	0.0455 (2.64)***	0.0435 (4.72)***	0.0032 (0.53)	0.0728 (5.32)***	-0.0198 (-1.80)*	0.0372 (6.84)***
Indus	0.0160 (3.32)***	0.0054 (0.90)	0.0117 (3.19)***	0.0093 (2.22)**	0.0208 (4.32)***	0.0038 (1.41)
Economic	0.0303 (5.15)***	0.0033 (0.35)	0.0031 (0.72)	0.0164 (2.60)***	0.0213 (2.86)***	0.0044 (1.03)
Labor	0.0295 (4.00)***	0.0325 (4.78)***	0.0231 (8.40)***	-0.0115 (-1.60)	0.0045 (0.73)	0.0137 (3.87)***
Urbanization	0.3041 (4.94)***	0.0921 (1.80)*	0.2171 (6.29)***	0.1920 (2.53)**	0.0157 (0.24)	0.1703 (4.66)***
C	0.9757 (17.06)***	1.1390 (20.36)***	0.6645 (36.18)***	0.9484 (22.10)***	0.6391 (11.17)***	0.6858 (49.20)***
AR (1)	0.000	0.002	0.000	0.000	0.001	0.000
AR (2)	0.249	0.250	0.147	0.174	0.154	0.056
Hansen test	0.501	0.462	0.422	0.548	0.650	0.431

注：括号内为 z 统计量；*、**、***分别表示在10%、5%、1%的水平上显著。

8.5.2 地区异质分析

8.5.2.1 纵向财政失衡

表8-4中的（1）~（3）分别是东部、中部和西部地区的纵向财政失衡与全要素生产率的回归结果。结果（1）~（3）的回归系数分别为-0.2865、-2.6572和-10.6931，并分别在10%、1%和5%的水平上显著，这说明东部、中部和西部地区的纵向财政失衡加剧会带来各地区的全要素生产率损失。从回归系数的绝对值来看，纵向财政失衡程度的加剧对西部地区全要素生产率的阻碍作用最大，其次是中部地区，最后是东部地区。这可能是因为，与发达地区相比，落后地区的税源狭小、财政状况拮据，但却需要承担着更多的基础建设支出，这就造成了落后地区会更加依赖中央转移支付，产生严重的"公共池问题"，不利于财政资源的合理分配。除了依赖中央转移支付外，落后地区的政府还会通过降低公共服务质量以及干预银行信贷决策等手段来扭曲地区发展，不利于社会生产规模的扩大和资源的有效配置，进而阻碍全要素生产率的提高。

表8-4　　　　纵向财政失衡与全要素生产率的地区异质分析

项目	东部地区	中部地区	西部地区
	（1）	（2）	（3）
被解释变量滞后一期	0.5460	0.3731	-0.0723
	(1.66) *	(0.69)	(-0.34)
VFI	-0.2865	-2.6572	-10.6931
	(-1.71) *	(-3.32) ***	(-2.36) **
Open	-0.0344	2.9998	-1.0601
	(-1.42)	(4.32) ***	(-1.86) *
Indus	0.0382	0.0713	-0.9682
	(2.86) ***	(0.38)	(-2.46) **
Economic	0.0429	-0.1428	1.0649
	(2.02) **	(-1.05)	(2.66) ***
Labor	0.0402	0.0921	0.1444
	(2.38) **	(1.72) *	(2.16) **
Urbanization	0.2060	-0.8712	-2.3955
	(1.21)	(-2.16) **	(-1.76) *

项目	东部地区	中部地区	西部地区
	（1）	（2）	（3）
C	0.8922	2.1541	14.2354
	（3.23）***	（1.89）*	（2.59）***
AR（1）	0.046	0.011	0.022
AR（2）	0.477	0.874	0.249
Hansen test	0.113	0.554	0.657

注：括号内为 z 统计量；*、**、*** 分别表示在 10%、5%、1% 的水平上显著。

8.5.2.2　横向财政失衡

表 8-5 中的（4）、（6）和（8）分别是收入角度下东、中和西部地区的横向财政失衡与全要素生产率的回归结果。结果（4）和（6）的回归系数分别为 -0.0886 和 -0.3426，并在 10% 和 1% 的水平上显著，这说明收入角度下东部、中部地区的横向财政失衡加剧会带来全要素生产率损失。而结果（8）的回归系数为 0.3420，并在 5% 的水平上显著，这说明收入角度下西部地区的横向财政失衡加剧会带来全要素生产率的提高。即收入角度的横向财政失衡程度扩大，会阻碍东部、中部地区全要素生产率的提高，但会促进西部地区全要素生产率的提高。这可能是因为，西部地区资源禀赋较为匮乏，经济较为落后，税源狭小，财政状况拮据，故很难通过地区间自发的财力转移来进行调节（孙开，1998），而这时中央转移支付在西部地区的作用就会被凸显，有效地促进该地区的公共服务均等化和统筹城乡发展，进而实现其经济发展和全要素生产率的提高。

表 8-5 中的（5）、（7）和（9）分别是支出角度下东部、中部和西部地区的横向财政失衡与全要素生产率的回归结果。结果（5）、（7）和（9）的回归系数分别为 -0.2073、-0.3329 和 -0.0810，并分别在 10%、1% 和 10% 的水平上显著，这说明支出角度下的地区横向财政失衡加剧会带来全要素生产率损失。从回归系数的绝对值来看，支出角度下横向财政失衡程度的加剧对中部地区全要素生产率的阻碍作用最大，其次是东部地区，最后是西部地区。这可能是因为，转移支付作为缓解横向财政失衡的重要手段，可能会导致"公共池问题"的发生，使一些政府为了获得更多的转移支付而进行财政不作为，甚至表现出"财政困难"的假象从而使需要转移支付的地区得不到相应的支持，而预期下期能获得转移支付的地区则会存在当期财政支出不负责的行为，进而对地区的经济发展和全要素生产率产生消极的影响。

表 8 - 5　　　　　　横向财政失衡与全要素生产率的地区异质分析

项目	东部地区		中部地区		西部地区	
	（4）	（5）	（6）	（7）	（8）	（9）
被解释变量滞后一期	0.4291	0.9874	1.3093	− 2.2692	− 0.0402	− 0.6873
	(2.44) **	(2.02) **	(3.40) ***	(− 1.75) *	(− 0.18)	(− 1.63)
LFI_shouru	− 0.0886		− 0.3426		0.3420	
	(− 1.79) *		(− 3.00) ***		(2.04) **	
LFI_zhichu		− 0.2073		− 0.3329		− 0.0810
		(− 1.88) *		(− 2.61) ***		(− 1.73) *
Open	0.0302	− 0.1172	− 5.0247	0.9594	0.7743	0.5204
	(1.36)	(− 1.45)	(− 2.08) **	(0.38)	(2.60) ***	(2.00) **
Indus	0.0353	0.1250	− 0.1071	− 0.6851	0.0404	− 0.0742
	(3.54) ***	(2.34) **	(− 1.4)	(− 2.48) **	(0.48)	(− 0.89)
Economic	− 0.0105	0.0806	0.0464	− 0.1072	0.0816	0.1719
	(− 0.67)	(1.68) *	(1.16)	(− 1.3)	(4.43) ***	(4.35) ***
Labor	0.0644	0.3569	0.2972	0.3228	0.0589	0.0590
	(3.34) ***	(1.89) *	(1.76) *	(3.00) ***	(0.95)	(1.80) *
Urbanization	0.4504	2.3867	2.1064	5.5561	− 0.0179	1.1890
	(3.58) ***	(1.90) *	(2.28) **	(2.62) ***	(− 0.03)	(2.01) **
C	0.9081	1.9615	2.1423	3.9807	0.1887	1.7927
	(4.84) ***	(2.25) **	(2.10) **	(2.97) ***	(0.46)	(3.79) ***
AR（1）	0.021	0.027	0.021	0.000	0.049	0.048
AR（2）	0.723	0.665	0.189	0.354	0.389	0.202
Hansen test	0.110	0.624	0.562	0.648	0.821	0.569

注：括号内为 z 统计量；＊、＊＊、＊＊＊分别表示在 10%、5%、1%的水平上显著。

8.6　稳健性检验

8.6.1　环境异质性分析

市场化进程的推进会影响地方财政竞争、财政预算周期以及财政政策周期等（高楠和梁平汉，2014；付敏杰，2014），进而影响到横、纵向的财政失衡。本章节借鉴希特等（He et al.，2017）的方法，以市场化指数为分组依据，分为高、中和低三个组别进行回归分析。表 8 - 6 中每列估计值显示的是横、纵向财政失衡与全要素生产率之间的关系。结果表明：不论市场化程度的高低，横向财政失衡都会带来全要素生产率的损失。而对于纵向财政失衡来说，市场化程度中高的地区会带来全要素生产率的损失，市场化程度低的地区会促进全要素生产率的提高。同韩剑和郑秋玲（2014）得出的观点保持了一致，政府干预会影响全要素生产率，即一个地区的政府干预越少，就有越多的财政资金投向基础设施建设和公共服务，财政失衡所带来的负面效果就会越小。

表8-6　　　　　　　　　财政失衡与全要素生产率环境异质性分析

项目	VFI		LFI_shouru		LFI_zhichu	
Lowest：TFP	0.3647	0.6104	−0.0634	−0.0806	−0.0794	−0.0510
	(1.83) *	(2.50) **	(−1.85) *	(−3.02) ***	(−2.58) **	(−2.27) **
Medium：TFP	−0.0825	−0.2198	−0.2149	−0.2676	−0.2892	−0.2588
	(−0.33)	(−2.57) ***	(−4.60) ***	(−13.32) ***	(−6.76) ***	(−13.82) ***
Higest：TFP	−0.1904	−0.0546	−0.1805	−0.0414	−0.1534	−0.0811
	(−1.57)	(−1.29)	(−5.05) ***	(−2.77) ***	(−5.31) ***	(−5.38) ***
模型选择	FE	GMM	FE	GMM	FE	GMM

注：括号内为 z 统计量；*、**、*** 分别表示在10%、5%、1%的水平上显著。

8.6.2　内生性检验

系统 GMM 虽然可以部分解决遗漏变量问题以及消除反向因果关系等内生性问题，但在实际模型的检验中有关变量遗漏和测量误差等问题的存在仍然是不可避免的。因此，笔者在本章节采用 2SLS 对模型进行内生性检验，借鉴缪小林等（2014）的研究，采用人均转移支付和人均财政供养人员分别作为财政纵向失衡和横向失衡的工具变量，具体结果如表8-7所示。结果表明：纵向财政失衡和横向财政失衡均会带来全要素生产率的损失，故与本书结果相吻合。

表8-7　　　　　　　财政失衡与全要素生产率的内生性检验

项目	TFP	TFP	TFP
VFI	−0.3207		
	(−2.03) **		
LFI_shouru		−0.1163	
		(−2.06) **	

项目	TFP	TFP	TFP
LFI_zhichu			−0.2848
			(−1.75)*
Open	0.0809	−0.0188	0.1868
	(2.39)**	(−0.77)	(1.80)*
Indus	0.0159	0.0234	−0.0094
	(1.34)	(1.93)*	(−0.42)
Economic	0.0274	−0.0406	0.0126
	(0.68)	(−1.69)*	(0.33)
Labor	0.0152	0.0438	−0.0348
	(1.57)	(2.02)**	(−1.27)
Urbanization	0.2838	0.1427	0.1538
	(3.47)***	(1.34)	(1.39)
C	0.3977	0.4601	1.2791
	(1.96)**	(2.53)**	(4.42)***
R-squared	0.1834	0.3176	0.3683
弱工具变量检验	69.7585	18.5595	13.8684

注：括号内为 z 统计量；*、**、*** 分别表示在 10%、5%、1% 的水平上显著。

8.7 小结

本章节选择中国 2000～2016 年 29 个省（区、市）的面板数据，采用动态面板模型，从纵向财政失衡和横向财政失衡两个方面检验财政失衡对全要素生产率的影响。结果发现：在路径分析中，财政失衡的加剧会带来全要素生产率损失，但纵向财政失衡的加剧会带来技术进步提高，而支出角度下横向财政失衡的加剧会带来技术效率改善；在地区差异分析中，财政失衡的加剧会带来地区全要素生产率损失，但收入角度下西部地区横向财政失衡的加剧会带来全要素生产率上升。此外，良好的制度环境因素能够降低财政失衡对全要素生产率的消极影响。

虽然财政失衡是分权化体制下的必然结果，但是我们必须要清醒地认识到，适度的失衡是有益的，而过度的失衡是有害的。因此，在未来的财税体制改革中，应从以下几点进行努力：一是中央应进一步科学划分地方政府的财权与事权，适当下放财权，使地方政府的财权事权逐渐匹配，合理控制并不断降低财政失衡的程度。同时，也应做到因地制宜，根据区域间差异，配套制定符合地区发展条件的财权和事权，不断缩小地方政府自有收入和支出责任间的缺口。二是将民生纳入地方政府的政绩考核指标，推进干部考核评价制度的改革，同时加强对地方政府官员的思想建设培训，从根本上转变唯经济论的服务作风，鼓励居民对地方政府进行监督，建立起财政资金分配的政府和居民共同监管体系，规范地方政府行为。三是加强地方政府对中央转移支付的申请监管，消除地方政府的道德风险，规范地方政府转移支付资金的分配，增加转移支付的透明度，确保财政资金的合理有效利用。四是进一步推进市场化进程，降低政府对经济的干预程度，促进人才的合理流动和要素的市场化配置，实现对社会资源配置效率的有效提升。

第9章　稳民间投资视角下结构性
财政政策偏向选择

9.1　引言

2016 年 2 月以来，民间固定资产投资与全社会固定资产投资的分化程度加剧，中国民间固定资产投资（以下简称"民间投资"）同比增速出现快速下降，2016 年 1～9 月全社会固定资产投资同比增长 8.2%，民间固定资产投资同比仅增长 2.5%；甚至在 2016 年 6 月和 7 月民间固定资产投资增速已经陷入负增长，同比分别下滑 0.01% 和 1.20%，这无疑成为最受市场关注的数据之一。至此，多措并举促进民间投资回稳向好的诉求不断上升。2016 年 5 月 4 日，李克强总理主持召开国务院常务会议，指出民间投资是稳增长、调结构、促就业的重要支撑力量，必须采取有力措施，推动相关政策落地，进一步放宽准入，打造公平营商环境，促进民间投资回稳向好。为进一步解决制约民间投资发展的重点难点问题，2016 年 10 月，国家发展和改革委员会印发了促进民间投资健康发展若干政策措施，从促进投资增长、改善金融服务、落实完善相关财税政策、降低企业成本、改进综合管理服务措施、制定修改相关法律法规六个方面提出了 26 条具体措施。为进一步激发民间有效投资活力，促进经济持续健康发展，2017 年 9 月国务院印发《关于进一步激发民间有效投资活力促进经济持续健康发展的指导意见》。由此可见，提振民间投资，促进民间投资呈现回暖势头，是中国特色社会主义进入新时代的新要求，是稳中求进背景下规避民间投资下滑风险的新命题。

财政政策作为宏观调控的重要手段，对我国历次经济波动起到有效的调节和熨平作用。财政部门通过具体实施以积极性财政政策为主的财政调控范式，使我国从物资贫乏时期迅速跃居世界第二大经济体。但在积极财政政策实行过程中，一方面，大规模的财政赤字政策会使居民、企业等微观主体的支出减少，产生挤出效应（crowding-out effects）；另一方面，通过扩大政府支出使国民收入和民间部门投资增加，即带来所谓的挤入效应（crowding-in effects）。回顾过往财政政策历程发现，我国已连续实施了9年的积极性财政政策。财政刺激政策实施以来，我国经济成功实现"软着陆"，经济增长依然持续位居主要经济体前列。尽管如此，学界和实务界对于大规模财政支出刺激政策的效果至今仍然褒贬不一，认为积极性财政政策在刺激经济增长的同时也带来了诸多问题。如政府支出会对私人投资产生融资竞争效应（Firedman，1978；刘伟和李连发，2013；等等），由此导致社会融资成本高企，当前许多民间企业持续面临融资难、融资贵以及生产成本高的问题，为此政府今后应尽量减少对积极性财政支出政策的使用。

至此，要从财政政策去寻求稳民间投资的突破，不可回避的问题是究竟财政支出对民间投资挤出还是挤入？我国是否应该继续实施积极性财政支出政策，新常态下财政支出结构应当如何优化以在有效防范风险的同时促进私人部门投资提升？已有理论和经验分析表明，仅关注总量政策难以对以上问题作出合理有效回答，还需进一步基于结构性视角深化讨论和比较各类支出工具对私人投资的影响及其传导机制。中央政府在2014年明确指出我国现已步入经济缓增长的"新常态"时期，并提出要转变经济发展方式。2017年12月18日至20日召开的中央经济工作会议明确指出，创新和完善宏观调控要以"推动中国经济由高速度增长向高质量发展转型"为基本要求，改善供给体系质量和效率，提高投资有效性；结构性政策要发挥更大作用，强化实体经济吸引力和竞争力，发挥好消费的基础性作用，促进有效投资特别是民间投资合理增长；积极的财政政策取向不变，调整优化财政支出结构，确保对重点领域和项目的支持力度。考虑到目前已有文献对财政政策与民间投资问题的研究着墨甚少，同时为丰富学界关于结构性财政政策调控效应的系统性探讨，本章节将基于包含家庭、厂商、政府三部门的新凯恩斯DSGE模型对政府投资、政府消费、政府转移支付三大结构性财政支出工具的民间投资问题展开深入研究。

9.2　文献回顾

财政支出政策对私人部门投资的影响一直以来都是宏观经济研究的热

点。国内外已有不少文献对二者之间的影响机制展开丰富讨论，但研究结论莫衷一是。为此，在本章节研究之前有必要就此展开系统论述，目前相关研究主要存在两类文献：其一是认为财政支出会对私人部门投资产生挤出效应；其二是财政支出增加会对私人部门产生正外部效应以致其投资增加。

不少研究表明，财政支出对私人部门投资支出存在"挤出效应"。根据传统宏观经济理论，扩大政府支出会导致 IS 曲线右移以致利率上升，引致企业融资成本增加，从而挤出私人投资。货币主义经济学大师费里德曼认为，"挤出效应"主要是指政府部门投资支出增加会导致利率上升以致私人部门投资需求下降从而使得社会均衡投资支出减少（Firedman，1978；魏向杰，2015；等等）。萨瑟兰（Sutherland，1997）通过理论分析发现，政府支出如何影响私人部门支出取决于政府债务融资规模是否适度，当政府融资过度时政府支出增加将对私人部门支出产生挤出效应。莎拉（2006）基于美国实际经济运行数据深入探讨了美国政府财政政策实践如何影响私人投资演变，研究发现增加联邦政府购买规模会抑制私人部门的投资支出。帅雯君和董秀良（2013）认为，在财政支出增速较快和经济过热、通货膨胀压力较大的阶段，财政支出会对民间投资产生挤出效应。扈文秀和孔婷婷（2014）基于我国 1998～2013 年的季度经济数据建立可变参数状态空间模型发现，政府大规模的扩张性财政政策和货币政策在长期会对民间投资产生明显的挤出效应，这种挤出效应的作用机制主要表现为政府扩张对信贷资源的挤占。

随着各国政府广泛运用财政支出扩张政策以此拉动经济增长，近年来也有部分学者认为财政支出扩张会对民间投资产生"挤入效应"，政府通过扩大基础设施建设、增加科教投入以及丰富和优化公共产品供给等支出会提高资本生产力（李明等，2016），从而促进私人部门投资。目前已有不少经验分析支持这一结论。佩雷拉（Pereira，1991）研究发现政府增加公共支出可以有效拉动私人部门投资增加。斯图姆和哈恩（Sturm & Haan，1995）运用美国和荷兰的数据进行格兰杰因果检验和向量自回归经验分析发现公共资本支出对产出有正向影响。安东尼奥和米格尔（Antonio & Miguel，2009）基于 17 个国家的年度样本数据实证检验了政府支出对私人投资影响的动态效应，发现政府支出对私人投资因国家不同挤入效应也不同，但总体上对私人投资具有挤入效应。吴洪鹏和刘璐（2007）基于中国月度样本数据实证分析发现公共投资增加对私人部门的投资主要表现为挤入效应，不存在导致民间投资减少的挤出效应机制。黄亭亭和杨伟（2010）基于新古典主义 RBC 模型分析发现当政府投资与民间投资存在某种程度的互补性时，政府投资能促进民间投资增加，并且政府投资对产出的刺激效果更好。唐东波（2015）基于中国省级面板数据实证研究发现中国基础设施投资对私人投资的影响主要表现为挤入效应，随着国内市场环境逐步改善和开放水平日益提高这一作用机制愈发显著。

此外，也有部分文献认为财政支出扩张对私人投资既未产生挤出效应也未产生刺激作用（Mcmillin & Smyth，1994；宋福铁，2004；等等）。综上所述，国内外有关政府支出对私人投资影响的分析不胜枚举，但研究结论众说纷纭。另外，大部分文献研究均基于传统宏观计量模型以及总量支出政策研究，鲜有文献基于结构性政府支出视角展开具体分析，而采用具有微观基础和垄断竞争特性的新凯恩斯 DSGE 模型进行动态模拟分析无疑更加屈指可数。由于不同种类的财政支出工具功能不同，其作用于实体经济的微观传导路径也存在显著差异。2017 年中央经济工作会议亦明确指出要优化财政支出结构和促进结构性政策发挥更大作用，目前基于总量支出视角的研究显然无法为新时代经济高质量发展提供极具针对性的结构化财政操作建议。近年来部分学者逐步开始关注新凯恩斯框架下结构性财政支出的宏观经济效应，武晓利和晁江锋（2014）基于三部门 DSGE 模型探究了财政支出结构对居民消费的影响及其传导机制；王国静和田国强（2014）通过构建三种特征的 NK-DSGE 模型的仿真模拟分析估算政府投资和政府消费对产出的乘数分别为 6.1130 和 0.7904；卞志村和杨源源（2016）系统研究了结构性财政调控的宏观经济效应与新常态下财政工具选择问题；吴伟平和刘乃全（2016）基于一般均衡理论框架考察了异质性公共支出对劳动力迁移的净影响机制。但不难发现，现有基于新凯恩斯框架探究结构性财政支出宏观效应的文献对私人投资问题的聚焦讨论着墨甚少。

建立在垄断竞争、名义价格粘性等基础上的新凯恩斯主义框架，既摆脱了传统凯恩斯主义缺乏微观基础和理性预期考量下静态分析方法的缺陷，同时也放松了新古典主义关于价格灵活弹性、市场完全竞争的严苛假设，通过在动态系统中考虑诸多现实摩擦、研究变量内生交互影响以贴切刻画现实经济周期（Gali，2015；卞志村和杨源源，2016；等等）。鉴于此，构建新凯恩斯宏观经济框架下的一般均衡模型分析我国财政支出对私人投资的影响机制和政策选择更具现实意义。为此，本章节在现有文献研究的基础上基于财政支出功能将其细分为政府投资、政府消费和转移支付支出三类，并采用较为前沿的贝叶斯方法对不同结构性财政支出的经济反应规则进行内生估计，据此构建一个比较系统的结构性财政支出效应研究的新凯恩斯主义框架以深入探讨财政支出结构对私人投资影响的动态机制。

9.3 新凯恩斯 DSGE 模型的构建

本章节探究结构性财政支出效应的一般均衡模型主要包括家庭、厂商和政府部门三类经济主体。家庭部门通过选择最优商品消费数量、劳动供给时长、投资品数量以及债券持有额以追求其预期效用贴现值最大化；厂商部门通过在要素市场选择劳动和资本以生产产品，并通过对产品调整定价以最大化其生产利润；政府部门根据产出和债务缺口波动情况调整政府支出和税收以促进宏观经济可持续演进。

9.3.1 需求侧：家庭部门经济决策

假设经济体存在连续统的家庭，并通过选择最优商品消费数量、劳动供给时长、投资品数量以及债券持有额以追求自身跨期效用最大化。代表性家庭目标效用函数满足消费、劳动效用可分特性：

$$E_t \sum_{s=0}^{\infty} \beta^s \left[\frac{1}{1-\sigma} \left(C_{t+s}(i) - h C_{t+s-1} \right)^{1-\sigma} - \chi \frac{L_{t+s}(i)^{1+\eta}}{1+\eta} \right] \qquad (9.1)$$

式（9.1）中，E_t 表示预期因子，$C_t(i)$、$L_t(i)$ 分别表示代表性家庭的商品消费数量和劳动供给时长；$\beta \in (0, 1)$ 为家庭部门主观贴现率，$\sigma \geq 0$ 为跨期消费相互替代弹性的倒数，$h \in [0, 1]$ 衡量代表性家庭的外部消费习惯程度，$\chi > 0$ 为家庭赋予劳动的负效用相对权重系数，$\eta \geq 0$ 为弗里希跨期劳动供给弹性的倒数。假定经济中代表性家庭面临如下预算约束：

$$C_t(i) + I_t(i) + \frac{B_t(i)}{P_t} + T_t(i) = \frac{W_t L_t(i)}{P_t} + \frac{R_t^K K_t(i)}{P_t} + \frac{R_{t-1} B_{t-1}(i)}{P_t} + TR_t(i)$$

$$(9.2)$$

式（9.2）表明代表性家庭消费、投资、债券购买、税收支出主要来源于工资、资本收益、债券本息、政府转移支付收入。其中，$I_t(i)$、$B_t(i)$、$T_t(i)$、$TR_t(i)$ 依次表示为代表性家庭的新增投资、一年期债券持有额、总量税征缴额以及来自政府的转移支付收入；R_t、P_t、W_t、R_t^K 分别为名义毛利率、商品价格、名义劳动工资水平以及投资收益率。此外，

资本 $K_t(i)$ 满足如下方程积累形式：$K_{t+1}(i) = (1-\delta_K)K_t(i) + I_t(i)$；其中，$\delta_K \in [0, 1]$ 为私人资本折旧率。

根据代表性家庭目标效用函数式（9.1）和预算约束平衡式（9.2），优化求解最优商品消费、最优劳动供给、最优资本投资的欧拉方程依次为：

$$\frac{(C_t - hC_{t-1})^{-\sigma}}{(C_{t+1} - hC_t)^{-\sigma}} = \frac{\beta R_t P_t}{P_{t+1}} \tag{9.3}$$

$$\frac{\chi L_t^{\eta}}{(C_t - hC_{t-1})^{-\sigma}} = \frac{W_t}{P_t} \tag{9.4}$$

$$R_t P_t = R_{t+1}^K + P_{t+1}(1 - \delta_K) \tag{9.5}$$

对上述欧拉方程依次对数线性近似可得：$0 = E_t[\hat{C}_{t+1} - h\hat{C}_t - \frac{(1-h)(\hat{R}_t - \hat{\pi}_{t+1})}{\sigma} - \hat{C}_t + h\hat{C}_{t-1}]$；$0 = \chi\hat{L}_t + \frac{\sigma(\hat{C}_t - h\hat{C}_{t-1})}{1-h} - \hat{W}_t + \hat{P}_t$；

$0 = E_t[\hat{R}_{t+1}^K - \frac{R_{ss}}{R_{ss} - 1 + \delta_k}\hat{R}_t - \frac{R_{ss}}{R_{ss} - 1 + \delta_k}\hat{P}_t + \frac{1-\delta_k}{R_{ss} - 1 + \delta_k}\hat{P}_{t+1}]$。其中，带"∧"上标的字母表示相应变量对稳态值的对数偏离，下文意思相同。

9.3.2 供给侧：企业部门经济决策

除通过扩大总需求刺激经济增长外，不少研究表明财政支出还会在供给侧通过对就业、投资和全要素生产率产生外部溢出效应以促进经济增长（王文甫和朱保华，2010；李明、冯强和王明喜，2016；等等）。参照杨源源（2017），本章节通过将政府资本引入传统柯布—道格拉斯生产函数以表征政府公共投资行为对厂商部门的外部性影响，据此修正后的企业生产函数满足如下形式：$Y_t(j) = A_t(K_t(j))^{\alpha}(L_t(j))^{1-\alpha}(GK_t)^{\alpha_{GK}}$。其中，$A_t$ 为企业全要素生产率并遵循一阶自回归演变过程：$\ln A_t = \rho_A \ln A_{t-1} + \varepsilon_t^a$，$(\varepsilon_t^a \sim N(0, 1))$；$GK_t$ 为政府资本并遵循私人资本相似的积累形式：$GK_{t+1} = (1 - \delta_{GK})GK_t + GI$，$GI$ 表示政府新增投资性支出，δ_{GK} 刻画政府资本折旧率；此外，α_{GK}、α 分别为政府资本和私人资本的产出弹性。

在上述生产函数设定下，企业通过选择劳动和资本要素以最小化其生产成本，也即：$\min W_t L_t(j) + R_t^K K_t(j)$。据此最小化原则可求得企业劳动要素需求函数、资本要素需求函数依次为：$L_t(j) = \frac{Y_t(j)}{A_t}\left(\frac{W_t}{R_t^k}\frac{\alpha}{1-\alpha}\right)^{-\alpha}$

$(GK_t)^{-\alpha_{GK}}$；$K_t(j) = \frac{Y_t(j)}{A_t}\left(\frac{W_t}{R_t^k}\frac{\alpha}{1-\alpha}\right)^{1-\alpha}(GK_t)^{-\alpha_{GK}}$。由此，可求得企业的

名义边际成本函数为：

$$MC_t = A_t^{-1} W_t^{1-\alpha} (R_t^K)^{\alpha} (GK_t)^{-\alpha GK} (1-\alpha)^{-(1-\alpha)} \alpha^{-\alpha} \qquad (9.6)$$

遵循国内外新凯恩斯 DSGE 建模的通用做法，本章节不失一般性引入价格粘性机制：假定每期有 φ 比例企业因信息获取不充分或存在菜单成本等因素不对其产品重新调整定价，其余 $(1-\varphi)$ 比例的企业可根据最优化原则调整其价格（Calvo，1983）。假定 P_t^* 表示所有在 t 期按最优化原则调整产品价格的企业的重新定价，则价格总水平演变方程形式即为：

$$P_t^{1-\theta} \equiv \int_0^{\varphi} P_{t-1}^{1-\theta} dj + \int_{\varphi}^1 (P_t^*)^{1-\theta} dj = \varphi P_{t-1}^{1-\theta} + (1-\varphi)(P_t^*)^{1-\theta} \qquad (9.7)$$

式（9.7）中，θ 为产品需求弹性。根据式（9.7），本章节尚需求解调价企业新定价格的表达式，调价企业的具体动态定价演变满足如下优化求解过程：

$$\max_{\tilde{P}_t^*} E_t \sum_{s=0}^{\infty} (\beta\varphi)^s \frac{\lambda_{t+s}}{\lambda_t} [P_{jt}^* Y_{t+s}(j) - MC_{t+s} Y_{t+s}(j)] \qquad (9.8)$$

其中，$Y_t(j) = (P_{jt}^*/P_t)^{-\theta} Y_t$。在此需求约束条件下对生产价格 P_{jt}^* 一阶求导即得调价企业最优定价的欧拉方程形式：

$$P_t^* = P_{jt}^* = \theta(\theta-1)^{-1}(E_t \sum_{s=0}^{\infty} (\beta\varphi)^s \lambda_{t+s} MC_{t+s} P_{t+s}^{\theta} Y_{t+s})/E_t \sum_{s=0}^{\infty} (\beta\varphi)^s \lambda_{t+s} P_{t+s}^{\theta} Y_{t+s}$$
$$\qquad (9.9)$$

对式（9.9）线性近似处理可得最优定价方程线性形式：$\hat{P}_t^* = \varphi\beta E(\hat{P}_{t+1}^*) + (1-\varphi\beta)\hat{MC}_t$。

9.3.3 政府部门的决策问题

9.3.3.1　财政部门

本章节将财政支出按其功能性分为政府投资、政府消费、政府转移支付三类支出，据以分析财政支出结构对私人投资影响的动态机制和路径。政府通过发行新增债券和对私人部门征收总量税为支出融资，亦即政府支出遵循如下约束：

$$GC_t + GI_t + TR_t + \frac{R_{t-1}B_{t-1}}{P_t} = \frac{B_t}{P_t} + T_t \qquad (9.10)$$

参照王国静和田国强（2014），本章节财政操作规则内生化，即政府根据当期产出缺口波动和上期债务缺口变化情况调整各类财政支出和税收，以此平抑经济波动并促进财政可持续演进。据此假定，财政政策操作规则满足如下形式：

$$\hat{GI}_t = -\psi_{GI}\hat{Y}_t - \phi_{GI}\hat{B}_{t-1} + \hat{u}_t^{GI},\ \hat{u}_t^{GI} = \rho_{GI}\hat{u}_{t-1}^{GI} + \nu_t^{GI} \tag{9.11}$$

$$\hat{GC}_t = -\psi_{GC}\hat{Y}_t - \phi_{GC}\hat{B}_{t-1} + \hat{u}_t^{GC},\ \hat{u}_t^{GC} = \rho_{GC}\hat{u}_{t-1}^{GC} + \nu_t^{GC} \tag{9.12}$$

$$\hat{TR}_t = -\psi_{TR}\hat{Y}_t - \phi_{TR}\hat{B}_{t-1} + \hat{u}_t^{TR},\ \hat{u}_t^{TR} = \rho_{TR}\hat{u}_{t-1}^{TR} + \nu_t^{TR} \tag{9.13}$$

$$\hat{T}_t = \psi_T\hat{Y}_t + \phi_T\hat{B}_{t-1} + \hat{u}_t^T,\ \hat{u}_t^T = \rho_T\hat{u}_{t-1}^T - \nu_t^T \tag{9.14}$$

其中，参数 $\psi_{GI} \geq 0$、$\phi_{GI} \geq 0$ 依次表示政府投资性支出对产出和债务缺口的反应弹性，$\hat{u}_t^{GI}$ 表示政府投资性支出外生冲击，ρ_{GI}、ν_t^{GI} 分别为外生政府投资冲击一阶自回归过程的平滑参数和随机扰动项；参数 $\psi_{GC} \geq 0$、$\phi_{GC} \geq 0$ 依次表示政府消费性支出对产出和债务缺口变化的反应弹性，$\hat{u}_t^{GC}$ 表示政府消费性支出外生冲击，ρ_{GC}、ν_t^{GC} 分别为外生政府消费冲击一阶自回归过程的平滑参数和随机扰动项；参数 $\psi_{TR} \geq 0$、$\phi_{TR} \geq 0$ 依次表示政府转移支付支出对产出和债务缺口变化的反应弹性，$\hat{u}_t^{TR}$ 表示政府转移支付外生冲击，ρ_{TR}、ν_t^{TR} 分别为外生转移支付冲击一阶自回归过程的平滑参数和随机扰动项；参数 $\psi_T \geq 0$ 表示政府总量税对产出缺口变化的调整系数，$\varphi_T \geq 0$ 表示政府总量税对债务缺口变化的调整系数，$\hat{u}_t^T$ 表示政府税收政策外生冲击，ρ_T、ν_t^T 分别为外生税收冲击一阶自回归过程的平滑参数和随机扰动项。

9.3.3.2 货币部门

国内外文献一般采用泰勒规则刻画央行货币政策操作，为使本章节更好聚焦结构性财政支出效应的研究，本章节假定央行利率调整完全遵循外生相机决定形式，也即：$\hat{r}_t = \rho_m\hat{r}_{t-1} + \nu_t^m$，$r_t$ 表示名义利率，ρ_m 刻画名义利率平滑系数，扰动项 ν_t^m 服从均值为 0、标准差为 1 的相互独立正态分布。

9.3.4 资源约束条件

在要素和产品市场均衡中，经济体的资源约束可由如下等式刻画：$K_t = \int_0^1 K_t(j)\,dj, L_t = \int_0^1 L_t(j)\,dj, Y_t = C_t + I_t + GC_t + GI_t$。

9.4 结构性财政支出政策动态模拟分析

9.4.1 参数设定

在对模型进行动态仿真模拟前，须先设定模型中的相关参数，本章节主要采用参数校准和贝叶斯估计两种参数设定方法。对于模型中的结构性参数，本章节主要参照有关中国现实经济分析的文献校准；对于模型中经济变量稳态值，本章节主要根据中国实际经济数据进行校准；对于重点分析的结构性财政支出操作规则以及相关的税收调整规则参数，本章节基于中国现实经济数据采用较为前沿的贝叶斯估计方法予以估计。

9.4.1.1 参数校准

本章节校准依据主要来自有关中国经验分析的研究文献以及实际经济运行数据。家庭部门结构性参数校准。对于家庭部门主观贴现率，取 $\beta = 0.9615$。参照黄志刚（2011），取家庭部门外部消费习惯程度参数 $h = 0.7$。对于家庭跨期消费替代弹性的倒数，参照张伟等（2014）取 $\sigma = 2$。对于劳动供给弹性的倒数以及私人资本折旧率，我们根据卞志村和杨源源（2016）的取值令 $\eta = 1.5$、$\delta_K = 0.12$。此外，方文全（2012）采用年度数据估计发现中国名义资本回报率在 $12.1\% \sim 20\%$ 徘徊，本章节对其估计结果均值处理取名义资本回报率稳态值为 $R_{ss}^K = 0.16$。

企业部门结构性参数校准。对于资本产出弹性，国内文献一般认为在 0.55 左右（王国静和田国强，2014；中国人民银行营业管理部课题组，2017；等等），本章节根据模型均衡取 $\alpha = 0.585$；对于政府资本的产出弹性，王国静和田国强（2014）的贝叶斯后验估计结果为 0.0594，本章节据此取 $\alpha_{GK} = 0.06$。对于企业部门价格调整的粘性程度参数 φ，张（Zhang，2009）和王君斌（2010）基于现实数据估计分别取值 0.84 和 0.5，本章节参考二者估计结果折中取 $\varphi = 0.67$。关于政府资本折旧率，不少文献令其与私人资本折旧率相等，而武晓利和晁江锋（2014）认为政府资本主要体现为铁路、水电等基础设施建设，此类资本的折旧率显然相对较低，本章节参照该文考虑这一现实差异性取 $\delta_{GK} = 0.05$。对于全要素生产率一阶自回归参数，本章节取 $\rho_A = 0.7$。

基于 $1980 \sim 2016$ 年中国宏观经济运行数据并充分考虑模型均衡，本章节对动态经济系统中出现的宏观变量稳态值进行校准。对于经济系统中私人消费占产出比、私人投资占产出比的稳态值，本章节分别取 $\kappa_C =$ $C_{ss}/Y_{ss} = 0.385$、$\kappa_I = I_{ss}/Y_{ss} = 0.428$；对于政府税收收入占产出比、债务余额占产出比的稳态值，依次取 $\kappa_T = T_{ss}/Y_{ss} = 0.213$、$\kappa_B = B_{ss}/Y_{ss} = 0.141$；对于政府投资占产出比、政府消费占产出比、政府转移支付占产出比的稳态值，本章节依次取 $\kappa_{GI} = GI_{ss}/Y_{ss} = 0.128$、$\kappa_{GC} = GC_{ss}/Y_{ss} = 0.059$、$\kappa_{TR} = TR_{ss}/Y_{ss} = 0.020$。对于货币部门利率平滑参数，本章节与多数文献一样取 $\rho_m = 0.7$。对于价格总指数稳态值，本章节不失一般性取 $P_{ss} = 1$。

9.4.1.2 结构性财政政策参数估计

对于本章节分析较为关键的结构性财政支出操作规则以及相关的税收调整规则参数，则参照中国现实经济数据采用被学界广泛认可的贝叶斯方法进行估计。贝叶斯估计主要步骤为：首先参照现有文献对模型参数先验分布进行设定，然后采用马尔科夫蒙特卡罗模拟方法进行 Metropolis-Hastings 随机抽样（累计抽样 10000 次，损失前 5000 次以剔除初试值影响），最后得到后验概率密度分布。本章节选取年度层面的财政投资、财政消费、转移支付、总量税收入、产出、债务余额等作为贝叶斯参数估计的主要观测变量，观测变量数据主要来源于中经网数据库以及历年《中国财政年鉴》，选取的观测变量样本区间为 1980~2016 年。参照卞志村和杨源源（2016）以及利珀等（Leeper et al., 2010）的研究，对待估参数的具体先验分布均值、类型以及标准差进行设定。此外，在模拟抽样前我们对用于参数估计的观测变量先进行 HP 滤波处理。贝叶斯抽样下的 B-G 收敛性检验结果表明，组内方差趋于稳定值，组间方差趋于零，也即基于再抽样技术得到的后验分布收敛。具体的模型参数先验分布设定和贝叶斯后验估计均值和置信区间如表 9-1 所示。

表 9-1　　　　　　　　参数先验分布和后验估计结果

参数	先验分布	先验均值	标准差	后验均值	置信区间
ψ_{GI}	Gamma	0.4	0.2	0.4374	[0.1425, 0.7558]
ψ_{GC}	Gamma	0.6	0.2	0.6064	[0.3220, 0.9297]
ψ_{TR}	Gamma	0.4	0.2	0.3966	[0.1010, 0.6941]
ϕ_{GI}	Gamma	0.3	0.2	0.1438	[0.0073, 0.2676]
ϕ_{GC}	Gamma	0.4	0.2	0.3147	[0.0773, 0.5524]
ϕ_{TR}	Gamma	1.8	0.2	1.6982	[1.4317, 2.0146]

参数	先验分布	先验均值	标准差	后验均值	置信区间
ρ_{GI}	Beta	0.7	0.2	0.6671	[0.3723, 0.9665]
ρ_{GC}	Beta	0.7	0.2	0.7037	[0.4467, 0.9623]
ρ_{TR}	Beta	0.7	0.2	0.8365	[0.7111, 0.9946]
ψ_T	Gamma	0.6	0.2	0.6334	[0.3976, 0.8684]
ϕ_T	Gamma	0.4	0.2	0.2216	[0.0667, 0.3824]
ρ_T	Beta	0.7	0.2	0.7202	[0.4594, 0.9969]

9.4.2 结构性财政支出冲击动态模拟分析

基于以上参数设定，本章节对结构性财政支出政策效应研究的宏观经济模型进行动态模拟分析，据此探讨政府投资性支出、政府消费性支出、政府转移支付支出等不同类型政府支出冲击对产出、通货膨胀等主要变量的脉冲响应，并解释不同偏向型的财政支出冲击对私人部门投资的效应及其作用机制。图9－1详细刻画主要经济变量对政府投资偏向型、政府消费偏向型、转移支付偏向型支出冲击（设定各结构性财政支出冲击的标准差均为1）的脉冲效应。

9.4.2.1 结构性支出政策对主要宏观经济变量的影响分析

图9－1（a）和（b）依次显示了三类结构性财政支出冲击对价格和产出的经济效应。可以发现，不同财政支出冲击对价格水平1～5期存在正向影响，6期之后趋向于零。关于财政支出对物价水平的影响，利珀（1991）便已基于动态均衡模型展开系统研究并提出物价水平决定的财政理论，认为财政政策在物价水平决定时起着重要作用。其作用机制在于：当政府实行大规模扩张政策时需要依赖发行债务进行融资，由此导致债务不断积聚，为维持财政预算约束平衡和财政可持续演进，物价水平往往会上升以致实际债务余额降低。崔惠民等（2014）实证检验了这一理论，发现在当前政府融资体制安排下我国通货膨胀很大程度上是一种财政现象。脉冲响应结果亦表明，各类结构性财政支出冲击对债务和价格水平的影响趋势大体一致，但影响程度均存在差异性：短期政府投资性支出的债务积聚效应最大，且容易引发通货膨胀；政府消费性支出对债务和通货膨胀存在一定程度的影响；政府转移支付对债务积聚和通货膨胀的影响不明显。另外，我们可以发现不同财政支出冲击对产出的影响基本均为正，但影响

程度存在差异：政府投资对产出的拉动作用最明显，政府消费的产出劳动作用相对较低，政府转移支付拉动效果则弱于政府消费。

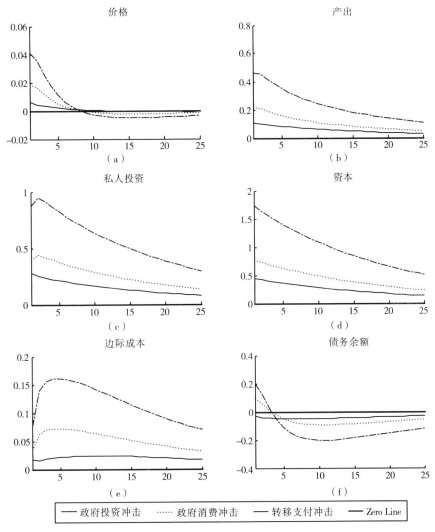

图 9 - 1　政府结构性支出冲击对主要经济变量的脉冲效应

9.4.2.2　结构性支出政策影响民间投资的传导机制分析

改革开放以来特别是我国社会主义市场经济体制逐步推行以后，在扩张性财政支出刺激政策的带动下社会投资经历了一个蓬勃的发展历程，我国民间资本迅速积累。究竟财政支出对私人投资挤出还是挤入？中国民间资本"挤入之谜"又该如何解释？目前学界和实务界对此讨论尚未达成一致性。为此，本章节通过将不同结构的财政支出变量以及内生反应规则引入价格粘性、垄断竞争的新凯恩斯动态随机一般均衡模型，重新审视财政支出与民间投资之间的互动机理。

观察图9-1可发现，政府支出对民间投资的影响基本为正，且主要变现为政府投资性支出挤入私人投资。其影响机理如图9-2所示：（1）政府投资性支出一方面产生总需求效应，产出增加通过投资加速数效应引致投资增加；另一方面政府投资性支出具有供给侧生产正外部性（表现为基础设施建设、科教研发、资源勘探等对民间投资的正外部挤入），从而导致民间投资增加，产出增加。（2）政府消费性支出则通过乘数效应引致产出增加，产出增加通过投资加速数效应引致投资增加。（3）转移支付则通过挤入消费引致产出增长，从而挤入民间投资。此外，本章节脉冲效应结果也发现了政府支出会通过影响债务产生融资竞争效应引致企业边际成本先增加后降低，在此作用下政府支出对民间投资的挤入效应逐期递减。

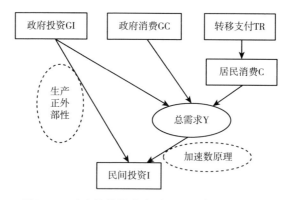

图9-2　政府结构性支出对民间投资的挤入机制

9.4.2.3　不同结构性支出政策对民间投资影响的效果比较

为深入探究政府支出对私人投资的影响，本章节根据动态模拟结果计算了不同周期下政府消费性支出冲击、政府投资性支出冲击、转移支付冲击对私人投资、债务的响应乘数，借此通过量化比较审慎分析政府支出的影响效果。

表9-2列出了各类结构性财政支出冲击响应乘数，可以发现各类政府支出无论是在短期还是长期均挤入私人投资，但政府投资性支出对私人投资的挤入乘数最大。短期政府投资性支出和消费性支出会造成债务积累，且政府投资性支出积累乘数高于消费性支出；长期则由于对产出的挤入导致税基扩大，税收收入增加引致债务水平降低，政府投资性支出降低效果最为明显；转移支付无论是在短期还是长期均可有效降低债务，且在中短期降低效果高于政府消费。此外，本章节还计算了各类结构性政府支

出冲击对产出的影响乘数，发现无论是短期还是长期三类结构政府支出正向冲击均挤入产出，且政府投资性支出挤入乘数最大、消费性支出次之、转移支付挤入效果最小。

表9-2　　　　　　　　各类结构性财政支出冲击响应乘数

经济变量	周期数	结构性政府支出冲击		
		投资性支出	消费性支出	转移支付
私人投资（$\frac{\Delta I}{I}$）	1-5	4.1121	1.8786	1.1182
	1-10	6.8054	3.0959	1.8172
	1-15	8.5237	3.8698	2.2625
	1-20	9.6219	4.3638	2.5466
	1-25	10.3232	4.6792	2.7279
债务（$\frac{\Delta B}{B}$）	1-5	0.1854	0.0927	-0.19185
	1-10	-0.5096	-0.2178	-0.3736
	1-15	-1.1266	-0.4948	-0.5118
	1-20	-1.5551	-0.6874	-0.6091
	1-25	-1.8355	-0.8134	-0.6750
产出（$\frac{\Delta Y}{Y}$）	1-5	1.9262	0.8819	0.4403
	1-10	2.9968	1.3667	0.7092
	1-15	3.6349	1.6543	0.8766
	1-20	4.0324	1.8331	0.9816
	1-25	4.2841	1.9463	1.0478

由此，在经济低迷、通货紧缩时期，政府应采用以投资性支出为主的扩张政策以有效拉动投资，从而扩大总需求；而在滞胀时期，政府应尽量减少投资性支出和消费性支出的扩张，采用以政府转移支付为主的政策，加大转移支付力度，充分发挥财政政策对经济周期的自动稳定功能；在经济繁荣时期，则应避免采取扩张性财政政策以有效防范债务和通货膨胀风险。综合比较各类财政支出冲击的宏观效应也可发现政府消费性支出对经济的挤入效应远低于投资性支出，且引致的债务和通货膨胀风险也高于转移支付。为此，本章节认为我国现阶段应合理控制"三公"消费支出，建立全面规范透明、标准科学、约束有力的预算管理制度，以最大限度提升财政资源配置效率。

9.5　小结

　　本章节构建了一个涵盖代表性居民、厂商、财政部门和货币部门四类经济主体的新凯恩斯 DSGE 模型，将财政支出细分为投资性支出、消费性支出、转移支付三类支出，综合考虑各类财政工具内生反应规则，并利用贝叶斯估计方法，系统分析了不同结构性财政支出工具对私人投资的影响及其传导机制。通过将政府投资性支出引入企业部门，将转移支付引入居民部门，将不同结构的财政支出内生规则引入财政决策部门，本章节发现不同结构的政府支出工具对民间投资的挤入机制呈现非一致性：投资性支出主要通过生产正外部性和总需求对投资的加速数效应导致民间投资增加；消费性支出主要通过拉动总需求进而产生对投资的加速数效应挤入民间投资；转移支付则通过挤入居民消费以拉动总需求从而引致民间投资增加。综合全书研究，主要得到以下几点结论与建议：

　　（1）增加政府投资性支出对民间投资、资本和产出基本表现为挤入效应，且在政府支出结构中挤入效应最为明显，但短期会造成债务积聚和通货膨胀风险，长期由于对挤入产出引致税基扩大从而可有效降低债务水平。因此，在当前同时面临经济增速逐步放缓和通货紧缩风险的"新常态"时期，我国政府应继续采用以投资性支出为主的积极性财政政策，以在拉动总需求的同时通过供给侧生产正外部性促进社会投资和创新创业，有效引领新常态经济发展。

　　（2）增加政府消费性支出对主要宏观经济变量的影响表现为挤入，但挤入效应远低于投资性支出；短期会引致债务和通货膨胀风险，且造成的风险也高于转移支付。为此，我国现阶段应适度缩减政府消费性支出，减少非必要的劳务支出、合理控制"三公"消费、精简机构或建立综合型政府部门等以提高政府服务效率、防范债务和通货膨胀风险。

　　（3）增加政府转移支付支出对民间投资、资本和产出基本表现为挤入效应，且无论是短期还是长期均不会引致债务积聚风险也不易导致通货膨胀发生。综合而言，尽管转移支付对宏观经济的挤入程度相对偏低，但其所带来的社会福利损失最小。由此，财政部门应进一步优化政府转移支付制度，使其有效发挥经济自动稳定器功能，以促进宏观经济行稳致远。

　　（4）比较不同结构性财政支出的模拟冲击结果，本章节发现不同财政工具的经济效应存在差异性，政府在进行宏观财政调控时应根据经济周期特征审慎选择恰当的财政工具，避免政策实施的盲目性：在经济低迷、通货紧缩时期，政府应采用以投资性支出为主的扩张政策以有效拉动投资和总需求；而在滞胀时期，政府应尽量减少投资性支出和消费性支出的扩张，采用以政府转移支付为主的政策，加大转移支付力度，充分发挥财政政策对经济周期的自动稳定功能；在经济繁荣时期，则应避免采取扩张性财政政策以有效防范债务和通货膨胀风险，降低经济波动。

第10章 税制结构变迁与中国经济增长质量：
直接税与间接税的结构性视角

10.1 引言

深化税收制度改革和健全地方税体系是党的十九大作出的一项重要战略部署，这一部署的出台加速了我国税制改革的推进步伐。税收政策作为国家财政制度改革的重要组成部分，既可以被当作相机抉择的政策工具，又可以被看作宏观经济调节的内在稳定器。诚然，税制改革对新时代背景下国家实施有效的治国方略更是不言而喻的。随着新常态下经济环境的复杂多变，受到预算平衡规则约束的财政政策功能正在逐步削弱，间接地回应了当前有效发挥财税制度的自动稳定功能的重要性。对此，优化现行的税制结构来发挥对实体经济的内在稳定器作用是非常具有战略意义和现实意义的。

10.2 文献回顾与评述

税收作为国家财政收入的主要形式和宏观经济调控的重要杠杆，与当下社会经济的发展息息相关。马克思曾讲到"赋税是政府机器的经济基础且不是其他任何东西"和"国家存在的经济体现就是捐税"。恩格斯也曾讲到"维持公共权力必须要求公民缴纳费用—捐税"。[1] 经典的"拉弗曲线理论"也指出了高税率因削弱经济的主体活力而不一定会给经济带来有效增长的结论，阿克拉姆（Akram，2009）认为该结论在短期内是成立

---

[1] 马克思恩格斯全集［M］. 北京：人民出版社，2006.

的，而在长期内是不受影响的。高伯和彭斯（Gober & Burns，1997）的研究发现，一国的税收结构与其国民生产总值（GDP）、储蓄和投资是密切相关的，该结论既适用于本国，也适用于其他国家。对此，专家和学者们也展开了相关的讨论。从美国50个州数据的角度，阿德基森和穆罕默德（Adkisson & Mohammed，2014）得出的结论是税收中性收入对人均国民生产总值增长具有重要的影响。从单个国家数据的角度，安杰洛普洛斯等（Angelopoulos，2012）通过对英国的研究发现，想要通过税率来促进经济增长，就必须增加资本税和消费税而减少劳务税；基齐托（Kizito，2014）通过对尼日利亚的研究发现，税收制度对该国经济增长的影响并不显著，从其税收结构组成部分来看，关税对经济增长的影响要远大于企业所得税、增值税和石油利润税；卡恩和艾米（Khan & Amin，2016）通过对巴基斯坦的研究发现，该国的税收与GDP之间并没有形成显著的促进关系，两者之间需要进一步整合。从欧盟成员国数据的角度，斯托伊洛娃（Stoilova，2016）研究发现，在选择性消费税的税收结构中，向个人收入和财产征税能够较好地促进经济增长。从经济合作组织（以下简称"经合组织"）成员方数据的角度，阿诺德（Arnold，2008）研究发现，房产税、消费税和个人所得税对人均GDP产生正面效应，而企业所得税却对其产生负面效应；布姜和哈基姆（Bujang & Hakim，2013）研究发现，在高收入的经合组织成员中，税收收入与GDP和总储蓄之间存在长期的协整关系；塞维克和吴（Cevik & Oh，2013）研究发现，所有类型的消费税都与经济的高增长率是正相关的。由此可见，合理的税制结构安排对一国的经济发展是至关重要的。

与国外相比，国内的研究也是颇为丰富的。因为我国目前的税制结构较为单一、税收功能受限以及税收征管中寻租行为等方面的问题依然存在（李华和樊丽明，2014；欧纯智，2017），显然，实施有减有增的结构性税制调整对扩大内需和刺激经济增长是非常有必要的。对此，高培勇（2015）认为当下如何有效的发挥税制结构对经济增长的内在稳定器作用是非常值得深入探讨的议题。税收结构与经济增长方面，黄冠豪和聂鹏（2014）研究发现，税制结构对GDP增长率在一定程度上是有促进作用的。王琦（2006）研究发现，增值税和营业税与经济增长之间存在长期的协调关系，这点在汪柱旺（2011）研究中也得到了进一步的肯定，并且汪柱旺（2011）还发现企业所得税、个人所得税及消费税与经济增长负相关。而在个人所得税与经济增长方面，郭婧（2013）、刘海庆和高凌红（2011）却与其得出了相反的结论，显然它们之间的关系有待于进一步的考证。税制结构与居民再分配需求方面，李春根和徐建斌（2015）研究发现，税制结构对居民的再分配需求是具有显著促进作用的，并且城市的间接税比例与居民的再分配需求呈正比关系。税制结构与产业结构调整方面，储德银和纪凡（2017）研究发现，商品税与所得税对促进产业结构的优化升级是非常有利的，并且所得税促进效果更为显著。税制结构与政府规模方面，刘明勋和冯海波（2016）研究发现，以间接税为主的税制结构能够更好地促进地方政府规模的扩张，来满足其自身利益的最大化诉求。税制结构与消费外溢方面，刘胜和冯海波（2016）研究发现，税制结构对一国的消费外溢是有具重要影响的，间接税在税收比重中占比越高，消费外溢发生的可能性越大。由此不难得出，实施合理的税制结构调整对当前经济增长质量的提升是极为关键的。

综上所述，税制结构安排在经济发展中扮演着重要的角色，尤其在经济增长方面，专家和学者们都给予了一致的肯定。有效的经济增长是应该具有"数量"和"质量"双重内涵的。针对现有的相关研究，仅以 GDP 的增速来衡量经济增长问题是不够科学和准确的，新常态下我国经济的下降也着实印证了这一点，即没有质量的经济增长是不可持续的，显然，如何破解提升经济增长质量的议题是迫在眉睫的。而财税体制改革是我国经济高质量发展的重要抓手，故深入剖析税制结构变迁对我国当前经济增长质量的影响是非常必要的。鉴于此，本章节选择我国 29 个省（区、市）2000～2015 年的面板数据，采用动态面板模型和门槛效应模型来进行深入的挖掘税制结构变迁对我国经济增长质量的影响，并以期通过获得有价值的结论，为我国加速实现经济高质量发展目标建言献策。

10.3 税制结构对中国经济增长质量作用的机制分析

从理论上讲，税收作为一国宏观经济调控的重要政策工具，其结构安排的合理性与该国的经济增长质量是密不可分的。一方面，税收政策通过设置税种、税目、税率和征税范围来引导和刺激主体经济发展，增加地区经济活力，促进税收政策服务实体经济的协调性，实现社会资源的高效配置；另一方面，由税类、税种、税制要素和征收管理组合而成的税制结构，通过在地区和行业间形成的税负分配格局来引导需求和供给决策，促进产业结构不断升级，实现经济结构优化，增加社会福利水平，以此来提高居民的生活质量。综上可得，合理的税制结构安排对一国经济增长质量的提升是极为关键的。鉴于此，本章节从理论层面来系统地诠释直接税和间接税对中国经济增长质量的作用机制。

10.3.1　直接税对经济增长质量的作用机制分析

直接税是以个人或企业的所得、劳动报酬和利润为征税对象，其税负是不能被转嫁的，主要包括企业所得税、个人所得税和财产税等。并通过对企业和个人财富的分配来间接影响着该国的经济增长质量。就个人所得税来讲，一方面，征收个人所得税会减少消费者的可支配剩余，降低其实际购买力，消费者为了维持既定的效用水平，就会对所需商品组合进行重新的选择，以谋求现有约束条件下的效用最大化，导致原有消费需求和结构发生了变动，促进了厂商供给结构的有效调整，实现产业优化升级和资源配置效率改善；另一方面，累进税率设计的个人所得税会增加高收入群体的税收负担，促成中等收入群体的形成，在一定程度上缓解了收入分配不均问题。就企业所得税来讲，一方面，企业所得税的征收会减少企业的财富累积和实际经济效益，促使以利益最大化为目标的企业积极寻求提高利润的发展战略和投资方向，刺激企业提高产品质量、降低生产成本和增强自主创新能力，以此来实现自身竞争力的提升。与此同时，竞争的加剧也会促使一些低端生产者退出该行业或者转变其生产方式，形成了一个地区间、产业间和行业间的有效联动链条，提高了市场信号的传递能力，增强了交易环境的公平性，促进产业结构的调整和资源的高效配置，实现经济结构优化和社会公平改善。另一方面，企业所得税的征收也会间接削弱职工的劳动报酬和福利待遇，改善以往"高储蓄"的惯性居民偏好，增加全社会的投资效率，提升实体经济的发展能力。由此可见，直接税的征收是有助于我国经济增长质量提高的。

10.3.2　间接税对经济增长质量的作用机制分析

间接税是以流通中的商品和劳务为征税对象，其税负是能够转嫁的，主要包括增值税、营业税、消费税和关税等。并通过资源配置、资本形成和劳动就业来间接影响该国的经济增长质量。就政府来讲，间接税征税对象普遍且税源丰富，是财政收入的重要保障，为地方经济发展和市场建设提供了充足的财力支持，成为经济增长质量提高不可或缺的前提条件。就消费者来讲，间接税的税负最终由消费者来承担，在收入既定的情况下，征税会使消费者的实际可支配能力下降，促使原有的消费决策和投资理念被迫发生改变，短期内的经济增长可能会受其抑制，但长期内仍然表现出积极的效果。与此同时，间接税的征收也会改变其商品的相对价格，由替代效应导致商品价格的上涨，在收入既定的条件下，消费者为了获得更大的效用水平，会改变其原有的消费偏好，倾向于购买低税或不征税的商品，进而促进企业生产决策的有效调整，实现社会资源配置能力的提高。就生产者来讲，征收间接税的影响效果要比直接税更大，它可以通过改变商品的相对价格来影响其产量和成交量，进而促使理性的生产者重新规划最优要素投入组合，增强了企业资源的二次配置能力，在提高了效率的同时也实现了成本的降低，并促进企业生产方式由粗放型向集约型转变，通过升级产业发展模式来优化经济结构，以此来推进地区经济的高质量发展。就出口来讲，以商品征税为主的出口退税政策，不仅提高本国产品的国际竞争力，而且还扩大国外市场对本国产品的需求量，有效地优化了对外贸易结构和资源配置能力，为地区经济发展提供持续动力的输出，以此来促进经济增长质量的提高。

10.4　税制结构对中国经济增长质量的动态面板模型实证分析

10.4.1　模型构建及估计方法

本章节通过巴罗（Barro，1990）等人的研究方法，将生产函数构建如下：

$$Y_{it} = A_{it} \times F(L_{it}, K_{it}) \tag{10.1}$$

假定 A 是一个多元组合，受到税制结构以及其他因素的影响，即 $A = CV^{\varpi} \times TAX^{\alpha}$。

由式（10.1）得：

$$A_{it} = Y_{it}/F(L_{it}, K_{it}) = TFP_{it} = CV_{it}^{\varpi} \times TAX_{it}^{\alpha} \tag{10.2}$$

其中，Y 为地区生产总值，A 为经济全要素生产率，即代表经济增长质量，L 为劳动投入，K 为资本投入，TAX 为税制结构，CV 为影响经济增长质量的其他因素。

考虑到经济增长质量还要受到对外开放程度（Open）、产业结构（Indus）、市场化程度（Market）、人力资本质量（Labor）以及城镇化水平

（Urban）等因素的影响，故笔者将以上因素作为控制变量，则式（10.2）进一步修改为：

$$TFP_{it} = Open_{it}^a Indus_{it}^b Market_{it}^c Labor_{it}^d Urban_{it}^e \times TAX_{it}^\alpha \qquad (10.3)$$

对式（10.3）取对数可得：

$$lnTFP_{it} = \alpha lnTAX_{it} + alnOpen_{it} + blnIndus_{it} + clnMarket_{it} + dlnLabor_{it}$$
$$+ elnUrban_{it} + \varepsilon_{it} \qquad (10.4)$$

考虑到被解释变量滞后期对当期的影响以及内生性问题，在式（10.4）的基础上，加入被解释变量的滞后一期作为解释变量。综上，本章节将最终动态面板模型确定如下：

$$lnTFP_{it} = \beta_0 + \beta_1 lnTFP_{it-1} + \alpha lnTAX_{it} + alnOpen_{it} + blnIndus_{it} + clnMarket_{it}$$
$$+ dlnLabor_{it} + elnUrban_{it} + \varepsilon_{it} \qquad (10.5)$$

针对式（10.5）动态模型估计存在的内生性和短面板数据限制等问题，显然对于采用传统 FE、RE、OLS、2OLS 和 IV 等估计方法都会产生一定的偏差，此时的广义矩估计成了最佳选择。广义矩估计又分为差分矩估计和系统矩估计，布伦德尔和邦德（1998）认为系统矩估计对矩条件要求更为苛刻，故其估计出的结果也更为准确。鉴于此，本章拟采用系统矩估计方法对式（10.5）动态模型进行有效估计。

10.4.2　变量选择与数据说明

10.4.2.1　被解释变量

全要素生产率（TFP）被认为"十三五"规划下判断经济增长质量和增长潜力的最重要标准，并成为新时代下政府经济工作的重要考核指标之一。国际权威机构（世界银行、经合组织）和相关学者（吴敬琏，2015；蔡昉，2017）也都给出全要素生产率作为衡量地区经济增长质量的合理性解释。综上，本章节拟采用 DEA-Malmquist 指数法对全要素生产率进行相关测算。具体从资本、劳动、能源和环境四个方面选择投入指标：资本投入借鉴张军等（2004）计算资本存量的方法计算得到；劳动投入采用各地区就业人数；能源投入采用各地区能源消费总量；环境投入采用各地区工业"三废"排放量。产出变量采用 GDP 平减指数折算的实际 GDP。具体测算及指标选择详细说明参见林春（2017）。

10.4.2.2　解释变量

有关税制结构指标的衡量，专家和学者们有着不同的见解。其中，储德银和纪凡（2017）等从商品税和所得税角度衡量税制结构，即分别用商品税和所得税收入除以税收总收入；李永海和孙群力（2016）等从税收来源角度衡量税制结构，即用增值税、营业税、消费税、企业所得税和个人所得税分别除以税收总收入；刘胜和冯海波（2016）等从直接税和间接税的角度衡量税制结构，即分别用直接税和间接税除以财政收入或者税收总收入；余红艳和沈坤荣（2016）采用直接税与间接税之比来衡量税制结构。鉴于上述税制结构衡量的差异性以及数据的可获得性和准确性，笔者从直接税和间接税的角度衡量税制结构，即分别采用直接税和间接税占税收总收入的比重来衡量。考虑到数据来源的可获得性以及税收收入的主要来源，笔者采用企业所得税和个人所得税之和来衡量直接税收入，采用增值税、营业税和消费税之和来衡量间接税收入。具体指标定义如下：税制结构指标一（Dtax）=（企业所得税 + 个人所得税）/税收总收入；税制结构指标二（Itax）=（增值税 + 营业税 + 消费税）/税收总收入。

10.4.2.3　控制变量

对外开放程度（Open）：本章节采用各地区进出口总额（按当年汇率折算）与 GDP 的比值来衡量；产业结构（Indus）：本章节采用各地区第三产业增加值与各地区第二产业增加值的比率来衡量；市场化程度（Market）：本章节采用王小鲁等（2016）测算的市场化指数来衡量，缺失部分年份数据基于已有市场化指数得分数据，运用外插值回归方法补齐；人力资本质量（Labor）：本章节采用平均受教育年限来衡量，其计算公式为 Labor = Primary × 6 + Middle × 9 + High × 12 + Junior × 16，其中 Primary、Middle、High 和 Junior 分别为小学、初中、高中中专和大专以上教育程度居民占地区 6 岁及以上人口的比重；城镇化水平（Urban）：本章节采用各地区城镇人口与各地区总人口的比率来衡量。

10.4.2.4　数据来源及描述性统计

本章节所采用中国 2000～2015 年 29 个省（市、区）（考虑到重庆市和西藏自治区部分数据缺失，故将其两者剔除掉）的面板数据均来源于《中国统计年鉴》、《中国财政年鉴》、《中国环境统计年鉴》、国家统计局网站以及各省（区、市）统计年鉴等。鉴于面板数据的时间维度小于截面维度，因此可以直接使用面板数据进行建模。据此，先将所有变量进行取对数处理，然后展开对本章节构建模型的有效估计。变量的描述性统计见表 10 – 1。

表 10 - 1   变量的描述性统计

变量	符号	观测值	平均值	标准差	最小值	最大值
经济增长质量	lnTFP	435	- 0.0403	0.3615	- 1.4271	1.4775
税制结构指标一	lnDtax	435	- 1.5846	0.4313	- 2.3390	5.2722
税制结构指标二	lnItax	435	- 0.4342	0.3649	- 1.1927	6.5000
对外开放程度	lnOpen	435	- 1.6767	1.0130	- 3.3321	0.5432
产业结构	lnIndus	435	- 0.1095	0.3354	- 0.6991	1.3951
市场化程度	lnMarket	435	1.4133	0.5313	- 0.1436	2.3462
人力资本质量	lnLabor	435	2.1277	0.1180	1.7985	2.4916
城镇化水平	lnUrban	435	- 0.7508	0.2939	- 1.6094	- 0.1054

10.4.3 实证结果分析

本章节采用系统 GMM 方法对其设定动态面板模型进行估计, 具体结果见表 10 - 2 和表 10 - 3。

表 10 - 2   全国及东部地区的估计结果

项目	全国		东部地区	
	方程 (1)	方程 (2)	方程 (3)	方程 (4)
lnTFP (-1)	0.0306	0.0306	0.0779	0.1706
	(38.46) ***	(37.31) ***	(4.28) ***	(11.12) ***
lnDtax	0.0251		0.0521	
	(9.96) ***		(3.24) ***	
lnItax		0.0073		0.0112
		(10.16) ***		(3.16) ***
lnOpen	0.1098	0.1097	0.4195	0.3263
	(8.32) ***	(8.51) ***	(2.46) **	(2.29) **
lnIndus	0.0234	0.0264	- 0.4766	- 0.3686
	(1.76) *	(2.00) **	(- 2.04) **	(- 2.09) **
lnMarket	- 0.0192	- 0.0189	- 0.0382	- 0.0273
	(- 7.32) ***	(- 7.10) ***	(- 2.55) **	(- 2.64) **

项目	全国		东部地区	
	方程（1）	方程（2）	方程（3）	方程（4）
lnLabor	0.0414 (4.19)***	0.0419 (4.24)***	0.8800 (2.14)**	0.6790 (2.09)**
lnUrban	− 0.6744 (− 5.85)***	− 0.6742 (− 5.84)***	− 4.1306 (− 2.14)**	− 3.2268 (− 1.98)**
C	1.0156 (26.29)***	1.0082 (26.06)***	− 4.1230 (− 1.73)*	− 3.0484 (− 1.65)
AR（1）	0.017	0.017	0.001	0.039
AR（2）	0.091	0.092	0.584	0.559
Hansen test	0.234	0.234	0.694	0.606

注：***、**、* 分别表示在1%、5%、10%的水平上显著；括号内为 Z 统计概率值。

表 10 − 3　　　　　　　　中部及西部地区的估计结果

项目	中部地区		西部地区	
	方程（5）	方程（6）	方程（7）	方程（8）
lnTFP（−1）	0.7211 (2.17)**	0.5972 (2.91)***	0.0916 (1.79)*	0.6549 (2.87)***
lnDtax	26.4344 (2.61)***		− 14.9119 (− 4.01)***	
lnItax		− 15.3288 (− 2.76)***		5.5242 (2.84)***
lnOpen	− 16.5925 (− 2.32)**	8.8027 (1.76)*	− 2.4344 (− 2.89)***	− 0.4573 (− 0.27)
lnIndus	1.3124 (1.97)**	0.4511 (1.22)	0.4458 (1.31)	1.4741 (3.11)***
lnMarket	− 0.1982 (− 2.41)**	− 0.2897 (− 3.14)***	0.1306 (3.60)***	0.0523 (1.75)*
lnLabor	− 0.9427 (− 1.94)*	0.2601 (1.49)	0.4458 (4.14)***	0.4826 (1.61)

项目	中部地区		西部地区	
	方程（5）	方程（6）	方程（7）	方程（8）
lnUrban	8.7918	-7.4814	-2.6919	-0.5333
	(1.72) *	(-2.45) **	(-2.24) **	(-0.20)
C	0.6247	11.4707	0.8253	-8.2243
	(0.24)	(2.90) ***	(1.63)	(-2.56) ***
AR (1)	0.003	0.010	0.025	0.024
AR (2)	0.534	0.861	0.064	0.485
Hansen test	0.145	0.165	0.602	0.601

注：***、**、* 分别表示在1%、5%、10%的水平上显著；括号内为Z统计概率值。

10.4.3.1 全国层面的估计结果

从表10-2可知，全国上一期的经济增长质量对当期的经济增长质量具有显著的促进作用。在控制了其他变量以后，方程（1）的税制结构（直接税）系数为0.0251，并在1%显著水平上，说明直接税对经济增长质量具有显著的正向促进作用，直接税比重的增加会促进经济增长质量的提高，这与李绍荣和耿莹等（2005）得出所得税比重增加会促进经济增长的结论不谋而合。控制变量：对外开放程度、产业结构和人力资本质量对经济增长质量具有显著的正向促进作用，而市场化程度和城镇化水平却对其产生了显著的抑制作用；方程（2）税制结构（间接税）系数为0.0073，并在1%的显著水平上，说明间接税对经济增长质量具有显著的正向促进作用，同刘海庆和高凌红（2011）得出流转税有利于经济增长的结论保持了高度的一致性。控制变量：对外开放程度、产业结构和人力资本质量对经济增长质量具有显著的正向促进作用，而市场化程度和城镇化水平却对其产生了显著的抑制作用。综上可见，不管是直接税还是间接税对经济增长质量均存在显著的促进作用，说明了税制结构对经济增长质量的积极作用是毋庸置疑的。近年来，我国政府积极深化税制结构改革，制定并实施了一系列税收政策。例如，2016年"营改增"政策的实施，减轻了企业的税负，促进了社会公平竞争，刺激了企业生产的积极性，改善了资源配置效率，以此实现了经济增长质量的提升。随着我国经济结构转型的有效推进，产业结构和贸易结构的不协调现象在一定程度上得到了缓解，人才强国战略也取得了积极的成效，这些都为经济增长质量提升奠定了良好的根基。同时，市场化和城镇化所反映出的抑制效果，也间接流露出市场经济体制所造成企业间恶性竞争的严重性以及由高速城镇化所带来各种"城市病"的严峻性。

10.4.3.2　地区层面的估计结果

（1）东部地区估计结果。从表 10 - 2 可知，东部地区上一期的经济增长质量对当期的经济增长质量具有显著的促进作用。在控制了其他变量以后，方程（3）的税制结构（直接税）系数为 0.0521，并在 1% 的显著水平上，说明东部地区的直接税对经济增长质量具有显著的正向促进作用。直接税比重的增加体现了该地区社会公平度的提高，对缓解财富分配不均以及贫富差距过大等问题具有积极的作用，间接促进产业、消费、投资等结构的合理化回归，使经济的内生性增长需求得到满足。控制变量：对外开放程度和人力资本质量对经济增长质量具有显著的正向促进作用，而产业结构、市场化程度和城镇化水平却对其产生了显著的抑制作用；方程（4）税制结构（间接税）系数为 0.0112，并在 1% 的显著水平上，说明东部地区的间接税对经济增长质量具有显著的正向促进作用。间接税比重的增加激发了该地区经济增长的新动能，实现了地区资源配置结构的进一步优化，促进了该地区经济总量和效率的提升。控制变量：对外开放程度和人力资本质量对经济增长质量具有显著的正向促进作用，而产业结构、市场化程度和城镇化水平却对其产生了显著的抑制作用。可见，东部地区税制结构对经济增长质量的作用效果与全国基本上保持了一致。东部地区作为我国最活跃的经济带，税制改革及税收政策调整进行的相对较早，税制结构在引导投资和促进收支公平方面发挥了极大的能动性作用，为该地区的经济增长不断的输送动力源。此外，该地区开放程度较高，贸易往来频繁，人才资源丰富，这些都为经济的高质量发展提供了可靠的支持和保障。

（2）中部地区估计结果。从表 10 - 3 可知，中部地区上一期的经济增长质量对当期的经济增长质量具有显著的促进作用。在控制了其他变量以后，方程（5）的税制结构（直接税）系数为 26.4344，并在 1% 的显著水平上，说明中部地区的直接税对经济增长质量具有显著的正向促进作用，直接税比重的增加会促进经济增长质量的提高。控制变量：产业结构和城镇化水平对经济增长质量具有显著的正向促进作用，而对外开放程度、市场化程度和人力资本质量却对其产生了显著的抑制作用；方程（6）税制结构（间接税）系数为 - 15.3288，并在 1% 的显著水平上，说明中部地区的间接税对经济增长质量具有显著的反向抑制作用。长期以来，我国以间接税为主体的税制结构加剧了投资、消费结构的扭曲，这种影响对以工业生产为核心的中部地区来说更为突出，导致了该地区经济发展活力不足，经济增长质量提高不上去。因此，要想扭转其尴尬局面，就必须积极采取财产税和所得税的改革，促进区域资源配置结构的优化，实现经济效率和质量的提高。控制变量：对外开放程度对经济增长质量具有显著的正向促进作用，而市场化程度和城镇化水平却对其产生了显著的抑制作用，产业结构和人力资本质量对经济增长质量的影响不显著。由此可见，直接税和间接税对中部地区经济增长质量的作用存在差异性。

（3）西部地区估计结果。从表 10-3 可知，西部地区上一期的经济增长质量对当期的经济增长质量具有显著的促进作用。在控制了其他变量以后，方程（7）的税制结构（直接税）系数为-14.9119，并在 1% 的显著水平上，说明西部地区的直接税对经济增长质量具有显著的反向抑制作用，直接税比重的增加会抑制西部地区经济增长质量的提高。控制变量：市场化程度和人力资本质量对经济增长质量具有显著的正向促进作用，而对外开放程度和城镇化水平却对其产生了显著的抑制作用，产业结构对经济增长质量影响不显著；方程（8）税制结构（间接税）系数为 5.5242，并在 1% 的显著水平上，说明西部地区的间接税对经济增长质量具有显著的正向促进作用，间接税比重的增加会促进西部地区经济增长质量的提高。控制变量：产业结构和市场化程度对经济增长质量具有显著的正向促进作用，而对外开放程度、人力资本质量和城镇化水平却对其影响不显著。综上可见，直接税和间接税对西部地区经济增长质量的作用是存在差异性的。西部地区作为国家重点扶持的欠发达地区，其人均可支配收入偏低，企业投资回报率也普遍不高，直接税的征收会降低个人的可支配收入和企业净利润，影响个人的消费和储蓄倾向以及企业投资意愿，在一定程度上抑制了私人的有效投资，阻碍了资源配置的高效性，进而对经济增长产生了消极的作用；而间接税的征收则有利于政府财力的提高，便于生产性和非生产性支出的规模的扩大，在经济导向不是很强的西部地区，必须通过政府主导投资来完成对经济活力的刺激，激发经济发展新势能，以此来实现该地区经济效益和经济增长质量的提高。

10.5 税制结构对中国经济增长质量的
门槛效应模型实证分析

10.5.1 模型设定

本书对动态面板估计结果表明，税制结构对中国经济增长质量的影响是复杂多变的，既存在促进作用，又存在抑制作用，即两者存在非线性关系。目前，针对非线性关系的检验一般是采用引入平方项或者分组进行回归分析，但这两种方法会存在自相关和主观性的问题，进而导致估计结果出现偏差。而门槛效应模型依据自身的特点进行分组检验，以"内生分组"代替了"外生分组"的武断性，能够更为准确地揭示不同"组别"中自变量与因变量之间的变化关系。同时，门槛效应模型也可以解释自变量发生结构性突变时对因变量的影响，并能够很好地解释变量之间的动态联系。因此，笔者采用门槛效应模型进一步探讨税制结构对中国经济增长质量的影响。其模型研究方法这里主要借鉴王（Wang, 2015），由于具体门槛数不知，先将模型设定为单一门槛模型，模型设定如下：

$$\ln TFP_{it} = a_{01} + a_{11}\ln TAX_{it}(q_i \leq r) + a_{12}\ln TAX_{it}(q_i > r) + \sum_{n=1}^{5} a_{1n}\ln CV_{it}$$
$$+ \gamma_t + n_i + \varepsilon_{it} \tag{10.6}$$

其中，q_i 为门槛变量，r 为未知门槛值。本章节这里选择经济发展水平作为门槛变量，采用各地区人均可支配收入与全国人均可支配收入比值来衡量。

10.5.2 门槛回归结果分析

10.5.2.1 门槛效应的检验

为了保证门槛估计的精度，分析税制结构对中国经济增长质量的门槛特征，本章节依次检验模型的门槛数，具体数值如表 10 - 4 所示。结果表明，以经济发展水平为门槛变量的条件下，直接税对中国经济增长质量的单一门槛、双重门槛和三重门槛的 P 值分别为 0.0267、0.2167 和 0.6900，其单一门槛非常显著；间接税对中国经济增长质量的单一门槛、双重门槛和三重门槛的 P 值分别为 0.0333、0.3833 和 0.9200，其单一门槛非常显著。

表 10 - 4　　　　　　　　　　门槛效果检验

项目		直接税（Dtax）			间接税（Itax）		
		单一门槛	双重门槛	三重门槛	单一门槛	双重门槛	三重门槛
F 统计量		14.44 **	7.90	4.38	10.55 **	5.90	4.79
P 值		0.0267	0.2167	0.6900	0.0333	0.3833	0.9200
临界值	10%	11.0257	10.0127	11.4464	8.9766	9.0467	13.1218
	5%	12.7866	10.9584	14.4460	9.7377	10.4514	15.2851
	1%	16.2143	13.2693	18.9851	12.1742	14.7126	19.2161

注：** 表示在 5% 的水平上显著，P 值为采用 Bootstrap 方法反复抽样 300 次得到的结果。

直接税和间接税对经济增长质量的门槛估计值和相应的95%置信区间如表10-5所示。

表 10-5 门槛估计结果

项目	直接税（Dtax）		间接税（Itax）	
	估计值	95%置信区间	估计值	95%置信区间
r_1	0.9415	[0.9288, 0.9424]	0.9497	[0.9388, 0.9652]

10.5.2.2 门槛回归结果

从表10-6可以看出，直接税对中国经济增长质量的影响通过了单一门槛模型检验。在不同的经济发展阶段，直接税对中国经济增长质量的作用是有所差异的。在经济发展水平较低时，直接税对中国经济增长质量存在反向抑制作用，并在1%的显著水平上，即直接税每增加1%，会使中国经济增长质量降低0.1767个百分点；在经济发展水平较高时，直接税对中国经济增长质量的作用转为促进，但并不显著。这可能是因为，在经济发展水平较低的阶段，居民和企业等纳税人的收入有限，直接税征收的增加会降低纳税人的可支配收入，挤占投资和消费空间，进而影响居民的生活水平和企业的生存发展，对经济增长质量产生了消极的影响；而在经济发展水平较高的阶段，居民和企业等纳税人的收入充沛，直接税征收的增加能够有效地解决收入分配差距问题，有利于促进社会公平，故对经济增长质量产生了积极的促进作用。

表 10-6 直接税对经济增长质量门槛效应模型参数估计结果

变量	系数	标准误差	T 值	P 值	95%的置信区间	
lnOpen	-0.0617	0.0848	-0.7300	0.4670	-0.2286	0.1051
lnIndus	0.3060	0.1388	2.2100	0.0280 **	0.0330	0.5790
lnMarket	-0.3152	0.1253	-2.5200	0.0120 **	-0.5617	-0.0687
lnLabor	-0.4842	0.6805	-0.7100	0.4770	-1.8231	0.8547
lnUrban	0.5870	0.4233	1.3900	0.1660	-0.2458	1.4199
C	1.8985	1.6492	1.1500	0.2510	-1.3464	5.1435
Dtax × I_lEconomic	-0.1767	0.0596	-2.9600	0.0030 ***	-0.2939	-0.0595
Dtax × I_hEconomic	0.0396	0.0514	0.7700	0.4420	-0.1407	0.0615

注：Dtax × I_lEconomic、Dtax × I_hEconomic 表示低、高两个阶段经济发展水平下的直接税对经济增长质量的参数估计值，低、高两个阶段依据表10-5中的估计值划分得到；** 和 *** 分别表示在5%和1%的水平上显著。

从表 10-7 可以看出，间接税对中国经济增长质量的影响通过了单一门槛模型检验。在不同的经济发展阶段，间接税对中国经济增长质量均表现为促进作用。在经济发展水平较低时，间接税对中国经济增长质量作用在 1% 的水平上显著，间接税每提高 1%，会使中国经济增长质量提高 0.7997 个百分点；在经济发展水平较高时，间接税对中国经济增长质量的促进作用减弱且不显著。这可能是因为，在经济发展水平较低的阶段，市场运行机制不够健全，政府需要通过一定的干预手段对其进行调控和管理，而此时间接税成了很好的调控工具。间接税的征收可以提高政府财力，带动民间投资，优化资源配置，实现对经济增长质量的提升。而当经济发展水平处于较高的阶段时，市场运行机制较为成熟和完善，这时政府对经济的干预理应有所减弱，但仍保持着促进作用。

表 10-7　　　间接税对经济增长质量门槛效应模型参数估计结果

变量	系数	标准误差	T 值	P 值	95% 的置信区间	
lnOpen	-0.0155	0.0848	-0.1800	0.8550	-0.1823	0.1514
lnIndus	0.3122	0.1376	2.2700	0.0240 **	0.0415	0.5828
lnMarket	-0.2645	0.1202	-2.2000	0.0290 **	-0.5010	-0.0279
lnLabor	-0.7032	0.6807	-1.0300	0.3020	-2.0425	0.6362
lnUrban	0.9290	0.4441	2.0900	0.0370 **	0.0551	1.8028
C	2.8437	1.6773	1.7000	0.0910 *	-0.4566	6.1441
Itax × I_lEconomic	0.7997	0.2410	3.3200	0.0010 ***	0.3255	1.2740
Itax × I_hEconomic	0.0329	0.0519	0.6300	0.5270	-0.0693	0.1351

注：Itax × I_lEconomic、Itax × I_hEconomic 表示低、高两个阶段经济发展水平下的间接税对经济增长质量的参数估计值，低、高两个阶段依据表 10-5 中的估计值划分得到；* 、** 和 *** 分别表示在 10% 、5% 和 1% 的水平上显著。

10.6　小结

随着新一轮财税体制改革的推进，优化税制结构将对我国经济增长质量的提升持续发力。基于此背景下，本章节选择我国 29 个省（区、市）2000~2015 年的面板数据，采用动态面板模型和门槛效应模型深入的探讨税制结构变迁对我国经济增长质量的影响。得出结论如下：（1）从全国层面来看，税制结构对中国经济增长质量具有显著的促进作用；从地区层面来看，东部地区的税制结构对中国经济增长质量具有显著的促进作用；中部地区的直接税对经济增长质量具有显著的正向促进作用，而间接税对经济增长质量具有显著的反向抑制作用；西部地区的直接税对经济增长质量具有显著的反向抑制作用，而间接税对经济增长质量具有显著的正向促进作用。可见，不同地区的税制结构对经济增长质量的作用是有所差异的。因此，要实现经济增长质量的提高，就必须要制定与其地区发展相匹配的税制结构，不能简单地削足适履。(2) 税制结构对中国经济增长质量均存在单一门槛效应。在不同的经济发展水平下，不同的税种对经济增长质量的作用也是有所差异的。在经济发展水平较低阶段，直接税对中国经济增长质量存在显著的反向抑制作用，而间接税对中国经济增长质量存在显著的正向促进作用；在经济发展水平较高阶段，直接税和间接税对中国经济增长质量均存在促进作用，但显著性不强。

第11章 中国结构性去杠杆的路径选择：财政去杠杆还是金融去杠杆，兼论结构性财政问题

11.1 引言

党的十九大报告指出，中国经济已由高速增长阶段转向高质量发展阶段，正处在转变发展方式、优化经济结构、转换增长动力的攻关期。以去杠杆为抓手守住不发生系统性风险的底线，为宏观经济运行和微观企业经营营造良好的经济金融环境，是实现经济高质量发展的题中应有之义。

中国的高杠杆问题是结构性的，企业部门是去杠杆的重点；就企业部门而言，又表现为国有企业高杠杆、民营企业低杠杆（见图11-1）（夏小文，2017；李扬等，2015）。因而去杠杆的重心在于企业特别是国有企业部门。2017年政府工作报告中强调，要把"降低企业杠杆率作为重中之重""强化企业特别是国有企业财务杠杆约束"。2018年4月，习近平总书记主持召开中央财经委员会第一次会议，首次在顶层设计层面提出"结构性去杠杆"，并将降低国有企业杠杆率作为工作重心。

经验事实和理论研究均表明，财政支出扩张（吕炜等，2016；李建军和张书瑶，2018；王朝才等，2016）和货币金融宽松（曾海舰和苏冬蔚，2010；汪勇等，2018；马文超和胡思玥，2012；伍中信等，2013）是推高企业部门杠杆率的重要原因，因而去杠杆也有财政去杠杆和金融去杠杆两条路径。所谓财政去杠杆，是指由财政部门责令和督促地方政府减少支出、借贷和隐性担保，并通过地方政府和企业之间的互动机制促进企业特别是国有企业加快修复资产负债表，宏观来看主要表现为政府支出规模的紧缩；金融去杠杆，是指由金融部门减少放贷，从而迫使企业修复资产负债表，宏观来看主要表现为信贷规模的压减。

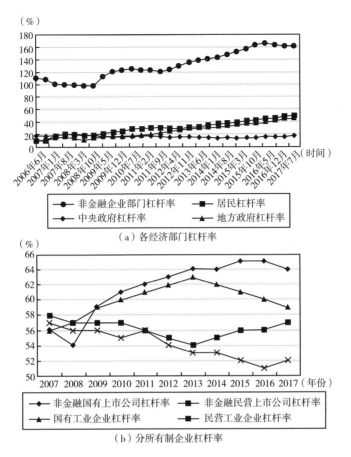

图 11-1 国民经济中的杠杆率

资料来源：Wind 数据库。

面对结构性高杠杆问题，宏观笼统地运用财政金融"双紧缩"来去杠杆难以实现政策效果最优化。其一，财政去杠杆与金融去杠杆效力叠加可能导致监管共振，从而矫枉过正、阻碍合理的融资需求。其二，财政去杠杆与金融去杠杆对不同所有制企业的影响具有非对称性，因而合理选择去杠杆路径可以实现对企业部门结构性高杠杆问题的定向调整。其三，去杠杆过急过猛可能触发"明斯基时刻"，并通过金融加速器机制引起资产价格暴跌和信用的全面紧缩，引爆系统性金融危机。为此，需统筹协调财政去杠杆与金融去杠杆的节奏和力度，以实现政策效果合意，避免引发经济的大幅波动。

甄选最优的去杠杆路径，需要统筹考虑多方因素，在"控风险"的同时兼顾"稳增长"。具体而言，一是要考察二者在调控企业部门宏观杠杆率时的有效性。企业部门是去杠杆的重中之重，也是承托经济增长的动力引擎，因而对去杠杆路径的斟酌选取，需首先考察其对企业部门的影响，这是甄选最优去杠杆路径的基本要求。二是要考察两种去杠杆路径对不同所有制企业影响的异质性。企业部门的结构性高杠杆问题主要集中于国有企业，因而能够更有效降低国有企业杠杆率的路径相对更优。三是要考察两种去杠杆路径对资源配置效率的影响。将信贷更多地配置到高效生产企业，可以实现经济资源的优化重组，从而提升全社会的经济增长潜力与动力，因此对杠杆率的调整需要关注其对资源配置效率的影响。四是要考察两种去杠杆路径对企业融资约束的影响。融资困境已成为制约中国民营企业发展的重要因素，近期中央密集发声，要求确保民营企业合理融资需求得到满足。在中国以间接融资为主的金融市场格局下，两种去杠杆渠道无疑均会收紧融资约束、推升融资成本。两害相权取其轻，甄选去杠杆的最优路径应该关注其对企业融资约束的影响，以求为企业特别是民营企业营造宽松的融资环境。

财政去杠杆与金融去杠杆会如何影响各类所有制企业的杠杆率？两类去杠杆路径是否会影响到企业的经营绩效和融资约束？在此影响下，如何选择最优的去杠杆政策路径和政策工具？本章节拟对这些问题进行实证分析。

11.2　文献回顾与假设提出

11.2.1　文献回顾

学界普遍认同，杠杆率高企危及经济高质量发展。从宏观层面看，过高的杠杆率可能引发流动性风险，从而蕴含着爆发金融危机的可能性（Reinhart & Rogoff，2011；李扬等，2015）。居民部门高杠杆会强化工资刚性，使得市场愈加难以出清，从而降低市场效率并增加经济调控难度（Mian et al.，2017）。马勇和陈雨露（2017）的国际比较研究表明，金融杠杆与经济增长之间存在显著的倒"U"型关系，且金融杠杆波动会显著地负向影响长期经济增长。从微观层面看，适当的杠杆率有助于企业的扩张发展，但过度使用则适得其反，会降低企业经营绩效、减少企业投资并引发流动性风险（Cecchetti et al.，2011；刘一楠，2016）。

财政扩张和金融宽松是推高企业部门杠杆率的重要因素，且对不同所有制企业杠杆率的影响存在异质性。在财政方面，李建军和张书瑶（2018）认为，财政补贴会显著提高企业的杠杆率，且对民营及地方国有企业影响显著，而对中央企业影响有限。王朝才等（2016）研究认为，地方政府支出对企业目标杠杆率具有正向影响，且主要影响国有企业，对非国有企业的影响不显著；中央财政支出对两类企业目标杠杆率均为负向影响。吕炜等（2016）认为，政府投资建设性支出会带动产业链上游的国有企业杠杆率水平快速上升，而处于产业链下游的民营企业的杠杆率则先大幅下降、再微量上升；政府保障性支出扩张会带动民营企业杠杆率水平快速上升，而国有企业杠杆率则表现为温和上涨。

在货币金融方面，汪勇等（2018）认为，提高政策利率会降低国有企业的杠杆率，但会推升民营企业杠杆率。曾海舰和苏冬蔚（2010）运用双重差分法实证考察了1998年信贷扩张与2004年信贷紧缩对中国上市公司资本结构的影响。结果显示，1998年信贷扩张显著推升了规模小、民营化程度高及担保能力弱的公司的杠杆率，而在2004年信贷紧缩后上述三类公司有息负债率显著下降。伍中信等（2013）研究了信贷政策对企业资本结构的影响。实证结果表明，在信贷增长条件下，以总资产负债率、流动资产负债率和长期资产负债率衡量的企业杠杆率均出现显著上涨。马文超和胡思玥（2012）考察了货币政策紧缩对企业资本结构的影响。研究表明，未受财务融资约束的企业在货币紧缩时受影响不显著，而受约束企业的杠杆率随货币政策紧缩而降低。刘一楠和宋晓玲（2018）认为，国有企业由于存在预算软约束，因而面临着投资对利率不敏感、利率对杠杆不敏感的"双重非敏感性"，这导致货币紧缩难以解决国有企业的高杠杆问题，反而会进一步恶化民营企业的融资困境。

更深入的研究探讨了企业部门结构性高杠杆的成因及去杠杆的经济影响。詹森和梅克林（Jensen & Mecklin，1976）对MM定理进行修正，认为企业在预算软约束条件下会有过度负债的冲动，这从经济理论上阐释了国有企业部门高杠杆的内在动因。潘敏和袁歌骋（2018）从金融层面考察了去杠杆对企业的影响，并认为在直接融资为主的市场格局下金融去杠杆对宏观经济的影响会更小。艾金等（Aghion et al.，2010）认为民营企业较国有企业而言应对流动性冲击的能力更弱，因而金融去杠杆会进一步收紧对民营企业的融资约束。

总结上述研究可见，学界普遍认同财政扩张和金融宽松是推升企业部门杠杆率的重要因素，且对不同所有制企业的影响存在异质性；高杠杆问题危及中长期内的经济增长与金融稳定，并可能收紧企业特别是民营企业的融资约束。然而既有研究大多单独考察财政或金融紧缩对杠杆率的影响，而鲜有文献系统性地对比财政去杠杆与金融去杠杆二者的作用效果及其对不同所有制企业影响的异质性。为此，本章节拟对这两类去杠杆路径对企业部门的经济影响进行实证研究，并据以给出降低企业部门杠杆率的政策建议。

11.2.2　假设提出

本章节的核心目标是考察财政去杠杆与金融去杠杆两条路径对企业部门杠杆率的影响。在宏观层面，企业部门杠杆率通常用"债务总量/GDP"来衡量。该指标可进行如下分解：

$$企业部门杠杆率 = \frac{总负债}{GDP} = \frac{总负债}{总资产} \times \frac{总资产}{营业收入} \times \frac{营业收入}{GDP}$$

$$= 有息负债率 \times \frac{1}{资产周转率} \times \frac{1}{企业增加值率} \quad (11.1)$$

由式（11.1）可见，在宏观层面上企业部门杠杆率取决于有息负债率、资产周转率与企业增加值率。企业增加值率由市场环境、垄断、技术水平等外部因素决定，短期内保持稳定，因而企业部门杠杆率主要受前二者影响，与有息负债率成正比，与资产周转率成反比。由此，评判两类去杠杆路径的有效性，首先应该从其对企业有息负债率和资产周转率的影响着手。

从微观层面看，企业有息负债率与杠杆率密切相关，有：

$$\frac{1}{1 - 有息负债率} = \frac{总资产}{总资产 - 有息负债} = \frac{总资产}{权益资本} = 杠杆率 \quad (11.2)$$

在企业有息负债率小于 1 时，可知 $\frac{d（杠杆率）}{d（有息负债率）} = （1 - 有息负债率）^{-2} > 0$。微观层面的企业有息负债率与杠杆率存在正相关关系，政策变量推升有息负债率与推升杠杆率是一致的。

对杠杆率的调整归根结底服务于经济高质量发展，因而在调控杠杆"量"的同时也需兼顾杠杆的"质"，为此需关注两类去杠杆路径对金融资源配置效率和企业融资成本的影响。

11.2.2.1　财政加杠杆和金融加杠杆对企业有息负债率的影响[①]

在财政方面，2008 年金融危机后的经验事实表明，赤字财政与微观

---

① 本章节关注"去"杠杆的路径选择。"去杠杆"是约定俗成的表述，具有强烈的现实意义和特定的政策意义。但在假设提出部分则主要从相反方面、即"加"杠杆视角进行论述。这是因为，一方面，现实经济数据显示中国财政、金融在样本期内持续扩张，遵从客观实际进行说理更易理解；另一方面，在通常的语境中只有"财政支出增速""信贷增速"的说法，而没有"财政支出'减'速""信贷'减'速"的表述。我们通常使用负的增速数据表达下降的含义。在反复斟酌权衡之后，笔者选择接受这种语言表达上的不完美，尊重惯常的语言表述习惯。反向表述并不影响本章节的论证逻辑。

企业特别是国有企业有息负债率之间存在显著的正相关关系。财政调控影响微观企业有息负债率的机制主要有如下两类。其一是政府支出扩张发挥"信号效应"，改变企业对经济前景的预期，刺激企业扩大生产规模，并在此过程中主动增加自身杠杆率。其二是政府投资主要集中于基础设施建设、安居保障住房、铁路工程建设和地震灾区重建等项目，这些项目投入大、工期长，需要承建单位及其上游供应商先行垫付资金、待完工后才能获得政府的拨款偿付。这种垫资建设的业务模式促使承建企业（主要是大型国有企业）被动提升自身的有息负债率。

在金融方面，伍中信等（2013）的研究表明宽松的信贷政策会显著推升企业的有息负债率。其机制可能在于，在金融宽松条件下，企业融资成本下降，这使得原本收益率较低的投资项目也变得有利可图，从而刺激企业增加借债以开工建设新项目。

两类渠道横向比较，财政操作传导渠道通畅、政策效力强劲，对企业经营的影响较货币金融政策更为明确直接，因而可预期其对企业有息负债率的影响程度更深。

从所有制来看，由于国有企业存在政府的隐性担保和预算软约束问题，更易于获得银行的信贷资金，因而在金融宽松环境下国有企业有息负债率上升较民营企业更多。

基于以上分析，本章节提出研究假设：

H1a：财政加杠杆与金融加杠杆都会导致企业有息负债率上升；其中财政加杠杆对企业有息负债率的影响程度更深。

H1b：财政加杠杆与金融加杠杆对国有企业有息负债率的影响均高于民营企业。

11.2.2.2　财政加杠杆和金融加杠杆对企业资产周转率的影响

设生产函数为 Cobb-Douglas 形式 $Y = AK^{\alpha}L^{1-\alpha}$，则资产周转率 Y/K 的增速可表示为：

$$\frac{d(Y/K)}{Y/K} = \frac{d(A)}{A} + (\alpha - 1)\frac{d(K)}{K} + (1 - \alpha)\frac{d(L)}{L} \qquad (11.3)$$

在经济稳态条件下，为保证资产周转率不下降，需使式（11.3）≥0，这等价于：

$$\frac{d(K)}{K} \leqslant \frac{1}{1 - \alpha} \cdot \frac{d(A)}{A} + \frac{d(L)}{L} \qquad (11.4)$$

式（11.4）的含义是，为维持稳态时企业资产周转率不下降，企业资产增速应该与技术进步速度和劳动力增速相匹配。其机理在于，若短期内企业资产大幅增长，超过技术水平和劳动力所能吸纳的范围，则必然引起资产边际产出下降，从而降低企业资产周转率。在实务中，企业的劳动力使用量受限于经济体内的劳动供给，短期内保持稳定；技术进步需要长期投入，难以速成。因而维持上述不等式成立，主要需考察财政金融政策对企业资产增速及投资的影响。财政扩张对固定资产投资影响直接、效果明显（许宪春等，2013），因而财政加杠杆将会经由上述机制降低企业特别是国有企业资产周转率。货币金融宽松为企业增加资产提供了可能性，但这种"可能性"是否会转化为"现实性"则取决于企业的生产决策，因而金融加杠杆是企业资产周转率下降的必要不充分条件。

基于以上分析，本章节提出如下研究假设：

H2a：财政加杠杆对企业资产周转率存在负向影响；金融加杠杆对企业资产周转率的影响不显著。

H2b：分所有制来看，财政加杠杆对国有企业资产周转率的负向影响更强。

11.2.2.3　财政加杠杆和金融加杠杆对金融资源配置效率的影响

经济资源更多地配置到高效率生产部门可以改善社会总体生产效率，实现资源的高效利用，因而在杠杆调整过程中也需关注两类去杠杆路径对金融资源配置效率的影响。

本章节认为，财政和金融加杠杆都会导致金融资源更多地配置到低效企业。在财政加杠杆过程中，地方政府倾向于将资源配置给国有企业，而国有企业的资金运用效率往往较民营企业低。在金融加杠杆过程中，金融机构对项目的审核和把握可能会更加宽松，这导致更多的金融资源配置给低效企业。

二者横向比较，财政支出目的更加多元，需兼顾就业民生、基础设施建设等"政治任务"，资金运用效率并非唯一或首要目标；银行的信贷投放更加关注企业经营绩效、发展前景和偿债能力，因而青睐效率较高、业绩良好的企业。由此，在金融加杠杆过程中银行的资金投放效率虽可能出现下降，但相对而言其错配程度应小于财政加杠杆引致的资源错配程度。

基于以上分析，本章节提出如下研究假设：

H3a：财政加杠杆和金融加杠杆都会导致更多金融资源配置到低效率企业。

H3b：与金融加杠杆相比，财政加杠杆导致的资源错配情况更严重。

11.2.2.4 财政去杠杆和金融去杠杆对微观企业融资成本的影响

宏观杠杆调控在"控风险"的同时需兼顾"稳增长",因而对两类去杠杆路径的比较分析需关注其对微观企业融资成本的影响,以求在结构性杠杆调整的同时避免引发微观企业的融资困境。金融去杠杆会收紧企业融资约束、推升企业融资成本,这是不言自明的。财政去杠杆对企业融资成本包含正反两方面影响。一方面,财政支出缩减会导致社会总需求减少,包括利率在内的要素成本随之下降,由此降低企业融资成本。另一方面,财政支出缩减往往伴随着对企业特别是国有企业的转移支付、信贷贴息、政策性贷款等补贴减少,而这将导致企业融资成本上升。财政去杠杆的实际影响取决于这两种经济效应的叠加。

从所有制来看,金融去杠杆对国有企业和民营企业的影响可能存在异质性[①]。经验事实表明,金融去杠杆往往伴随着信贷规模的紧缩和贷款利率的上升。相对而言,国有企业实力雄厚、资本市场参与度较高,能够获得更加多元的融资渠道,对利率不是太敏感;而民营企业融资渠道相对单一,更加依赖于银行信贷融资。由此可推断,民营企业债务融资成本对银行信贷利率的变动更加敏感,因而金融去杠杆对民营企业影响更深。

基于以上分析,本章节提出如下研究假设:

H4a:金融去杠杆会推升企业融资成本,财政去杠杆对企业融资成本的影响不确定。

H4b:从所有制来看,金融去杠杆对民营企业融资成本的推升效应较大。

11.3 研究设计和数据选取

11.3.1 模型设定

为验证假设 H1、H2、H3 与 H4,本章节分别建立如下实证模型[②]:

$$fl_{it} = \alpha_i + \beta_1 \times P_{it} + \beta_2 \times P_{it} \times poe_{it} + B \times Z_{i,t-1} + \varepsilon_{it} \qquad (11.5)$$

$$at_{it} = \alpha_i + \beta_1 \times P_{it} + \beta_2 \times P_{it} \times poe_{it} + B \times Z_{i,t-1} + \varepsilon_{it} \qquad (11.6)$$

---

① 由于财政去杠杆对企业融资成本有正反两方面影响,致使总影响不能确定,因此此处不再对财政去杠杆进行分所有制的考察。

② 为便于指代,式(11.5)至式(11.8)下称模型 H1、模型 H2、模型 H3 与模型 H4。

$$fl_{it} = \alpha_i + \beta_1 \times P_{it} + \beta_2 \times at_{it} + \beta_3 \times at_{it} \times P_{it} + B \times Z_{i,t-1} + \varepsilon_{it} \quad (11.7)$$

$$coc_{it} = \alpha_i + \beta_1 \times coc_{i,t-1} + \beta_2 \times P_{it} + \beta_3 \times P_{it} \times poe_{it} + B \times Z_{i,t-1} + \varepsilon_{it}$$

$$(11.8)$$

被解释变量 fl_{it}、at_{it}、与 coc_{it} 分别为企业有息负债率、资产周转率和债务成本率。P_{it} 为政策变量，在实证中具体包括信贷增速 mp_{it}、实际贷款利率 r_t、财政支出增速 fp_{it} 和财政赤字率 def_{it}。$Z_{i,t-1}$ 为滞后一期的控制变量，主要参照王宇伟等（2018）的研究进行选择。α_i 和 ε_{it} 分别为个体效应与随机误差项。

对模型 H1、H2、H3 进行 Hausman 检验，结果显示应采用固定效应面板模型①。实证中控制企业层面的固定效应。由于现实中企业融资成本率具有渐进调整的动态特征，因而模型 H4 添加了被解释变量的一阶滞后项。为避免可能的内生性问题，本章节使用 GMM 方法估计模型 H4。

各变量符号、口径及控制变量适用模型如表 11-1 所示。

表 11-1　　　　　　　各变量符号、口径与控制变量适用模型

被解释变量		
有息负债率	fl_{it}	有息负债/总资产。其中有息负债 = 长期借款 + 短期借款 + 短期融资券 + 短期非流动负债 + 交易性金融负债 + 应付债券
资产周转率	at_{it}	营业收入/总资产
债务成本率	coc_{it}	当期利息/平均债务余额。其中平均债务余额 =（年初债务余额 + 年末债务余额）/2，债务余额 = 短期银行借款 + 到期的长期借款 + 长期银行借款
主要解释变量		
信贷增速	mp_{it}	上市公司所在省份：人民币贷款余额同比增速
实际融资利率	r_t	7 天期银行间同业拆借利率（IOR007）减去生产者价格指数同比增长率（PPI）
财政支出增速	fp_{it}	上市公司所在省份：地方公共财政支出同比增速
财政赤字率	def_{it}	上市公司所在省份：（地方政府财政支出 − 地方政府财政收入）/省份 GDP
企业性质	poe_{it}	国有企业为 0，民营企业为 1

---

① 受篇幅所限，Hausman 检验结果从略。

控制变量			适用模型
资产收益率	roa$_{it}$	利润总额/总资产	H1，H2，H3，H4
企业规模	lni$_{it}$	ln（总资产）	H1，H2，H3，H4
主营业务收入增速	reg$_{it}$	（本期主营业务收入－上期主营业务收入）/上期主营业务收入	H1，H2，H3，H4
有形资产比率	tang$_{it}$	（固定资产＋存货）/总资产	H1，H2，H3，H4
商业融资比率	trad$_{it}$	（应付账款＋应付票据＋预收账款）/营业收入	H2，H4
销售费用率	uni$_{it}$	销售费用/营业收入	H1，H3
净资本支出	ne$_{it}$	购建固定资产、无形资产和其他长期资产支付的现金减去处置固定资产、无形资产和其他长期资产收回的现金再除以总资产	H1，H3
资本密度	cap$_{it}$	ln（固定资产总额/员工人数）	H2
人力资本成本	hc$_{it}$	工资总额/销售收入	H2
现金流水平	cfo$_{it}$	经营活动净现金流量/总资产	H1，H2，H3
商业信用比重	credit$_{it}$	经行业中位数调整后的年末（应付账款＋应付票据－应收账款－应收票据）/总资产	H2，H4
上市年限	age$_{it}$	当年年度－上市年度	H1，H3，H4
行业经营风险	risk$_{it}$	上市公司所在行业：各企业净现金流标准差	H1，H3，H4
分红	div$_{it}$	若当年分红则为1，反之为0	H2，
非债务性税盾	txs$_{it}$	固定资产折旧/总资产	H1，H3
有息负债率	fl$_{it}$	有息负债/总资产。其中有息负债＝长期借款＋短期借款＋短期融资券＋短期非流动负债＋交易性金融负债＋应付债	H4
债务成本率	coc$_{it}$	当期利息/平均债务余额。其中平均债务余额＝（年初债务余额＋年末债务余额）/2，债务余额＝短期银行借款＋到期的长期借款＋长期银行借款	H2

11.3.2　数据选取与描述性统计

本章节选择2007～2017年沪深两市A股上市公司财务数据及同期宏观经济运行数据进行实证研究①。为保证结论稳健，本章节剔除2007年之

---

① 由于2005～2006年中国股市进行股权分置改革，故本章节的样本区间自2007年起始。

后新上市公司、金融类公司和在样本区间内被"ST"或"PT"过的公司。最后得到有效样本1093个，共12023个观测值。随后，对所有连续变量在1%的水平上进行缩尾处理以避免异常值、极端值干扰。所有数据均来自Wind数据库。

各被解释变量及主要解释变量的描述性统计结果见表11-2。本章节计算了各变量间的Pearson相关系数和Spearman相关系数，结果表明各变量间相关性较低，模型不存在多重共线性问题[①]。

表11-2 主要变量描述性统计

变量	均值	标准差	最小值	中位数	最大值
有息负债率（fl_{it}）	0.241	0.169	0.000	0.227	0.658
资产周转率（at_{it}）	0.701	0.517	0.041	0.608	3.012
债务成本率（coc_{it}）	0.078	0.068	0.001	0.075	0.236
信贷增速（mp_{it}）	0.168	0.081	0.056	0.192	0.405
实际融资利率（r_t）	6.713	4.724	-1.872	6.681	14.621
财政支出增速（fp_{it}）	0.184	0.072	0.088	0.169	0.437
财政赤字率（def_{it}）	0.167	0.098	-0.011	0.152	0.623

11.4 中国结构性去杠杆路径选择的实证分析

11.4.1 基准回归结果

在检验假设之前，本章节先行报告不包含交叉项的基准模型的回归结果，如表11-3所示。从基准模型回归结果看，财政与金融扩张都会显著推升企业有息负债率；货币扩张对企业周转率的影响在统计上不显著，而财政扩张对企业周转率则有显著的负向影响。结合式（11.1）的分析，即宏观企业部门杠杆率与微观企业有息负债率成正比、与周转率成反比，可知财政、货币扩张均能推升宏观层面的企业部门杠杆率。此外，实证结果也显示货币扩张对以周转率衡量的企业经营绩效影响更小。控制变量大多显著，F检验显示解释变量联合显著。

---

① 受篇幅所限，Pearson系数和Spearman系数结果从略。

表 11 – 3　　　　　　　　　　基准模型回归结果

被解释变量		有息负债率 fl_{it}			周转率 at_{it}	
解释变量	mp_{it}	0.126 ** (0.063)		mp_{it}	0.007 (0.053)	
	fp_{it}		0.318 *** (0.122)	fp_{it}		– 0.049 * (0.029)
控制变量 ($Z_{i,t-1}$)	$roa_{i,t-1}$	– 0.732 ** (0.348)	– 0.728 ** (0.345)	$roa_{i,t-1}$	1.321 ** (0.629)	1.325 ** (0.631)
	$lni_{i,t-1}$	0.021 ** (0.012)	0.018 ** (0.009)	$lni_{i,t-1}$	0.092 ** (0.044)	0.094 ** (0.045)
	$reg_{i,t-1}$	– 0.003 (0.087)	– 0.004 (0.085)	$reg_{i,t-1}$	0.042 ** (0.018)	0.045 ** (0.021)
	$tang_{i,t-1}$	0.082 ** (0.037)	0.087 ** (0.041)	$tang_{i,t-1}$	0.282 ** (0.141)	0.287 ** (0.144)
	$ne_{i,t-1}$	0.228 ** (0.104)	0.231 ** (0.105)	$cfo_{i,t-1}$	0.975 * (0.464)	0.979 * (0.466)
	$age_{i,t-1}$	0.021 (0.026)	0.025 (0.031)	$cap_{i,t-1}$	– 0.153 * (0.091)	– 0.158 * (0.093)
	$txs_{i,t-1}$	– 0.952 ** (0.414)	– 0.949 ** (0.412)	$coc_{i,t-1}$	– 0.058 ** (0.028)	– 0.061 ** (0.029)
	$cfo_{i,t-1}$	0.117 * (0.069)	0.121 * (0.071)	$hc_{i,t-1}$	– 0.217 * (0.121)	– 0.219 * (0.122)
	$uni_{i,t-1}$	0.085 * (0.047)	0.091 * (0.052)	$trad_{i,t-1}$	– 0.051 (0.073)	– 0.054 (0.077)
	$risk_{i,t-1}$	0.032 (0.053)	0.028 (0.047)	$div_{i,t-1}$	0.023 (0.057)	0.022 (0.055)
时间效应		控制	控制		控制	控制
观测值		10930	10930		10930	10930
F		30.26	30.18		51.23	51.35
R^2		0.129	0.123		0.175	0.176

注：括号内为标准差，*、** 分别表示在 10%、5% 的水平上显著。

11.4.2　假设检验结果

模型 H1、H2、H3 的实证结果如表 11 – 4 所示。从（1）、（2）两列可见，核心解释变量 mp_{it} 和 fp_{it} 前系数为正且在 5% 置信水平下显著，表明金融加杠杆和财政加杠杆均会显著推升微观企业有息负债率。二者横向比较，财政变量前回归系数较大，暗示财政加杠杆对企业有息负债率的影响程度有可能更深①。从政策变量和企业所有制虚拟变量的交乘项分析，金融加杠杆对两类所有制企业影响的异质性并不显著；财政加杠杆会更大程度地推高国有企业有息负债率，对民营企业的影响相对较小。从（3）、（4）两列看，财政加杠杆会降低微观企业的周转率，且交乘项表明这一影响对国有企业更为显著，对民营企业影响相对较轻。货币政策对微观企业周转率的影响并不显著。

表 11 - 4　　　　　　　　　　　**假设 H1、H2、H3 实证结果**

检验假设	H1		H2		H3	
	有息负债率 fl_{it}		周转率 at_{it}		有息负债率 fl_{it}	
	（1）	（2）	（3）	（4）	（5）	（6）
mp_{it}	0.113 ** (0.046)		0.003 (0.012)		0.145 ** (0.069)	
fp_{it}		0.297 ** (0.124)		- 0.053 * (0.032)		0.374 ** (0.155)
$mp_{it} \times peo_{it}$	- 0.011 (0.009)		0.007 (0.009)			
$fp_{it} \times poe_{it}$		- 0.184 ** (0.041)		0.038 * (0.023)		
at_{it}					- 0.043 ** (0.021)	- 0.031 ** (0.015)
$at_{it} \times mp_{it}$					- 0.023 * (0.013)	
$at_{it} \times fp_{it}$						- 0.254 ** (0.125)

---

① 事实上，并不能通过直接对比两个不同方程中回归系数的大小确定性地得出这一结论。我们在后面稳健性检验部分对此进行更深入的探讨，如表 11 - 6 所示的实证结果（13）及其解析。感谢审稿人提出的宝贵建议。

检验假设	H1		H2		H3	
	有息负债率 fl$_{it}$		周转率 at$_{it}$		有息负债率 fl$_{it}$	
	（1）	（2）	（3）	（4）	（5）	（6）
控制变量	控制	控制	控制	控制	控制	控制
时间效应	控制	控制	控制	控制	控制	控制
H1 检验 （P > chi2）	19.83 *** （0.001）	17.42 *** （0.002）	14.92 *** （0.000）	15.98 *** （0.001）	26.51 *** （0.000）	25.93 *** （0.000）
H2 检验 （P > chi2）	2.87 （0.376）	2.91 （0.465）	3.49 （0.389）	3.64 （0.415）	4.21 （0.301）	5.12 （0.401）
观测值	10930	10930	10930	10930	10930	10930
F	32.87	32.53	53.21	35.54	35.82	34.51
R^2	0.143	0.138	0.192	0.189	0.134	0.129

注：回归系数下方括号内为标准差，*、**、*** 分别表示在 10%、5%、1% 的置信水平上显著。H1 检验为用于判断采用固定效应还是随机效应的 Hausman 检验，系数下方括号内为 P 值；H2 检验为判断是否应增加工具变量的 Hausman 内生性检验，系数下方括号内为 P 值。

根据模型 H1 与 H2 的实证结论，结合式（11.1）对宏观企业部门杠杆率的分解可知，财政和货币扩张均会推升宏观层面的企业部门杠杆率，其中财政扩张对企业部门宏观杠杆率的推升作用较货币扩张更强。

（5）、（6）两列反映财政加杠杆和货币加杠杆对资源配置效率的影响。企业周转率 at$_{it}$ 前系数显著为负，表明高效率企业有息负债率较低，这与融资顺序理论相符。周转率与政策变量交乘项前系数为负，意味着财政扩张和货币宽松都会导致金融资源配置给低效企业。二者横向比较，财政变量与周转率交乘项绝对值较大、显著性更高，暗示财政加杠杆引致的资源错配可能更为严重①。

模型 H4 的实证结果如表 11 - 5 所示。本章节增加选取实际融资成本 r$_t$ 和财政赤字率 def$_{it}$ 分别作为货币金融政策和财政政策的代理变量，与 mp$_{it}$、fp$_{it}$ 相对照。mp$_{it}$ 减小、r$_t$ 增加意味着货币金融紧缩，即金融去杠杆渠道；fp$_{it}$ 和 def 减少意味着财政紧缩，即财政去杠杆渠道。mp$_{it}$ 系数为负、r$_t$ 系数显著为正，表明金融去杠杆会显著提升微观企业债务融资成本。

---

① 我们在后面稳健性检验部分对此进行更深入的探讨。

表11-5

假设 H4 实证结果

债务成本率 coc_{it}

左半部分：

变量				
$coc_{i,t-1}$	0.439*** (0.169)	0.452*** (0.173)	0.445*** (1.151)	0.461*** (0.177)
mp_{it}	−0.085* (0.051)		−0.094* (0.056)	
fp_{it}		−0.061 (0.038)		−0.058 (0.036)
$mp_{it} \times poe_{it}$			0.085* (0.051)	
$fp_{it} \times poe_{it}$				0.013 (0.011)
控制变量	控制	控制	控制	控制
时间效应	控制	控制	控制	控制
观测值	10930	10930	10930	10930
ar1p	0.001	0.001	0.003	0.002
ar2p	0.537	0.594	0.543	0.611
sargan	505.9 (0.864)	521.1 (0.985)	518.3 (0.873)	548.4 (0.989)

右半部分：

变量				
$coc_{i,t-1}$	0.403*** (0.155)	0.395*** (0.153)	0.429*** (0.164)	0.412*** (0.158)
r_t	0.137** (0.068)		0.152** (0.074)	
def_{it}		−0.071* (0.042)		−0.079* (0.046)
$r_t \times poe_{it}$			0.025* (0.015)	
$def_{it} \times poe_{it}$				−0.008 (0.011)
控制变量	控制	控制	控制	控制
时间效应	控制	控制	控制	控制
观测值	10930	10930	10930	10930
ar1p	0.002	0.001	0.003	0.002
ar2p	0.617	0.505	0.621	0.513
sargan	521.4 (0.967)	543.5 (0.941)	566.3 (0.991)	561.1 (0.982)

注：括号内为标准差，*、**、***分别表示在10%、5%、1%的水平上显著，ar1p 为对残差差分进行一阶序列相关检验的 p 值，ar2p 为对残差差分进行二阶序列相关检验的 p 值，sargan 是对控制变量进行过度识别检验的 χ^2 统计量及相应的 P 值。

从政策变量与企业所有制虚拟变量的交乘项分析，民营企业在金融去杠杆过程中融资成本上升更多。就财政方面而言，以财政支出增速衡量的财政去杠杆对企业融资成本的影响为负但并不显著，以财政赤字率衡量则系数为负且弱显著。总体而言，财政去杠杆对推升企业融资成本影响有限。分所有制来看，国有企业与民营企业在财政去杠杆条件下债务融资成本的变动并不存在统计上的显著差异。这些实证结论证实了本章节假设 H4。

11.4.3 稳健性检验

11.4.3.1 内生性处理

本章节实证模型可能存在内生性问题。内生性可能有两方面来源：一是互为因果，即政策操作可能随宏观杠杆率变动而调整；二是遗漏变量，如可能遗漏了表征"景气"的变量，而被解释变量（债务）与解释变量（财政、金融政策）都与"景气"高度相关，在经济景气时三者都有扩张的倾向。

为克服内生性导致的估计偏误，本章节使用工具变量（instrumental variable，IV）和两阶段最小二乘法（2SLS）进行稳健性检验。一个好的工具变量应该满足"相关性"与"外生性"两个条件，即与解释变量高度相关，而与被解释变量无关。遵照这一原则，本章节选择"上市公司所在省份：税收增速"作为财政政策变量的工具变量。税收增速和财政支出增速、财政赤字率高度相关，相关系数分别约 0.50 和 -0.60（依省份不同略有浮动），满足 IV 的相关性要求；同时省级层面的税收增速与个别企业的有息负债率、资产周转率不相关，满足外生性要求。选择"上市公司所在省份：人民币存款余额同比增速"和"上海银行间同业拆借利率：一周（SHIBOR007）-PPI"作为金融变量的工具变量。存款余额与贷款余额高度相关，这是不言自明的；SHIBOR007 与 IOR007 利率高度相关，工具变量满足相关性要求；同时省级层面的存款余额和上海银行间同业拆借利率与个别企业的有息负债率、资产周转率不相关，满足外生性要求。

工具变量法回归结果如表 11-6 所示。回归结果（7）~（12）分别与（1）~（6）相对应。从回归结果看，核心被解释变量前回归系数的符号不变且依然显著。过度识别检验（Hansen J 统计量）、弱工具变量检验（第一阶段回归 F 统计量）和不可识别检验（Kleibergen-Paap rk LM 统计量）显示本章节选择的工具变量有效。这一结果显示，在控制了内生性问题后，本书实证所得的结论依然稳健。

表 11 - 6　　　　　　　　　　　　**工具变量法回归结果**

检验假设	H1 有息负债率 fl_{it}		H2 周转率 at_{it}		H3 有息负债率 fl_{it}		有息负债率 fl_{it}
	(7)	(8)	(9)	(10)	(11)	(12)	(13)
mp_{it}	0.197** (0.094)		0.009 (0.016)		0.238** (0.113)		0.152** (0.072)
fp_{it}		0.382** (0.182)		-0.131* (0.063)		0.452** (0.215)	0.317** (0.151)
$mp_{it} \times poe_{it}$	-0.031 (0.011)		0.015 (0.012)				
$fp_{it} \times poe_{it}$		-0.215* (0.126)		0.105** (0.051)			
at_{it}					-0.117** (0.053)	-0.098** (0.047)	
$at_{it} \times mp_{it}$					-0.055* (0.031)		-0.093* (0.055)
$at_{it} \times fp_{it}$						-0.344* (0.181)	-0.206** (0.098)
P rk LM 统计量	32.079 [0.0000]	39.173 [0.0001]	20.178 [0.0002]	16.891 [0.0001]	35.826 [0.0000]	41.078 [0.0001]	38.340 [0.0000]
P rk Wald F 统计量	74.917 {19.93}	88.732 {19.93}	38.912 {16.38}	41.911 {16.38}	68.421 {19.93}	72.812 {19.93}	38.928 {19.93}
Hansen J 统计量	2.304 [0.159]	1.632 [0.195]	3.256 [0.264]	2.523 [0.487]	2.106 [0.147]	1.597 [0.188]	1.615 [0.211]
控制变量	控制	控制	控制	控制	控制	控制	控制
时间效应	控制	控制	控制	控制	控制	控制	控制
观测值	10930	10930	10930	10930	10930	10930	10930
R^2	0.138	0.135	0.191	0.187	0.131	0.125	0.137

注：回归系数下方（）内为标准差，*、** 分别表示在 10%、5% 的置信水平上显著；[ ] 内为对应统计量指标的 P 值；{ } 内为 Stock-Yogo 弱识别检验在 10% 水平以上的临界值。

11.4.3.2　政策效果横向比较的稳健性检验

本书假设检验结果暗示，财政加杠杆对企业有息负债率的影响可能更强，且引致的资源错配更为严重。但从计量技术上看，直接比较两个方程中的回归系数大小并得出结论并不严谨。为此，本章节构建回归模型，将财政、金融政策变量纳入同一个方程，同时增加二者与企业周转率的交叉项，并遵本节的方法控制内生性问题，以求可靠地对比两类政策对企业有息负债率、资源配置效率影响的强弱。实证结果如表 11 – 6 中（13）所示。

由表 11 – 6 中的（13）可见，财政与金融政策变量的回归系数均为正且统计上显著，表明财政金融扩张均会推升微观企业的有息负债率。二者相比，财政政策前的系数更大，证实财政加杠杆对企业有息负债率的影响较金融政策更强。从交叉项系数看，两项政策变量与企业周转率交叉项前系数均为负，意味着两类政策均会恶化资源配置效率，将杠杆加在低周转率、也即低效率企业上；比较两项系数可见，财政交叉项前系数的绝对值更大，表明财政加杠杆引致的资源错配更为严重。

11.4.3.3 指数回归分数响应固定效应模型稳健性检验

企业有息负债率往往小于1，否则就会因资不抵债而面临破产。由此，被解释变量 fl_{it} 的取值范围集中在定义域 [0, 1] 上，而传统的线性面板模型并未对此加以特殊处理。为此，本节采用拉马利亚等（Ramalho et al.，2016）提出的指数回归分数响应固定效应模型（Exponential Regression of Fractional-Response Fixed-Effect Models）对被解释变量为有息负债率 fl_{it} 的模型（即模型 H1 与模型 H3）进行稳健性检验，以确保本章节结论可靠。

稳健性检验的实证结果如表 11 – 7 所示。从估计结果来看，主要解释变量的符号与显著性与本书实证结果相同且符合预期，表明本章节结论稳健可靠。

表 11 – 7　　　　　　　　　**假设 H1、H3 稳健性检验**

检验假设	H1		H3	
	有息负债率 fl_{it}		有息负债率 fl_{it}	
	（14）	（15）	（16）	（17）
mp_{it}	0.571 **		0.642 **	
	(0.284)		(0.292)	
fp_{it}		0.739 **		0.841 **
		(0.296)		(0.339)

检验假设	H1		H3	
	有息负债率 fl_{it}		有息负债率 fl_{it}	
	（14）	（15）	（16）	（17）
$mp_{it} \times poe_{it}$	−0.195			
	（0.018）			
$fp_{it} \times poe_{it}$		−0.572*		
		（0.331）		
at_{it}			−0.287*	−0.221*
			（0.159）	（0.132）
$at_{it} \times mp_{it}$			−0.162*	
			（0.098）	
$at_{it} \times fp_{it}$				−0.573*
				（0.302）
控制变量	控制	控制	控制	控制
时间效应	控制	控制	控制	控制
观测值	10930	10930	10930	10930

注：括号内为标准差，＊、＊＊分别表示在10%、5%的水平上显著。

11.4.4　实证结果分析

实证结果证实了本章节所提出的四项假设，本节对实证结果的政策含义做了简要阐释。

本章节的研究目的在于对比探究财政去杠杆和金融去杠杆两条路径对企业部门宏观杠杆率的影响，并据以甄选调控宏观杠杆率的最优政策工具。对最优去杠杆路径的评判基于两个维度：一是调控杠杆的有效性，即是否会显著影响到企业部门杠杆率；二是在调节杠杆率的同时对企业经营绩效和财务成本的影响，即是否能在去杠杆的同时兼顾稳增长。

从杠杆"量"的视角分析，实证结果表明财政加杠杆和金融加杠杆过程均导致企业部门宏观杠杆率上升，但总体而言财政调控对企业部门宏观杠杆率的影响更为显著。从杠杆"质"的视角分析，实证结果意味着财政扩张将杠杆更多地加到了低效企业，且并不会显著降低企业债务成本率；相比之下，货币扩张则将杠杆更多地加到了高效企业，并有助于降低企业融资成本。

分所有制来看，实证结果意味着财政扩张将更多资源分配给国有企业，导致国有企业有息负债率较民营企业更大幅度地上升，同时经营绩效则较民营企业更大幅度的下降。货币金融宽松虽然对国有企业和民营企业的影响同样存在异质性，但与财政扩张相比其对民营企业的负向影响较轻。两害相权取其轻，总体而言财政扩张对国有企业更加友好，而货币金融宽松对民营企业更加友好。中国民营企业经营效率相对较高，贡献了60%以上的 GDP、70%以上的技术创新、80%以上的城镇劳动就业和90%以上的新增就业数量，已成为中国经济中最具活力的经济主体，财政加杠杆引致的对国有企业的资源错配将可能制约中国长期中的经济发展潜力与动力。

基于上述分析，本章节认为在针对企业部门的结构性杠杆调控过程中，宜优先选择财政去杠杆，即强化地方政府预算约束，严控政府支出规模，压减政府部门赤字率；同时适度保持货币金融宽松，为企业特别是民营企业营造宽松的融资环境，以两类去杠杆路径的有效协同实现对企业部门结构性高杠杆问题的渐进调整。

11.5 结构性财政去杠杆的工具选择

实证研究结论表明，对企业部门结构性高杠杆的调整应主要从财政方面发力，特别是要控制财政支出规模。学界研究表明，不同财政支出类型对企业杠杆率的影响存在异质性，如吕炜等（2016）构建 DSGE 模型，将财政支出划分为投资建设性支出和保障性支出两类，认为投资建设性支出扩张会大幅提升国有企业杠杆率水平，而保障性支出扩张会大幅提升民营企业杠杆率水平。遵循这一思想，本章利用微观企业数据实证研究不同财政支出类型对两类所有制企业杠杆率的异质性影响，以甄选财政去杠杆的最优途径。

本章节在式（11.5）的基础上构建如下模型：

$$fl_{it} = \alpha_i + \beta_1 \times G_{it} + \beta_2 \times G_{it} \times poe_{it} + B \times Z_{i,t-1} + \varepsilon_{it} \qquad (11.9)$$

G_{it} 为财政政策变量，具体包括政府投资建设性支出 G_{it}^p 和保障性支出 G_{it}^s。在统计口径上，使用"资金来源为预算资金的固定资产投资"来衡量政府的投资建设性支出变量，使用政府"社会保障和就业支出、医疗卫生支出"加总来衡量政府的保障性支出变量。模型控制变量包括资产收益率、企业规模、主营业务收入增速、有形资产比率、销售费用率、净资本支出、现金流水平、上市年限、行业经营风险和非债务性税盾。

实证结果如表 11-8 所示。实证结果表明，政府投资建设性支出和保障性支出均会推升企业有息负债率，二者相比前者的推升效应更为显著。分所有制来看，投资建设性支出增加会更多地推升国有企业有息负债率，而保障性支出增加会更多地推升民营企业有息负债率。这些实证结果具有鲜明的政策含义：在财政去杠杆过程中应优先考虑压减政府投资建设性支出。从杠杆总量上看，减少投资建设性支出对于降低企业部门杠杆率效果更优；从杠杆结构上看，减少投资建设性支出对于定向调减国有企业的结构性高杠杆问题更具针对性。

表 11-8　　政府投资建设性支出和保障性支出对企业有息负债率的影响

因变量	有息负债率 Π_{it}							
	线性面板固定效应模型				分数响应固定效应模型			
G_{it}^P	0.189** (0.093)	—	0.251** (0.122)	—	0.547** (0.238)	—	0.694** (0.331)	—
$G_{it}^P \times poe_{it}$	—	—	−0.041* (0.024)	—	—	—	−0.238* (0.132)	—
G_{it}^S	—	0.126* (0.074)	—	0.147* (0.086)	—	0.395* (0.219)	—	0.501* (0.295)
$G_{it}^S \times poe_{it}$	—	—	—	0.011* (0.007)	—	—	—	0.243* (0.135)
控制变量	控制	控制	控制	控制	控制	控制	控制	控制
时间效应	控制	控制	控制	控制	控制	控制	控制	控制
观测值	10930	10930	10930	10930	10930	10930	10930	10930
F	32.67	35.91	32.85	35.42	—	—	—	—
R^2	0.137	0.141	0.152	0.148	—	—	—	—

注：括号内为标准差，* 、** 分别表示在 10%、5% 的水平上显著。

11.6　小结

本章节基于 2007~2017 年沪深 A 股上市公司财务数据和中国宏观经济数据，实证检验了财政扩张和货币金融宽松对企业部门杠杆率、金融资源分配效率和微观企业融资成本的影响，据以评判和甄选去杠杆的最优路径。实证结果表明，较之金融去杠杆而言，选择财政去杠杆，即从财政方面着手压减政府支出、控制政府债务规模，可以更有效地降低企业部门宏观杠杆率，实现金融资源的更高效配置，并有助于定向调减国有企业部门的结构性高杠杆问题。更深入的研究表明，政府投资建设性支出和保障性支出对于企业杠杆率的影响存在异质性，投资建设性支出扩张会更大程度地推升企业部门特别是国有企业杠杆率，因而财政去杠杆应以减少政府投资建设性支出为主要手段。

新时代下，实现经济高质量发展、推动中国经济行稳致远，需要兼顾"控风险"与"稳增长"，在妥善调节以国有企业为重点的结构性高杠杆问题的同时兼顾为民营企业营造宽松适宜的融资环境。基于本书的分析与实证结论，本章节提出以下政策建议。其一，在管控和调节企业部门杠杆率时应重点关注"财政去杠杆"途径，压减政府支出规模，控制政府债务增速。同时严控地方政府的过度投资行为，压减政府投资建设性支出，避免过度投资降低资金利用效率、推升企业部门杠杆。其二，在调节金融杠杆率时应平缓稳健，避免规制过严、紧缩过急、转向过度，为企业特别是民营企业营造宽松的融资环境。其三，以顶层设计硬化国有企业预算约束，革除政府对国有企业的"父爱主义"，在市场化理念下平等对待各类所有制企业，为企业部门结构性杠杆调整提供制度保障。

第12章 经济新常态下财政政策调控的 结构性转型的政策建议

随着我国经济发展进入经济新常态，供给体系与需求侧面临着严重的结构性失衡，"供需错位"成为阻碍经济持续增长的突出因素，应对经济发展面临的新矛盾和新问题，宏观管理从需求管理转向供给侧管理。适应供给侧结构性改革，我国的积极财政政策逐步转型，从总量性调控转向结构性调整，从需求管理转向供给侧管理。[①] 2015 年 12 月召开的中央经济工作会议明确指出，认识新常态、适应新常态、引领新常态，为此，有必要在重新审视当前财政政策宏观调控方式及其效应的基础上，适时调整我国财政调控方式，以有效引领新常态经济发展。

12.1 注重财政政策调控的空间维度调控 效能，因事精准施策

政府在进行财政宏观调控时应区别对待，谨慎选择恰当的财政工具，避免政策实施的盲目性，因事施策，发挥各财政工具的结构性功能。政府应转变以往财政政策调控思路，逐步由"普惠性"政府刺激政策向结构性财政政策调整。区别不同经济周期的财政政策的结构性效果，因时施策。调整优化财政支出结构与税收结构，确保对重点领域和项目的支持力度，针对性地精准调控。加强财政政策稳就业的有效性，充分发挥财政的结构性功能，需侧重促进就业的财政政策调控。近年来实施的积极财政政策，主要着眼于经济增长，财政政策目标主要是保持适度的经济增长。未来财政政策在实现经济稳定增长或适度增长为主要目标的基础上，应倾向关注就业，以改善就业状态为目标，发挥财政政策在促进就业数量与质量方面

---

① 刘尚希. 中国财政政策报告（2018）［M］. 北京：社会科学文献出版社，2018.

的调控效应，改善就业状况。

在当前同时面临经济增速逐步放缓和通货紧缩风险的"新常态"时期，我国政府应继续采用以投资性支出为主的积极性财政政策，以在拉动总需求的同时通过供给侧生产正外部性促进民间投资和创新创业，有效引领新常态经济发展。我国现阶段应加强各级政府财政预算管理，合理控制"三公"消费规模，具体通过提升财政预算的科学性、规范性以及强化预算约束等以减少非必要的政府消费支出，并将有限的政府资金主要用于公共投资和转移支付，借此优化财政资源配置效率。

财政部门需进一步完善转移支付制度，通过加强转移支付管理、建立转移支付稳定增长机制、引导转移支付资金科学投入民生保障领域等以更好发挥转移对经济周期的自动稳定功能。财政政策不同类型支出工具对投资、产出、通货膨胀、债务等主要宏观经济变量的作用效应存在差异性，政府在进行宏观财政调控时应根据经济周期特征审慎遴选合意的结构性财政工具，避免政策实施的盲目性：在经济低迷、通货紧缩时期，政府应采用以投资性支出为主的扩张政策以有效拉动投资和总需求；而在滞胀时期，政府应尽量减少投资性支出和消费性支出的扩张，采用以政府转移支付为主的政策，加大转移支付力度，充分发挥财政政策对经济周期的自动稳定功能；在经济繁荣时期，应避免采取扩张性财政政策以有效防范债务和通货膨胀风险，降低经济波动。当前民间投资的实际缓增长以及产出增速的下降亦警醒政府实施财政支出政策时应增强财政操作的科学性和精准性、避免非必要的财政支出以及低效重复投资，以此提高政府财政支出对私人部门的正外部性。

12.2 注重财政政策调控的时间维度调控效能，因时灵活施策

财政政策除空间结构性功效，还需关注财政政策的时间结构性效果，注重财政政策的短期、中期以及长期的调控有效性，关注财政政策调控的周期性变化趋势，发挥逆周期的宏观调控作用，进而提高财政政策调控效率，为供给侧结构性改革服务。2018年中央经济工作会议提出，宏观政策要强化逆周期调节，继续实施积极的财政政策和稳健的货币政策，适时预调微调，稳定总需求。我国财政政策调控与经济周期波动关系显著，在扩张、紧缩以及中性阶段出现结构性变化，为此，需考虑经济周期转变，区

分周期性特征，因时转型财政政策调控方式，选择相对应的财政政策工具。

　　财政政策调控具有显著时变差异性，在时间维度存在结构性变化，财政调控需兼顾短期、中期以及长期的时变特征，考虑财政政策的时变周期效果。需要承担短期、中期以及长期宏观管理职能，坚持短期措施与中长期战略并重的施政思路，确保长期保增长，短期防止出现剧烈震荡，中长期寻找持续增长的动力即中长期增长策略，短期防止经济下滑和动荡即短期的稳增长措施，实现精准施策同时强调可持续性。

12.3　完善财政分权体制改革，赋予地方政府更多的财政资源使用空间

　　第一，为了提高新常态下我国经济增长质量，需进一步完善财政分权体制改革。从财政分权与经济增长质量关系来分析，适当提高地方的财政分权强度，给予地方政府拥有的信息优势，实现最为优化的区域资源配置。第二，加强地方政府的激励制度设计，摒弃"唯 GDP 论"的传统旧观念，将经济增长质量纳入重点考核体系中，着力解决地区发展不平衡不充分的问题，全面提升地区经济的可持续增长动能，加速实现新时代下小康社会的步伐。第三，鉴于财政分权对经济增长质量的影响会受到对外开放程度、经济发展等诸多因素的束缚，故各地区（东部、中部和西部地区）可依据自身的发展特征来设计相应的财政分权政策，这样才能保证财政激励相容制度的有效发挥，促进财政分权与地区资源配置的良性互动，实现地区经济增长质量的本质提升。第四，继续加强财政分权改革的力度，尤其是在当下新常态经济条件下，中央赋予地方政府更多的财政资源使用空间，利用地方政府所具有的信息资源优势，提高地方资源的最为有效配置率，促进经济增长质量的维度提升。第五，针对地区（东部、中部和西部地区）财政分权改革措施同其经济发展需要相匹配，中央转移支付也需更加倾向于中西部地区，实现区域转移支付的合理性分配，这样才能达到地区财政资源促进经济增长效果的帕累托最优状态。同时，东部地区的对外开放程度较之前的速度应有所降缓，与之对应的中西部地区亟须进一步拓宽和加强，保证对外开放与地区发展的协调性和同步性。至此，财政分权改革所发挥的效用才能够为中国经济结构成功转型提供更好的服务。

　　进一步科学划分地方政府的财权与事权，一是适当下放财权，使地方

政府的财权事权逐渐匹配，合理控制并不断降低财政失衡的程度。同时，也应做到因地制宜，根据区域间差异，配套制定符合地区发展条件的财权和事权，不断缩小地方政府自有收入和支出责任间的缺口。二是将民生纳入地方政府的政绩考核指标，推进干部考核评价制度的改革，同时加强对地方政府官员的思想建设培训，从根本上转变唯经济论的服务作风，鼓励居民对地方政府进行监督，建立起财政资金分配的政府和居民共同监管体系，规范地方政府行为。三是加强地方政府对中央转移支付的申请监管，消除地方政府的道德风险，规范地方政府转移支付资金的分配，增加转移支付的透明度，确保财政资金的合理有效利用。四是进一步推进市场化进程，降低政府对经济的干预程度，促进人才的合理流动和要素的市场化配置，实现对社会资源配置效率的有效提升。

12.4　优化税制结构，因地制宜地合理安排财税政策空间布局

从国家层面来看，继续深化财税体制改革，牢牢稳住税收这一重要抓手，增加直接税比重，降低间接税比重，使其税制结构调整为帕累托最优状态，发挥税收在经济增长中的高倍杠杆调节作用，加速现代经济体系建设的进程，促进经济增长向高质量发展阶段迈进。从地区层面来看，东部地区税制结构安排相对较为合理，但仍然存在较大的优化空间，在原有结构安排的基础上，需进一步实施合理区间的调整，发挥对经济增长质量的高倍拉升作用。而中西部地区税制结构安排相对较为欠妥，中部地区可增加直接税的比重，降低间接税的比重，加大直接税与间接税的比例空间，倒逼税制结构的动态调整机制的建立，提升税收服务实体经济发展的新动能；西部地区间接税的正效应虽然明显，但具有不可持续性，故间接税的比重依然需要下调，并容忍增加直接税比重的短期负效应，以此来获得该地区税制结构的长期合理化安排，增加税收对该地区经济的内在发展潜力，保证区域经济增长质量的协调有效提升。

12.5　去杠杆中的结构性问题需从财政政策入手

经济新常态下实现经济高质量发展、推动中国经济行稳致远，需要兼

顾"控风险"与"稳增长",在妥善调节以国有企业为重点的结构性高杠杆问题的同时兼顾为民营企业营生宽松适宜的融资环境。第一,在管控和调节企业部门杠杆率时应重点关注"财政去杠杆"途径,压减政府支出规模,控制政府债务增速。同时严控地方政府的过度投资行为,压减政府投资建设性支出,避免过度投资降低资金利用效率、推升企业部门杠杆。第二,在调节金融杠杆率时应平缓稳健,避免规制过严、紧缩过急、转向过度,为企业特别是民营企业营造宽松的融资环境。第三,以顶层设计硬化国有企业预算约束,革除政府对国有企业的"父爱主义",在市场化理念下平等对待各类所有制企业,为企业部门结构性杠杆调整提供制度保障。

12.6 加强财政政策与其他宏观政策配合施策, 解决经济新常态下多目标调控难题

我国财政部门拥有较广的政策空间,在保增长、调结构和推进供给侧改革的过程中,不必受通货膨胀问题掣肘,其政策目标和具体措施应更多地关注于增长问题,而非价格问题;相应地,货币部门需关注我国物价水平,加强货币政策科学运用,以更好地实现物价稳定的宏观经济调控目标。在财政货币政策协调配合上,政府需充分尊重央行的独立性,自主维持 PVBC 约束,即实行积极性货币政策与财政政策的制度搭配。一方面,频繁发生的区制转换说明了我国实行的政策缺乏一致性和稳定性,在经济下行压力下充当着"救火队员"的角色,以牺牲对物价水平和赤字规模的控制为代价刺激经济增长;经济企稳后则又恢复到被动的财政政策。针对此,可考虑设立包含物价因素的财政政策反馈规则,将物价因素纳入财政政策决策框架内。另一方面,非李嘉图区制的存在使得对通货膨胀问题的应对更加复杂化,这已不是货币主义分析框架中通过控制货币投放规模便可解决的简单问题。在非李嘉图制度预期下,单纯地依靠货币紧缩政策将无法有效地扭转通货膨胀趋势,必须同时依赖财政政策的配合方可同时实现"控物价"与"保增长"的政策目标。

参 考 文 献

1. 卞志村，孙俊. 开放经济背景下中国货币财政政策的非对称效应 [J]. 国际金融研究，2012（8）：4－15.

2. 卞志村，唐燕举. 我国物价水平由财政政策主导 [J]. 经济研究参考，2014（66）：13－14.

3. 卞志村，杨源源. 结构性财政调控与新常态下财政工具选择 [J]. 经济研究，2016（3）：66－80.

4. 蔡昉，刘易斯. 转折点：中国经济发展新阶段 [M]. 北京：社会科学文献出版社，2008.

5. 蔡昉. 如何认识和提高经济增长质量 [J]. 科学发展，2017（2）：5－10.

6. 蔡昉. 中国经济增长如何转向全要素生产率驱动型 [J]. 中国社会科学，2013（1）：56－71.

7. 查冬兰，周德群，严斌剑. 能源约束下的我国全要素生产率增长比较——基于技术可变的面板随机前沿生产模型 [J]. 系统工程，2009（6）：8－14.

8. 陈硕，高琳. 央地关系：财政分权度量及作用机制再评估 [J]. 管理世界，2012（6）：43－59.

9. 陈晓光，张宇麟. 信贷约束、政府消费与中国实际经济周期 [J]. 经济研究，2010（12）：48－59.

10. 储德银，纪凡. 税制结构变迁与产业结构调整：理论诠释与中国经验证据 [J]. 经济学家，2017（3）：70－78.

11. 储德银，刘宏志. 财政政策与价格稳定——兼论 FTPL 理论在中国的实证检验 [J]. 财政研究，2013（4）：20－24.

12. 储德银，邵娇. 财政纵向失衡与公共支出结构偏向：理论机制诠释与中国经验证据 [J]. 财政研究，2018（4）：20－32.

13. 崔惠民，王书越，马涛. 财政赤字、通货膨胀与非李嘉图制度

［J］. 当代经济科学，2014（3）：19 - 25.

14. 邓明，王劲波. 财政分权与中国的地区经济增长效率 ［J］. 厦门大学学报（哲学社会科学版），2014（6）：26 - 36.

15. 董直庆，刘迪钥，宋伟. 劳动力错配诱发全要素生产率损失了吗？——来自中国产业层面的经验证据 ［J］. 上海财经大学学报，2014（5）：94 - 103.

16. 樊纲，王小鲁，朱恒鹏. 中国市场化指数：各省区市场化相对进程2011年度报告 ［M］. 北京：经济科学出版社，2011.

17. 范从来，盛天翔，王宇伟. 信贷量经济效应的期限结构研究 ［J］. 经济研究，2012（1）：80 - 91.

18. 范子英，张军. 财政分权与中国经济增长的效率——基于非期望产出模型的分析 ［J］. 管理世界，2009（7）：15 - 25.

19. 方红生，张军. 中国财政政策非线性稳定效应：理论和证据 ［J］. 管理世界，2010（2）：10 - 24.

20. 方红生，朱保华. 价格水平决定的财政理论在中国的适用性检验 ［J］. 管理世界，2008（3）：49 - 57.

21. 方文全. 中国的资本回报率有多高？——年份资本视角的宏观数据再估测 ［J］. 经济学（季刊），2012，11（2）：521 - 540.

22. 付敏杰. 市场化改革进程中的财政政策周期特征转变 ［J］. 财贸经济，2014，35（10）：17 - 31.

23. 傅勇. 财政分权改革提高了地方财政激励强度吗？［J］. 财贸经济，2008（7）：35 - 40.

24. 傅勇. 财政分权、政府治理与非经济性公共物品供给 ［J］. 经济研究，2010（8）：4 - 15.

25. 高琳. 分权与民生：财政自主权影响公共服务满意度的经验研究 ［J］. 经济研究，2012（7）：86 - 98.

26. 高楠，梁平汉. 晋升激励、市场化与地方财政预算周期 ［J］. 世界经济文汇，2014（4）：103 - 119.

27. 高培勇. 论完善税收制度的新阶段 ［J］. 经济研究，2015（2）：5 - 15.

28. 高伟生. 金融摩擦、资本误配与全要素生产率 ［J］. 中国经济问题，2018（2）：58 - 71.

29. 葛鹏，干春晖，李思龙. 融资约束与产出效率损失——基于中国工业企业的数据分析 ［J］. 产业经济研究，2017（1）：37 - 48.

30. 宫汝凯. 财政不平衡和房价上涨：中国的证据 [J]. 金融研究，2015 (4)：66 - 81.

31. 龚六堂，邹恒甫. 财政政策与价格水平的决定 [J]. 经济研究，2002 (2)：10 - 16.

32. 郭长林，胡永刚，李艳鹤. 财政政策扩张、偿债方式与居民消费 [J]. 管理世界，2013 (2)：64 - 77.

33. 郭婧. 税制结构与经济增长——基于中国省级数据的实证研究 [J]. 中国软科学，2013 (8)：81 - 91.

34. 郭庆旺，贾俊雪. 财政投资的经济增长效应：实证分析 [J]. 财贸经济，2005 (4)：40 - 47.

35. 郭庆旺，贾俊雪，高立. 中央财政转移支付与地区经济增长 [J]. 世界经济，2009 (12)：15 - 26.

36. 郭庆旺，贾俊雪，刘晓路. 财政政策与宏观经济稳定：情势转变视角 [J]. 管理世界，2007 (5)：7 - 15.

37. 郭庆旺，吕冰洋. 中国税收负担的综合分析 [J]. 财经问题研究，2010 (12)：3 - 10.

38. 郭新强，胡永刚. 中国财政支出与财政支出结构偏向的就业效应 [J]. 经济研究，2012 (s2)：5 - 17.

39. 郭豫媚，陈伟泽，陈彦斌. 中国货币政策有效性下降与预期管理研究 [J]. 经济研究，2016 (1)：28 - 41.

40. 韩剑，郑秋玲. 政府干预如何导致地区资源错配——基于行业内和行业间错配的分解 [J]. 中国工业经济，2014 (11)：69 - 81.

41. 胡永刚，郭长林. 财政政策规则、预期与居民消费——基于经济波动的视角 [J]. 经济研究，2013 (3)：96 - 107.

42. 胡永刚，郭新强. 内生增长、政府生产性支出与中国居民消费 [J]. 经济研究，2012 (9)：57 - 71.

43. 黄冠豪，聂鹏. 中国的征税限度、税负结构与经济增长 [J]. 云南财经大学学报，2014 (2)：38 - 43.

44. 黄亮雄，王贤彬，刘淑琳，等. 中国产业结构调整的区域互动——横向省际竞争和纵向地方跟进 [J]. 中国工业经济，2015 (8)：82 - 97.

45. 黄肖广，李睿鑫. 财政分权与经济增长的地区差异效应研究——基于东、中、西部省际面板数据（1988 - 2005）的分析 [J]. 学术交流，2009 (1)：90 - 94.

46. 黄勇峰，任若恩，刘晓生. 中国制造业资本存量永续盘存法估计

［J］．经济学（季刊），2002（2）：377－396．

47．黄赜琳，朱保华．中国的实际经济周期与税收政策效应［J］．经济研究，2015（3）：4－17．

48．贾俊雪，张超，秦聪，等．纵向财政失衡、政治晋升与土地财政［J］．中国软科学，2016（9）：144－155．

49．江庆．分税制与中国纵向财政不平衡度：基于 Hunter 方法的测量［J］．中央财经大学学报，2007（1）：13－16．

50．江庆．中央与地方纵向财政不平衡的实证研究：1978－2003［J］．财贸研究，2006，17（2）：78－84．

51．焦继军，李晓宁．我国货币政策对稳定物价有效性的实证分析［J］．经济问题，2012（5）：37－41．

52．金人庆．中国财政政策：理论与实践［M］．北京：中国财政经济出版社，2006．

53．靳来群．地区间资源错配程度分析（1992－2015）［J］．北京社会科学，2018（1）：57－66．

54．靳来群，林金忠，丁诗诗．行政垄断对所有制差异所致资源错配的影响［J］．中国工业经济，2015（4）：31－43．

55．类承曜．李嘉图等价定理的理论回顾和实证研究［J］．中央财经大学学报，2003（2）：9－13．

56．李斌，祁源，李倩．财政分权、FDI 与绿色全要素生产率——基于面板数据动态 GMM 方法的实证检验［J］．国际贸易问题，2016（7）：119－129．

57．李春根，徐建斌．税制结构、税收价格与居民的再分配需求［J］．财贸经济，2015（11）：27－39．

58．李春吉，孟晓宏．中国经济波动——基于新凯恩斯主义垄断竞争模型的分析［J］．经济研究，2006（10）：72－82．

59．李春琦，唐哲一．财政支出结构变动对私人消费影响的动态分析——生命周期视角下政府支出结构需要调整的经验证据［J］．财经研究，2010（6）．

60．李广众．政府支出与居民消费：替代还是互补［J］．世界经济，2005（5）：38－45．

61．李华，樊丽明．双重约束下的税制结构优化［J］．税务研究，2014（7）：53－58．

62．李建军，谢芬，肖育才．经济开放对地方财政横向差异影响的实证

研究 [J]. 广东财经大学学报, 2011, 26 (4): 58 - 66.

63. 李建军, 张书瑶. 税收负担、财政补贴与企业杠杆率 [J]. 财政研究, 2018 (5): 86 - 98.

64. 李明, 冯强, 王明喜. 财政资金误配与企业生产效率——兼论财政支出的有效性 [J]. 管理世界, 2016 (5): 32 - 45.

65. 李鹏, 杜亚斌, 毛德勇, 等. 我国通货膨胀是一种财政现象吗——基于财政支出视角的时变参数研究 [J]. 财贸研究, 2015 (3): 88 - 96.

66. 李强, 高楠. 资源禀赋、制度质量与经济增长质量 [J]. 广东财经大学学报, 2017, 32 (1): 4 - 12.

67. 李绍荣, 耿莹. 中国的税收结构、经济增长与收入分配 [J]. 经济研究, 2005 (5): 118 - 125.

68. 李文星, 艾春荣, 徐长生. 财政分权与中国经济增长关系的再检验 [J]. 浙江社会科学, 2009 (11): 17 - 25.

69. 李相栋. 中央银行沟通及其在美联储应对2007—2009金融危机过程中的应用 [J]. 世界经济研究, 2011 (3): 40 - 45.

70. 李扬, 张晓晶, 常欣. 中国国家资产负债表2015: 杠杆调整与风险管理 [M]. 北京: 中国社会科学出版社, 2015.

71. 李永海, 孙群力. 税收负担、政府管制对地区隐性经济的影响研究 [J]. 广东财经大学学报, 2016 (2): 88 - 100.

72. 李永友, 丛树海. 居民消费与中国财政政策的有效性: 基于居民最优消费决策行为的经验分析 [J]. 世界经济, 2006 (5): 54 - 64.

73. 李云峰, 李仲飞. 中央银行沟通策略与效果的国际比较研究 [J]. 国际金融研究, 2010 (8): 13 - 20.

74. 李云峰. 中央银行沟通、实际干预与通货膨胀稳定 [J]. 国际金融研究, 2012 (4): 15 - 23.

75. 李芝倩. 资本、劳动收入、消费支出的有效税率测算 [J]. 税务研究, 2006 (4): 14 - 18.

76. 栗亮, 刘元春. 经济波动的变异与中国宏观经济政策框架的重构 [J]. 管理世界, 2014 (12): 38 - 50.

77. 林春. 财政分权与中国经济增长质量关系——基于全要素生产率视角 [J]. 财政研究, 2017 (2): 73 - 83.

78. 林春. 中国经济全要素生产率影响因素及收敛性研究——基于省际面板数据分析 [J]. 云南财经大学学报, 2016 (2): 71 - 80.

79. 林仁文, 杨熠. 中国市场化改革与货币政策有效性演变——基于

DSGE 的模型分析 [J]. 管理世界, 2014 (6): 39-52.

80. 林毅夫, 刘志强. 中国的财政分权与经济增长 [J]. 北京大学学报 (哲学社会科学版), 2000 (4): 5-17.

81. 蔺雪芹, 王岱, 任旺兵, 等. 中国城镇化对经济发展的作用机制 [J]. 地理研究, 2013, 32 (4): 691-700.

82. 刘斌. 物价水平的财政决定理论与实证研究 [J]. 金融研究, 2009 (8): 35-51.

83. 刘成奎, 柯褆. 纵向财政不平衡对中国省际基础教育服务绩效的影响 [J]. 经济问题, 2015 (1): 7-14.

84. 刘海庆, 高凌江. 我国税制结构、税负水平与经济增长的关系研究——基于全国30个省级单位面板数据的 PVAR 分析 [J]. 财经理论与实践, 2011 (3): 68-73.

85. 刘华军, 杨骞. 资源环境约束下中国 TFP 增长的空间差异和影响因素 [J]. 管理科学, 2014 (5): 133-144.

86. 刘建国, 李国平, 张军涛. 经济效率与全要素生产率研究进展 [J]. 地理科学进展, 2011, 30 (10): 1263-1275.

87. 刘金涛, 杨君, 曲晓飞. 财政分权对经济增长的作用机制: 理论探讨与实证分析 [J]. 大连理工大学学报: 社会科学版, 2006, 27 (1): 7-12.

88. 刘克, 崴贾康. 中国财税改革三十年亲历与回顾 [M]. 北京: 经济科学出版社, 2008.

89. 刘明勋, 冯海波. 税制结构如何影响政府规模——基于经济发展方式的全新解释 [J]. 当代财经, 2016 (12): 32-43.

90. 刘尚希. 中国财政政策报告 (2018) [M]. 北京: 社会科学文献出版社, 2018.

91. 刘胜, 冯海波. 税制结构与消费外溢: 跨国证据 [J]. 中国工业经济, 2016 (6): 22-38.

92. 刘晓路. 财政分权与经济增长: 第二代财政分权理论 [J]. 财贸经济, 2007 (3): 47-53.

93. 刘艳梅. 我国的财政赤字与李嘉图等价: 1981-2010 [J]. 山东财政学院学报, 2012 (6): 59-63.

94. 刘一楠. 企业杠杆、企业投资与供给侧改革——基于面板双门限回归模型的微观证据 [J]. 上海经济研究, 2016 (12): 120-129.

95. 刘一楠, 宋晓玲. 杠杆失衡、信贷错配与结构性去杠杆——一个动态随机一般均衡分析框架 [J]. 中央财经大学学报, 2018 (8): 76-86.

96. 刘怡, 聂海峰. 间接税负担对收入分配的影响分析 [J]. 经济研究, 2004 (5): 22-30.

97. 陆前进, 温彬. 财政支出、贸易条件和中国的实际汇率——基于期内和跨期双重优化和无限期预算约束的理论和实证研究 [J]. 金融研究, 2014 (6): 115-131.

98. 吕冰洋. 财政扩张与供需失衡: 孰为因? 孰为果? [J]. 经济研究, 2011 (3): 18-31.

99. 吕捷, 王高望. CPI 与 PPI "背离" 的结构性解释 [J]. 经济研究, 2015 (4): 136-149.

100. 吕炜, 高帅雄, 周潮. 投资建设性支出还是保障性支出——去杠杆背景下的财政政策实施研究 [J]. 中国工业经济, 2016 (8): 5-22.

101. 罗德明, 李晔, 史晋川. 要素市场扭曲、资源错置与生产率 [J]. 经济研究, 2012 (3): 4-14.

102. 马文超, 胡思玥. 货币政策、信贷渠道与资本结构 [J]. 会计研究, 2012 (11): 39-48.

103. 马文涛. 货币政策的数量型工具与价格型工具的调控绩效比较——来自动态随机一般均衡模型的证据 [J]. 数量经济技术经济研究, 2011 (10): 92-110.

104. 马勇, 陈雨露. 金融杠杆、杠杆波动与经济增长 [J]. 经济研究, 2017 (6): 31-45.

105. 毛泽盛, 周军荣, 李鹏鹏. 李嘉图制度还是非李嘉图制度——中国物价水平决定的政策与根源研究 [J]. 国际金融研究, 2013 (12): 55-61.

106. 缪小林, 伏润民, 王婷. 地方财政分权对县域经济增长的影响及其传导机制研究——来自云南 106 个县域面板数据的证据 [J]. 财经研究, 2014, 40 (9): 4-15.

107. 欧纯智. 税收征管中寻租行为的机理及对策分析 [J]. 北京工商大学学报 (社会科学版), 2017 (2): 74-81.

108. 潘敏, 袁歌骋. 金融去杠杆对经济增长和经济波动的影响 [J]. 财贸经济, 2018 (6): 58-71.

109. 齐建国. 2002~2003 年中国经济形势分析与展望 [J]. 财贸经济, 2003 (1): 5-11.

110. 齐绍洲, 徐佳. 贸易开放对 "一带一路" 沿线国家绿色全要素生

产率的影响 [J]. 中国人口·资源与环境, 2018, (4): 134 - 144.

111. 屈小娥. 考虑环境约束的中国省际全要素生产率再估算 [J]. 产业经济研究, 2012 (1): 35 - 43.

112. 饶晓辉, 刘方. 政府生产性支出与中国的实际经济波动 [J]. 经济研究, 2014 (11): 17 - 30.

113. 荣幸子, 蔡宏宇. 我国财政政策与通货膨胀——基于价格水平的财政决定理论的实证分析 [J]. 财政研究, 2015 (1): 15 - 19.

114. 沈坤荣, 付文林. 中国的财政分权制度与地区经济增长 [J]. 管理世界, 2005 (1): 31 - 39.

115. 生延超, 周玉姣. 适宜性人力资本与区域经济协调发展 [J]. 地理研究, 2018, 37 (4): 797 - 813.

116. 孙慧文. 要素禀赋、比较优势及其收入份额的关联度 [J]. 改革, 2012 (7): 122 - 126.

117. 孙开, 李万慧. 横向财政失衡与均等化转移支付 [J]. 地方财政研究, 2008 (7): 4 - 7.

118. 孙开. 纵向与横向财政失衡理论述评 [J]. 经济学动态, 1998 (5): 66 - 69.

119. 万广华, 张茵, 牛建高. 流动性约束、不确定性与中国居民消费 [J]. 经济研究, 2001 (11).

120. 汪勇, 马新彬, 周俊仰. 货币政策与异质性企业杠杆率——基于纵向产业结构的视角 [J]. 金融研究, 2018 (5): 47 - 64.

121. 汪柱旺. 我国税收结构、人力资本与经济增长的关联分析 [J]. 税务研究, 2011 (12): 68 - 73.

122. 王朝才, 汪超, 曾令涛. 财政政策、企业性质与资本结构动态调整——基于 A 股上市公司的实证研究 [J]. 财政研究, 2016 (9): 52 - 63.

123. 王芳. 城镇居民消费过度敏感性的统计分析 [J]. 数量经济技术经济研究, 2007, 24 (3): 102 - 107.

124. 王国静, 田国强. 金融冲击和中国经济波动 [J]. 经济研究, 2014 (3): 20 - 34.

125. 王国静, 田国强. 政府支出乘数 [J]. 经济研究, 2014 (9): 4 - 19.

126. 王华春, 林志清, 玛尔哈巴·肖开提. 纵向财政失衡、土地财政与地方债务危机——基于 2001 - 2012 年省级政府面板数据模型的实证检验 [J]. 新疆社会科学 (汉文版), 2016 (3): 23 - 29.

127. 王剑锋. 流转税影响个人收入分配调节的分析研究——以我国城镇居民支出结构为考察基础 [J]. 财经研究, 2004, 30 (7): 14-25.

128. 王君斌, 郭新强, 王宇. 中国货币政策的工具选取、宏观效应与规则设计 [J]. 金融研究, 2013 (8): 1-15.

129. 王君斌. 通货膨胀惯性、产出波动与货币政策冲击: 基于刚性价格模型的通货膨胀和产出的动态分析 [J]. 世界经济, 2010 (3): 71-94.

130. 王立勇, 高伟. 财政政策对私人消费非线性效应及其解释 [J]. 世界经济, 2009 (9): 27-36.

131. 王立勇, 刘文革. 财政政策非线性效应及其解释——兼论巴罗-格罗斯曼宏观一般非均衡模型在中国的适用性 [J]. 经济研究, 2009 (7): 65-78.

132. 王林辉, 袁礼. 资本错配会诱发全要素生产率损失吗 [J]. 统计研究, 2014, 31 (8): 11-18.

133. 王琦. 流转税与经济增长长期关系的协整检验 [J]. 税务研究, 2006 (8): 26-28.

134. 王文甫. 价格粘性、流动性约束与中国财政政策的宏观效应——动态新凯恩斯主义视角 [J]. 管理世界, 2010 (9): 11-25.

135. 王文甫, 王子成. 积极财政政策与净出口: 挤入还是挤出? ——基于中国的经验与解释 [J]. 管理世界, 2012 (10): 31-45.

136. 王文甫, 朱保华. 政府支出的外部性和中国政府支出的宏观效应: 动态随机一般均衡视角 [J]. 经济科学, 2010 (2): 17-28.

137. 王文剑, 覃成林. 地方政府行为与财政分权增长效应的地区性差异——基于经验分析的判断、假说及检验 [J]. 管理世界, 2008 (1): 9-21.

138. 王文, 孙早, 牛泽东. 资源配置与中国非农部门全要素生产率——基于制造业和服务业之间资源错配的分析 [J]. 经济理论与经济管理, 2015, 35 (7): 87-99.

139. 王小鲁, 樊纲, 余静文. 中国分省份市场化指数报告 [M]. 北京: 社会科学文献出版社, 2016.

140. 王小鲁, 樊纲, 余静文. 中国分省份市场化指数报告 [M]. 北京: 社会科学文献出版社, 2017.

141. 王小鲁. 中国经济增长的可持续性 [M]. 北京: 经济科学出版社, 2000.

142. 王永钦, 张晏, 章元, 等. 中国的大国发展道路—论分权式改革的得失 [J]. 经济研究, 2007 (1): 4 - 16.

143. 王宇伟, 盛天翔, 周耿. 宏观政策、金融资源配置与企业部门高杠杆率 [J]. 金融研究, 2018 (1): 36 - 51.

144. 温桂芳, 马拴友, 赵萍, 等. 积极的财政政策对中国经济增长的效应 [J]. 经济学家, 2003 (4): 31 - 36.

145. 温娇秀. 中国的财政分权与经济增长——基于省级面板数据的实证 [J]. 当代经济科学, 2006, 28 (5): 109 - 113.

146. 吴化斌, 许志伟, 胡永刚, 等. 消息冲击下的财政政策及其宏观影响 [J]. 管理世界, 2011 (9): 26 - 39.

147. 吴敬琏. 以深化改革确立中国经济新常态 [J]. 探索与争鸣, 2015 (1): 4 - 7.

148. 吴一平. 财政分权、腐败与治理 [J]. 经济学: 季刊, 2008 (3): 1045 - 1060.

149. 伍中信, 张娅, 张雯. 信贷政策与企业资本结构——来自中国上市公司的经验证据 [J]. 会计研究, 2013 (3): 51 - 58.

150. 武晓利, 晁江锋. 财政支出结构对居民消费率影响及传导机制研究——基于三部门动态随机一般均衡模型的模拟分析 [J]. 财经研究, 2014, 40 (6): 4 - 15.

151. 夏小文. 中国杠杆率的特征事实、成因及对策 [J]. 经济学家, 2017 (11): 21 - 27.

152. 项后军, 周宇. 财政政策对私人消费非线性效应的存在性及触发条件研究 [J]. 财经研究, 2011 (9): 16 - 27.

153. 肖挺, 戴伟. 财政分权体制下中国两类全要素生产率变化的比较研究 [J]. 现代财经 (天津财经大学学报), 2015 (8): 44 - 56.

154. 肖文, 周明海. 财政分权与区域经济增长——基于省级以下的实证分析 [J]. 浙江大学学报 (人文社会科学版), 2008, 38 (4): 73 - 83.

155. 徐国祥, 龙硕, 李波. 中国财政分权度指数的编制及其与增长、均等的关系研究 [J]. 统计研究, 2016, 33 (9): 36 - 46.

156. 许伟, 陈斌开. 银行信贷与中国经济波动: 1993—2005 [J]. 经济学 (季刊), 2009, 8 (2): 969 - 994.

157. 许宪春, 王宝滨, 徐雄飞. 中国的投资增长及其与财政政策的关系 [J]. 管理世界, 2013 (6): 1 - 11.

158. 许志伟, 薛鹤翔, 罗大庆. 融资约束与中国经济波动——新凯恩斯主义框架内的动态分析［J］．经济学（季刊），2010（1）：83 –110.

159. 闫坤，于树一. 论全球金融危机下的中国结构性减税［J］．税务研究，2011（1）：13 –20.

160. 严成樑，龚六堂. 税收政策对经济增长影响的定量评价［J］．世界经济，2012（4）：41 –61.

161. 杨晓章，张少辉，刘凤娟. 财政自主权与企业创新——来自城市层面的证据［J］．产业经济评论，2017（3）：83 –94.

162. 杨子晖，温雪莲，陈浪南. 政府消费与私人消费关系研究：基于面板单位根检验及面板协整分析［J］．世界经济，2009（11）：68 –82.

163. 叶姗. 论政府间横向财政失衡的法律规制［J］．海南大学学报（人文社会科学版），2008，26（1）：23 –29.

164. 殷德生. 最优财政分权与经济增长［J］．世界经济，2004（11）：62 –71.

165. 尹雷，赵亮. 我国财政政策的制度属性识别——基于TVP—SV—VAR方法［J］．财政研究，2016（6）.

166. 于学军. 从渐进到突变：中国改革开放以来货币和信用周期考察［M］．北京：中国社会科学出版社，2007.

167. 于学军. 世人瞩目的六普：轨迹、解读与思考——我国人口规模及增长速度的新变化对经济社会发展的影响［J］．人口研究，2011（3）：41 –45.

168. 余红艳、沈坤荣. 税制结构的经济增长绩效——基于分税制改革20年实证分析［J］．财贸研究，2016（12）：104 –111.

169. 余明桂，回雅甫，潘红波. 政治联系、寻租与地方政府财政补贴有效性［J］．经济研究，2010（3）：65 –77.

170. 袁思农，龚六堂. 财政支出分权与经济增长［J］．湖北社会科学，2014（9）：77 –82.

171. 袁伟彦，李文溥. 中国货币政策的汇率传递效应及形成机制——基于SVAR与动态一般均衡（DGE）模型的分析［J］．管理世界，2010（12）：53 –64.

172. 袁志刚. 非瓦尔拉均衡理论及其在中国经济中的应用［M］．上海：上海三联书店，2006.

173. 岳树民，李静. 对我国劳动、资本、消费课税的比较及分析［J］．涉外税务，2011（6）：48 –54.

174. 岳希明，张斌，徐静. 中国税制的收入分配效应测度［J］．中国社会科学, 2014 (6): 96-117.

175. 曾海舰, 苏冬蔚. 信贷政策与公司资本结构 [J]. 世界经济, 2010 (8): 17-42.

176. 张兵. 中国财政政策和货币政策的通货膨胀效应分析 [J]. 广西经济管理干部学院学报, 2010, 22 (2): 8-12.

177. 张璟, 沈坤荣. 财政分权改革、地方政府行为与经济增长 [J]. 江苏社会科学, 2008 (3): 56-62.

178. 张军, 高远, 傅勇, 等. 中国为什么拥有了良好的基础设施? [J]. 经济研究, 2007 (3): 4-19.

179. 张军, 吴桂英, 张吉鹏. 中国省际物质资本存量估算: 1952-2000 [J]. 经济研究, 2004 (10): 35-44.

180. 张明喜, 高倚云. 我国财政政策非线性效应的理论探讨与检验 [J]. 财贸研究, 2008, 19 (5): 56-63.

181. 张晏, 龚六堂. 分税制改革、财政分权与中国经济增长 [J]. 经济学 (季刊), 2005 (4): 75-108.

182. 张志栋, 靳玉英. 我国财政政策和货币政策相互作用的实证研究——基于政策在价格决定中的作用 [J]. 金融研究, 2011 (6): 46-60.

183. 张佐敏. 财政规则与政策效果——基于 DSGE 分析 [J]. 经济研究, 2013 (1): 41-53.

184. 张佐敏. 中国存在财政规则吗? [J]. 管理世界, 2014 (5): 23-35.

185. 赵强. 金融资源配置扭曲对全要素生产率影响的实证分析 [J]. 河南社会科学, 2017, (12): 50-54.

186. 赵为民, 李光龙. 财政分权、纵向财政失衡与社会性支出效率 [J]. 当代财经, 2016 (7): 24-35.

187. 郑丽琳, 朱启贵. 纳入能源环境因素的中国全要素生产率再估算 [J]. 统计研究, 2013, 30 (7): 9-17.

188. 钟辉勇, 陆铭. 财政转移支付如何影响了地方政府债务? [J]. 金融研究, 2015 (9): 1-16.

189. 周东明. 财政分权与地区经济增长——基于中国省级面板数据的实证分析 [J]. 中南财经政法大学学报, 2012 (4): 30-35.

190. 周俊仰, 汪勇, 韩晓宇. 去杠杆、转杠杆与货币政策传导——基于新凯恩斯动态一般均衡的研究 [J]. 国际金融研究, 2018 (5): 25-34.

191. 周晓艳, 韩朝华. 中国各地区生产效率与全要素生产率增长率分解（1990 - 2006）［J］. 南开经济研究, 2009（5）: 26 - 48.

192. 周业安, 章泉. 财政分权、经济增长和波动［J］. 管理世界, 2008（3）: 6 - 15.

193. 朱柏松. 基于 DSGE 模型的货币政策和财政政策联动机制研究［D］. 华中科技大学, 2013.

194. 朱军. 开放经济中的财政政策规则——基于中国宏观经济数据的 DSGE 模型［J］. 财经研究, 2013, 39（3）.

195. Adkisson, R. V. Mohammed M. , Tax structure and state economic growth during the Great Recession［J］. Social Science Journal, 2014, Vol. 51, No. 1: 79 - 89.

196. Afonso A. Expansionary Fiscal Consolidations in Europe - New Evidence［J］. Applied Economics Letters, 2006, 17（2）: 105 - 109.

197. Afonso A. Non-Keynesian Effects of Fiscal Policy in the EU - 15［J］. Working Papers Department of Economics, 2001, 4（1）: 34 - 38.

198. Aghion P, Angeletos G M, Banerjee A. Volatility and Growth: Credit Constraints and the Composition of Investment［J］. Journal of Monetary Economics, 2010, 57（3）: 246 - 265.

199. Aiyagari S R, Gertler M. The backing of government bonds and monetarism［J］. Journal of Monetary Economics, 1985, 16（1）: 19 - 44.

200. Akai N, Sakata M. Fiscal Decentralization Contributes to Economic Growth: Evidence from State-Level Cross-Section Data for The United States［J］. Journal of Urban Economics, 2002, 52（1）: 93 - 108.

201. Akram, N. The Impact of Tax Policies on Economic Growth: Evidence from South-Asian Economies［J］. Pakistan Development Review, 2009, 48（4）: 961 - 971.

202. Alesina A, Ardagna S. Tales of fiscal adjustment［J］. Economic Policy, 1998, 13（27）: 487 - 545.

203. Altu S. Time-to-Build and Aggregate Fluctuations［M］// Real Business Cycles, 1998.

204. Angelopoulos, K. , Malley, J. Philippopoulos A. Tax structure, growth, and welfare in the UK［J］. Sire Discussion Papers, 2012, 64（2）: 237 - 258.

205. Arellano M, Bond S. Some Tests of Specification for Panel Data: Monte Carlo Evidence and an Application to Employment Equations［J］. Re-

view of Economic Studies, 1991, 58 (2): 277 – 297.

206. Arellano M, Bover O. Another Look at the Instrumental Variable Estimation of Error-Components Models [J]. Journal of Econometrics, 1995, 68 (1): 29 – 51.

207. Arnold, J. Do Tax Structures Affect Aggregate Economic Growth?: Empirical Evidence from a Panel of OECD Countries [C]. 2008, OECD Publishing.

208. Bai C E, Hsieh C T, Qian Y. The Return to Capital in China [J]. Brookings Papers on Economic Activity, 2006, 74 (2): 61 – 102.

209. Barro R J. Are Government Bonds Net Wealth? [J]. Journal of Political Economy, 1974, 82 (6): 1095 – 1117.

210. Barro, R. J. Government Spending in a Simple Endogenous Growth Model [J]. Journal of Political Economy, 1990, 98 (5): 103 – 126.

211. Barro R J. Unanticipated Money, Output and Price Level in the United States [J]. Journal of Political Economy, 1978, 86 (4): 549 – 580.

212. Barro R. J, X Sala-I-Martin. Economic Growth [M]. New York: McGraw Hill, 1995.

213. Benedetti M, Giavazzi F, Jappelli T, et al. Searching for Non-Monotonic Effects of Fiscal Policy: New Evidence [J]. Csef Working Papers, 2005, 56 (11): 100 – 863.

214. Bertola G, Drazen A. Trigger Points and Budget Cuts: Explaining the Effects of Fiscal Austerity. [J]. American Economic Review, 1991, 83 (1): 11 – 26.

215. Blanchard O, Gali J. Real Wage Rigidities and the New Keynesian Model [J]. Journal of Money, Credit and Banking, 2007: 35 – 65.

216. Blanchard O J. Debt, Deficits and Finite Horizons [J]. Journal of Political Economy, 1984, 93 (93): 223 – 47.

217. Blanchard O, Perotti R. An Empirical Characterization of the Dynamic Effects of Changes in Government Spending and Taxes on Output [J]. Quarterly Journal of Economics, 2002, 117 (4): 1329 – 1368.

218. Blundell R, Bond S. Initial Conditions and Moment Restrictions in Dynamic Panel Data Models [J]. Journal of Econometrics, 1998, 87 (1): 115 – 143.

219. Blundell R W, Bond S R. Initial Conditions and Moment Conditions in

Dynamic Panel Data Model [J]. Journal of Econometrics, 1998, 87 (1): 115 – 143.

220. Bohn H. The Behavior of U. S. Public Debt and Deficits [J]. Quarterly Journal of Economics, 1998, 113 (3): 949 – 963.

221. Brennan H G, Buchanan J M. The Power to Tax: Analytical Foundations of A Fiscal Constitution [M]. Cambridge: Cambridge University Press, 1980.

222. Bucovetsky S. Public input competition [J]. Journal of Public Economics, 2005, 89 (9 – 10): 1763 – 1787.

223. Bujang, I., Hakim, T. A., Ahmad, I. Tax Structure and Economic Indicators in Developing and High-income OECD Countries: Panel Cointegration Analysis [J]. Procedia Economics & Finance, 2013, 47 (7): 164 – 173.

224. Calvo G A. Staggered prices in a utility-maximizing framework [J]. Journal of Monetary Economics, 1983, 12 (3): 383 – 398.

225. Campbell J Y, Mankiw N G. Consumption, Income, and Interest Rates: Reinterpreting the Time Series Evidence [J]. Nber Macroeconomics Annual, 1989, 43 (2): 283 – 91.

226. Campbell J Y, Mankiw N G. Permanent Income, Current Income, and Consumption [J]. Journal of Business & Economic Statistics, 1990, 8 (3): 265 – 79.

227. Canzoneri M B, Diba B T. Is the Price Level Determined by the Needs of Fiscal Solvency? [J]. American Economic Review, 1998, 91 (5): 1221 – 1238.

228. Carlson J A, Parkin M. Inflation Expectations [J]. Economica, 1975, 42 (23): 123 – 138.

229. Cecchetti S G, Mohanty M S, Zampolli F. The Real Effects of Debt [J]. Social Science Electronic Publishing, 2011, 68 (3): 145 – 196.

230. Cevik, S., Oh, C. G., Tax Structure and Economic Growth: A Panel Data from OECD Countries [J]. Regional industry Review, 2013, 36 (1): 31 – 54.

231. Chow, Gregory C, Li, Kui-Wai. China's Economic Growth: 1952 – 2010 [J]. Economic Development & Cultural Change, 2002, 51 (1): 247 – 256.

232. Chow, Gregory C, Li, Kui-Wai. "China's Economic Growth: 1952 –

2010. " [J]. Economic Development & Cultural Change, 2002, 51 (1): 247 - 256.

233. Chung H, Davig T, Leeper E M. Monetary and Fiscal Policy Switching [J]. Journal of Money Credit & Banking, 2007, 39 (4): 809 - 842.

234. Cochrane J H. Long-Term Debt and Optimal Policy in the Fiscal Theory of the Price Level [J]. Econometrica, 2001, 69 (1): 69 - 116.

235. Costa Junior C J, Sampaio A V. Tax Reduction Policies of the Productive Sector and Its Impacts on Brazilian Economy [J]. Materia Medica Polona Polish Journal of Medicine & Pharmacy, 2014, 12 (1 -2): 9 - 27.

236. Creel J, Bihan H L. Using structural balance data to test the fiscal theory of the price level: Some international evidence [J]. Journal of Macroeconomics, 2006, 28 (2): 338 - 360.

237. Davig T, Leeper E M. Generalizing the Taylor Principle [J]. The American Economic Review, 2006, 97 (3): 607 - 635.

238. Davig T, Leeper E M. Monetary-Fiscal Policy Interactions and Fiscal Stimulus [J]. European Economic Review, 2009, 55 (2): 211 - 227.

239. Davig T, Leeper E M. Temporarily Unstable Government Debt and Inflation [J]. IMF Economic Review, 2011, 59 (2): 233 - 270.

240. Edelberg W, Eichenbaum M, Fisher J. Understanding the Effects of a Shock to Government Purchases [J]. Review of Economic Dynamics, 1999, 2 (1): 166 - 206.

241. Eyraud L, Lusinyan L. Vertical Fiscal Imbalances and Fiscal Performance in Advanced Economies [J]. Journal of Monetary Economics, 2013, 60 (5): 571 - 587.

242. Fischer S, Végh C A. Modern Hyper - and High Inflations [J]. Social Science Electronic Publishing, 2013, volume 40 (3): 837 - 880 (44).

243. Forni L, Gerali A, Pisani M, et al. Macroeconomic effects of greater competition in the service sector: the case of Italy [J]. Macroeconomic Dynamics, 2009, 14 (5): 677 - 708.

244. Forni L, Monteforte L, Sessa L. The general equilibrium effects of fiscal policy: Estimates for the Euro area [J]. Journal of Public Economics, 2009, 93 (3 -4): 559 - 585.

245. Friedman M. The Quantity Theory of Money: A Restatement [J]. In Friedman M (ed.) Studies in the quantity Theory of Money, Chicago: Universi-

ty of Chicago Press, 1956.

246. Gadea M D, Sabaté M, Serrano J M. Structural breaks and their trace in the memory : Inflation rate series in the long-run [J]. Journal of International Financial Markets Institutions & Money, 2004, 14 (2): 117 – 134.

247. Galí J, Gertler M. Inflation dynamics: A structural econometric analysis [J]. Journal of Monetary Economics, 1999, 44 (2): 195 – 222.

248. Galí J, López-Salido J D, Vallés J. Understanding the effects of government spending on consumption [J]. Journal of the European Economic Association, 2004, 5 (1): 227 – 270.

249. Galí J. Monetary Policy, Inflation, and the Business Cycle: An Introduction to the New Keynesian Framework and Its Applications Second edition [J]. Economics Books, 2015, 1.

250. Giavazzi F, Jappelli T, Pagano M, et al. Searching for non-monotonic effects of fiscal policy: new evidence [R]. National Bureau of Economic Research, 2005.

251. Giavazzi F, Jappelli T, Pagano M. Searching for non-linear effects of fiscal policy: Evidence from industrial and developing countries [J]. European Economic Review, 2000, 44 (7): 1259 – 1289.

252. Giavazzi F, Pagano M. Can severe fiscal contractions be expansionary? [J]. Nber Macroeconomics Annual, 1990, 5: 75 – 111.

253. Glomm G, Ravikumar B. Public investment in infrastructure in a simple growth model [J]. Journal of Economic Dynamics & Control, 1994, 18 (6): 1173 – 1187.

254. Gober, J. R. , Burns, J. O. , The relationship between tax structures and economic indicators [J]. Journal of International Accounting Auditing & Taxation, 1997, 6 (1): 1 – 24.

255. Hamilton J D. A New Approach to the Economic Analysis of Nonstationary Time Series and the Business Cycle. [J]. Econometrica, 1989, 57 (2): 357 – 84.

256. Hamilton J D, Susmel R. Autoregressive conditional heteroskedasticity and changes in regime [J]. Journal of Econometrics, 1994: 307 – 333.

257. Hansen B E. Time Series Analysis [J]. Econometric Theory, 1995, 11 (3): 625 – 630.

258. Hellwig M, Neumann M J M. Economic policy in Germany: was there

a turnaround? [J]. Economic Policy, 1987, 2 (5): 105 – 145.

259. Höppner F, Wesche K. Non-linear Effects of Fiscal Policy in Germany: A Markov-Switching Approach [J]. Bonn Econ Discussion Papers, 2000.

260. Iimi A. Decentralization and Economic Growth Revisited: An Empirical Note [J]. Journal of Urban Economics, 2005, 57 (3), pp. 449 – 461.

261. Jensen M C, Meckling W H. Theory of the Firm: Managerial Behavior, Agency Costs and Ownership Structure [J]. Journal of Financial Economics, 1976, 3 (4): 305 – 360.

262. Katsimbris G M, Miller S. The new Keynesian economics and the output-inflation tradeoff [C] // Brookings Papers on Economic Activity. 1988: 599 – 602.

263. Khan, M. , Amin, S. U. , Khan, S. , The effects of tax structure on economic growth: evidence from Pakistan economies [J]. International Journal of Accounting and Economics Studies, 2016, Vol. 4, No. 2: 109 – 113.

264. Kim S. Structural Shocks and the Fiscal Theory of the Price Level in the Sticky Price Model [J]. Macroeconomic Dynamics, 2003, 7 (5): 759 – 782.

265. Kizito, E. U. , The Nexus between Tax Structure and Economic Growth in Nigeria: A Prognosis [J]. Journal of Economic & Social Studies, 2014, 4 (1): 107 – 131.

266. Kormendi R C. Government Debt, Government Spending, and Private Sector Behavior: Reply [J]. American Economic Review, 1983, 73 (5): 994 – 1010.

267. Krolzig H M. Econometric Modeling of Markov-Switching Vector Autoregressions using MSVAR for Ox' [J]. Workpaper University of Kent, 1998.

268. Krolzig H M. Markov Switching Vector Autoregression, Modelling, Statistical Inference and Application to Business Cycle Analysis [J]. International Journal of Mass Spectrometry & Ion Processes, 1997, 156 (1): 85 – 101.

269. Krolzig H M. Markov-Switching Vector Autoregressions [J]. Lecture Notes in Economics & Mathematical Systems, 1997, 454.

270. Kydland F E, Prescott E C. Time to Build and Aggregate Fluctuations [J]. Econometrica, 1982, 50 (6): 1345 – 70.

271. Leeper E M. Equilibria under 'active' and 'passive' monetary and

fiscal policies [J]. Journal of Monetary Economics, 1991, 27 (1): 129 – 147.

272. Leeper E M, Plante M, Traum N. Dynamics of fiscal financing in the United States [J]. Journal of Econometrics, 2010, 156 (2): 304 – 321.

273. Leeper E M. The policy tango: Toward a holistic view of monetary and fiscal effects [J]. Economic Review-Federal Reserve Bank of Atlanta, 1993, 78 (4): 1.

274. Lee Y, Gordon R H. Tax structure and economic growth [J]. Journal of Public Economics, 2005, 89 (5 – 6): 1027 – 1043.

275. Levin A T, Piger J. Is Inflation Persistence Intrinsic in Industrial Economies? [J]. Social Science Electronic Publishing, 2003, 66 (1): 143 – 168.

276. Lorenzo F, Massimiliano P. Fiscal Policy in an Open Economy: Estimates for the euro area [J]. IMF mimeo, 2012.

277. Love I, Zicchino L. Financial development and dynamic investment behavior: Evidence from panel VAR [J]. Quarterly Review of Economics & Finance, 2006, 46 (2): 190 – 210.

278. Ma J. Intergovernmental Relations and Economic Management in China [M]. Palgrave Macmillan UK, 1997.

279. Malthus T R. First essay on population [M]. London, Printed for J. Johnson, in St. Paul's Church-Yard, 1798.

280. Mccallum B T. Some issues concerning interest rate pegging, price level determinacy, and the real bills doctrine [J]. Journal of Monetary Economics, 1984, 17 (1): 135 – 160.

281. Mian A, Sufi A, Verner E. Household Debt and Business Cycles Worldwide [J]. The Quarterly Journal of Economics, 2017, 132 (4): 1755 – 1817.

282. Mountford A, Uhlig H. What are the effects of fiscal policy shocks? [J]. Cepr Discussion Papers, 2002, 24 (SFB649DP2005 – 039): 960 – 992.

283. Muellbauer J, Portes R. Macroeconomic Models with Quantity Rationing. [J]. Economic Journal, 1978, 88 (88): 788 – 821.

284. Musgrave R A. The Theory of Public Finance : A Study in Public Economy [J]. Journal of Political Economy, 1959, 99 (1): 213 – 213.

285. Neicheva M. Non-Keynesian effects of Government Spending: Some

implications for the Stability and Growth Pact [J]. Mpra Paper, 2007.

286. Oates W E. An Essay on Fiscal Federalism [J]. Journal of Economic Literature, 1999, 37 (3): 1120 – 1149.

287. Oates W E. Fiscal Federalism [M]. New York: Harcout Brace Jovanovich, 1972, 72 – 122.

288. Perotti R. Fiscal Consolidation in Europe: Composition Matters. [J]. American Economic Review, 1996, 86 (86): 105 – 10.

289. Perotti R. Fiscal Policy In Good Times And Bad [J]. Quarterly Journal of Economics, 1999, 114 (4): 1399 – 1436.

290. Perotti R, Ramey V. In Search of the Transmission Mechanism of Fiscal Policy [J]. Nber Macroeconomics Annual, 2007, 22: 169 – 249.

291. Qian Y, Weingast B R. Federalism as a Commitment to Perserving Market Incentives [J]. Journal of Economic Perspectives, 1997, 11 (4): 83 – 92.

292. Ramalho E A, Ramalho J J S, Coelho L M S. Exponential Regression of Fractional-Response Fixed-Effects Models with an Application to Firm Capital Structure [J]. Journal of Econometric Methods, 2016, 7 (1).

293. Ramey V A. Identifying Government Spending Shocks: It's All in the Timing [J]. Quarterly Journal of Economics, 2009, 126 (1): 1 – 50.

294. Ravn M, Uribe M. Deep Habits [J]. Review of Economic Studies, 2006, 73 (1): 195 – 218.

295. Reinhart C M, Rogoff K S. From Financial Crash to Debt Crisis [J]. American Economic Review, 2011, 101 (5): 1676 – 1706.

296. Roberts J M. New Keynesian Economics and the Phillips Curve [J]. Journal of Money Credit & Banking, 1995, 27 (4): 975 – 84.

297. Rudd J, Whelan K. Modeling Inflation Dynamics: A Critical Review of Recent Research [J]. Journal of Money Credit & Banking, 2007, 39 (Supplement s1): 155 – 170.

298. Sargent T J. Beyond Demand and Supply Curves in Macroeconomics [J]. American Economic Review, 1982, 72 (2): 382 – 89.

299. Sargent T J, Wallace N. The real bills doctrine vs. the quantity theory: a reconsideration [J]. Staff Report, 1981, 145 (3): 489 – 507.

300. Seabright P. Accountability and decentralisation in government: An incomplete contracts model [J]. European Economic Review, 1996, 40 (1): 61 – 89.

301. Shleifer A. Government in transition [J]. European Economic Review, 1996, 41 (97): 385 –410.

302. Sims C A. A simple model for study of the determination of the price level and the interaction of monetary and fiscal policy [J]. Economic Theory, 1994, 4 (3): 381 –399.

303. Stoilova, D. , Tax structure and economic growth : Evidence from the European Union [J]. Contaduría Y Administración, 2016, 62 (1): 1041 – 1057.

304. Sutherland A. Fiscal crises and aggregate demand: can high public debt reverse the effects of fiscal policy? [J]. Journal of Public Economics, 1997, 65 (2): 147 –162.

305. Taylor J B. Reassessing Discretionary Fiscal Policy [J]. Journal of Economic Perspectives, 2000, 14 (14): 21 –36.

306. Thiessen U. Fiscal Decentralisation and Economic Growth in High-Income OECD Countries [J]. Economics Working Papers, 2003, 24 (3): 237 – 274.

307. Tiebout C M. A Pure Theory of Local Expenditures [J]. Journal of Political Economy, 1956, 64 (5): 416 –424.

308. Trionfetti F. Public Expenditure and Economic Geography [J]. Annales Deconomie Et De Statistique, 1997 (47): 101 –120.

309. Wang Q. Fixed-Effect Panel Threshold Model Using Stata [J]. The Stata Journal, 2015, 15 (1): 121 –134.

310. Wang, Q. , Fixed-Effect Panel Threshold Model Using Stata [J]. The Stata Journal, 2015, 15 (1): 121 –134.

311. Weingast B R. The Economic Role of Political Institutions: Market-Preserving Federalism and Economic Development [J]. Journal of Law Economics & Organization, 1995, 11 (1): 1 –31.

312. Woodford M. Fiscal Requirements for Price Stability [J]. Journal of Money Credit & Banking, 2001, 33 (3): 669 –728.

313. Woodford M. The Taylor Rule and Optimal Monetary Policy [J]. The American Economic Review, 2001, 91 (2): 232 –237.

314. Zhang T, Zou H F. Fiscal decentralization, public spending, and economic growth in China [J]. Journal of Public Economics, 1998, 67 (2): 221 – 240.

315. Zhang W. China's monetary policy: Quantity versus price rules [J]. Journal of Macroeconomics, 2009, 31 (3): 473 –484.

316. Zhuravskaya E V. Incentives to provide local public goods: fiscal federalism, Russian style [J]. Journal of Public Economics, 2000, 76 (3): 337 – 368.